台湾研究

教育部人文社会科学研究项目成果（项目批准号09YJC810004）

当代台湾女性参政研究

林小芳 著

九州出版社 JIUZHOUPRESS | 全国百佳图书出版单位

图书在版编目（CIP）数据

当代台湾女性参政研究 / 林小芳著. —北京：九州出版社，2011.11

ISBN 978-7-5108-1232-3

Ⅰ. ①当… Ⅱ. ①林… Ⅲ. ①女性-参政议政-研究-台湾省 Ⅳ. ①D675.8

中国版本图书馆 CIP 数据核字（2011）第 229831 号

当代台湾女性参政研究

作　　者	林小芳　著
出版发行	九州出版社
出 版 人	徐尚定
地　　址	北京市西城区阜外大街甲 35 号（100037）
发行电话	（010）68992190/2/3/5/6
网　　址	www.jiuzhoupress.com
电子信箱	jiuzhou@jiuzhoupress.com
印　　刷	涿州市星河印刷有限公司
开　　本	720 毫米×1020 毫米　16 开
印　　张	16.75
字　　数	258 千字
版　　次	2011 年 11 月第 1 版
印　　次	2011 年 11 月第 1 次印刷
书　　号	ISBN 978-7-5108-1232-3
定　　价	48.00 元

序

我不懂政治，也不喜欢政治，甚至有些排斥政治，但由于近年来关注闽台历史文化关系，不可避免地要涉及当代的台湾政治，2004 年还阴差阳错地承担教育部社科基金项目《台湾宗教信仰对台湾政局的影响与对策》，主编出版《当代台湾宗教信仰与政治关系》。林小芳求学于我，以为我懂得政治学，提出“当代台湾女性参政研究”的博士论文选题，对此选题，我真的没有任何的研究。不过，我每次看台湾新闻，那些台湾女性政治家的巾帼不让须眉的风采（善辩的口才、独特的视野、以及大打出手令男性政治家退避三舍的所向无敌的气势），着实给我留下深刻印象。我莫名地产生这样的想法，政治并非男人的专利，尤其是民主政治，女性参与政治有其独特的优势，未来的政治性别版图恐怕要发生颠覆性的变化。因此，研究当代台湾女性参政问题，不但对于台湾政治、而且对于大陆政治乃至全球女性华人参与政治都有其重要的学术价值和现实意义。

林小芳原来是厦门大学台湾研究院的硕士研究生，在周翔鹤门下接受严格的专业训练，后来就职于福建师范大学闽台区域研究中心，又在资料室工作多年，近水楼台，有了较好的资料积累。博士论文选题定下来后，她扎扎实实地查阅相关资料，并到台湾收集资料和实地考察，把当代台湾女性参政放在台湾政治转型和西方女性主义思潮的大背景下观察，同时注意到中华传统文化对台湾女性参政的深刻影响，加上其作为女性作者的独特眼光，因此看到了一些学界无法看到的当代台湾女性参政的贡献和特征，并对台湾女性参政做出了比较中肯的评价。作为大陆第一部研究台湾女性参政的著作，有不少创新和创见，值得学界关注。

当代台湾女性参政还将延续，其对台湾社会的影响也会越来越大，因此，台湾女性参政的研究并不会随着此书的出版而结束，而是有更大的研究空间，希望林小芳博士能够继续关注这一课题，跟踪研究，更上一层楼。

林国平

2011 年 10 月 10 日

目　　录

第一章 绪 论

长久以来，女人与政治属于两个截然不相干的范畴。政治一向被视为大众的公开的活动，完全由男人所掌握，而女人则被认为是家庭中的人，与女人相关的话题被归属于私领域，难登大雅之堂。“政治”一词的定义很广泛，可谓众说纷纭，很难下一个简洁贴切的定义。但毫无疑问，它是一种管理众人的活动，其核心是通过权力的行使实现社会资源的分配，《牛津简明英语词典》（*The Concise Oxford English Dictionary*）称之为“统治的科学和艺术”①。同时，不言而喻，政治领域是男人竞逐的游戏场地，女性无从置喙，甚至没有身份地位，从蒙昧时代的父系氏族时期，到文明科技都高度发达的近代社会，不曾有变。以至于在20世纪初，像加拿大这样的国家，仍会被这样一些在今天看起来荒谬绝伦的问题所困扰，如女性在法律上是不是“人”的问题。因为，当时的加拿大高等法院发现，在公共领域，女性事实上不具备合法的“人”的身份。在东、西方历代思想家论证支持和现实经济生活的强化下，久而久之，这种关于男人和女人以及公领域和私领域的角色划分似乎成了理所当然，女人与政治的分离似乎也天经地义，直到被19世纪中后期和20世纪60、70年代以来的妇女运动所挑战。

19世纪后期，不满无法与男性同等享受资产阶级革命成果的欧美女性，在“平等”的口号下掀起为女性争取选举投票权的政治运动并取得了胜利，到20世纪30年代，女性的选举权以法律形式确定下来，女性迈出了参与政治生活的第一步。20世纪60、70年代，随着世界范围内各种解放运动的蓬勃发展，欧美社会再起波澜，妇女运动再次崛起，并演变成为一场席卷全球持续至今的女性主义运动。某种程度上，60、70年代的女性主义运动给人留下的画面是美国街头举着“同工同酬”、“个人的就是政治的”等标语激

---

① *The Concise Oxford English Dictionary*, 7th edn, Oxford: Clarendon Press, 1982, P. 793.

情游行的妇女，而80、90年代以来，女性主义的繁荣则表现在学术发展这一核心上。其中，不少关于这段动荡岁月的思考已经成为经典，尽管它们引起的各种争论迄今仍在持续进行中。由于成功地“剖析文学和政治哲学如何精心地合谋起来反对性的平等”而一夕成名的《性的政治》①，更被激进女性主义者奉为圭臬，并进而推论出女性以母性特质进入政治决策中心的必要性和必然性。而其他一些女性主义理论家则冷静地从观念发展史的角度挑战“政治学”的传统定义，逐一解构其中的公私、男女二分法②。与此同时，几乎所有90年代的女性主义者都主张女人应该积极参与公共领域及国家的管理，与70年代她们曾经围绕女人应否进入体制内的政治进行的大辩论相比，显然，妇女参政权已逐渐成为新时期女性主义运动的关注点。

20世纪中后期以来的全球女性主义运动，在各个国家和地区，以不同的面貌和形式进行，并取得丰硕的成果。随着各地女性主义对妇女参政权的共同关注，越来越多的女性参政，已成为21世纪的一大趋势。由于特殊的社会历史原因，从近代起就与祖国大陆分离的台湾地区，处于东方传统文化和西方近现代文明相碰撞与交融的前沿。缘于西方的现代妇女运动借助西方的民主自由平等观念，结合政治反对运动的能量，对抗儒家伦理建构下的社会性别制度，走出了一条具有台湾本土特色的女性主义发展道路。妇女参政就是妇女运动与台湾特殊的政治情境相遭遇的结果。

近年来，大量女性活跃于政治舞台上，成为台湾政坛上引人注目的现象。妇女在各项选举中的自主性投票意识提高，参与公职选举的人数有明显增加，女性参选与当选比率在逐步上升。当广大女性选民用选票展现力量，当更多的女性直接进入政治领域，女性参政的积极作用开始展现：传统的公私领域界限逐渐被打破，法律开始干预家庭内部的婚姻暴力，政府开始处理

① 1969年，凯特·米利特（Kate Millett）的博士论文《性的政治》出版，一版销售8万册，并在20年内再版8次，米利特一举成为全美妇女运动的代言人和领袖人物。——以上文字和正文中的引文均摘自《性的政治》（米利特著，钟良明译，社会科学文献出版社，1999年）扉页。李英桃称此书为“激进女性主义代表作”，见李英桃著《社会性别视角下的国际政治》，上海人民出版社，2003年，88页；罗斯玛丽·帕特南·童称米利特为“激进自由派女性主义者”，见罗斯玛丽·帕特南·童著，艾晓明等译，《女性主义思潮导论》，华中师范大学出版，2002年，72页。

② 参见［加］巴巴拉·阿内尔（Barbara Arneil）著，郭夏娟译，《政治学与女性主义》，东方出版社，2005年。

托育问题，民生及妇女议题逐渐成为政府政策……无论是作为占投票人口一半的选民，还是作为政府机构里相对少数的公职人员，妇女作为一个群体正日渐成为台湾政治运作过程中不容忽视的因素。作为妇女运动的成果之一，女性参政对台湾的女性主义运动有何积极作用，女性作为一个群体进入政治生活，甚至进入政治决策核心，对于台湾的政治生态将产生什么影响，是否或能够在多大程度上实现女性主义弱势关怀的主旨，落实两性平等和谐，从而追求终极意义上的公平正义，等等，都成为有待研究的课题，也成为本文选题的研究缘起。

一、相关概念的厘清

女性主义运动：首先应该强调的是，女性主义来源于英文 feminism，在本世纪初我国的新文化运动中普遍被译为“女权主义”①，主要是受到当时争取投票权的国外第一波妇女运动影响所致。二十世纪后期以来，女性主义运动的实践内容更加丰富，理论流派异彩纷呈②，并逐渐成为一门专门的学科体系，被时代赋予了新的文化政治内涵。这一复杂内涵远非世纪初争取投票权的女权运动所能涵括。所以，本文采用女性主义的译法。同时，还要指出的是，女性主义运动的内涵可以说是庞大复杂，在当前，世界范围内的女性主义运动既有实践层面的社会运动（有时直接称为“妇女运动”），也包含学术研究方面的理论探索和建构（也有学者称为“学术女性主义”或“女性研究”、“社会性别研究”）。当然，目前正逐渐进入欧美等国高校教育

---

① 见中华全国妇女联合会妇女运动史研究室编《五四时期妇女问题文选》（北京，三联书店，1981 年）中王剑虹、李大钊、沈雁冰等人的文章。

② 目前，学术界一般把女性主义思想流派作如下划分：自由主义女性主义（第一波，19 世纪后期到 20 世纪初期）；马克思和社会主义女性主义；激进女性主义；存在主义女性主义；精神分析和社会性别女性主义（第二波，20 世纪 60、70 年代）；后现代女性主义；生态女性主义（第三波，20 世纪 80 年代末 90 年代以来）。参见罗斯玛丽·帕特南·童《女性主义思潮导论》（华中师范大学 2002 年）、顾燕翎主编《女性主义理论与流派》（台北女书文化，2000 年）、巴巴拉·阿内尔《政治学与女性主义》（东方出版社，2005 年）和李银河主编《妇女：最漫长的革命——当代西方女权主义理论精选》（北京，三联书店，1997 年）等。

体系主流的女性主义学科建设也是其中一环①，而每三年一次在世界五大洲轮流举办的素有“妇女学的奥林匹克”之称的世界妇女学大会自然也是全球化时代全球女性主义运动的一个组成部分。女性主义是个难以界定的术语，其所包含的思想流派差异甚大并在不断变化发展中，而不同历史文化、政治语境中的女性主义，更有着不一样的内容。但可以肯定的是，无论是社会实践层面还是理论研究层面，无论东方还是西方，女性主义都坚持以一种社会性别的视角和批判的思维来认识现实社会中男女不平等的现象，追求建立一个终极意义上性别平等的正义和谐社会。作为一种以男女平权或男女平等为核心的思想和理论，它指导了实践（女权运动或妇女运动），又在实践中得到检验、批判和发展，并最终成为世界性的政治社会文化思潮。

妇女运动：指称女性主义运动的社会实践，主要针对于女性主义理论研究而言。在本文，它指台湾女性主义运动的社会实践，与妇女或性别研究共同构成当代台湾女性主义运动的全部。但这个界定并不是特别严格，有些妇女团体既是运动者又是理论研究者，如女性学研究会（简称“女学会”）的活动等，本文也以“妇女运动”概称之。妇女运动本身也是社会运动的一种，常被用来解释妇女抗拒两性不平等、争取权益的行动与作为，其关怀内容以女性课题为主，企图通过群体的力量，谋求改善妇女在社会中的处境、地位，促进女性意识的成长，最终消除所有的性别歧视。也有学者视之为一种广义的政治运动，认为其政治目标在于将过去一向被视为婆婆妈妈、不登大雅之堂的“女人的事”，提升为公共政治论述，进而落实为公共政策，借以改变女性的集体处境②。从是否促进妇女性别意识觉醒、是否致力于最终消除性别歧视的角度来看，20 世纪 70 年代的吕秀莲发起的“新女性主义”比较切合女性主义运动的内涵，所以现代意义上的台湾妇女运动应该从 20 世纪 70 年代算起。至于文中为了论述需要出现的早于 70 年代的早期妇女运动，将以时间分界作为其定义词。

---

① 美国到 2000 年已有 250 多个妇女和社会性别研究中心，700 所大学建立了妇女学系，每年设 3 万多门课程，1995 年授予 10786 人次妇女学博士学位；欧盟在 1995 年有 1500 所大学开设 600 多门妇女学课程。

② 梁双莲、顾燕翎《台湾妇女的政治参与——体制内与体制外的观察》，刘毓秀主编《台湾妇女处境白皮书：1995》，台北，时报文化出版股份有限公司，1998 年，111 页。

女性参政：也就是妇女参政，指女性对政治生活的参与，源于 political participation，英文中称为“政治参与”。一般政治参与的范围很广，凡是设法影响政府政策或施政的行为都是政治参与。最普遍的政治参与方式是投票，此外，参与竞选或加入政府工作，参加政党、利益团体、压力团体或在报章撰文投书，以此影响政府政策，甚至进行示威、游行、罢工、暴动、革命等均属于这一范围①。因此，妇女参与政治的范围很广泛，除了参加投票外，加入各种党政团体、妇女组织或参加公职人员竞选，进入各级民意机构或政府机关，都在妇女参政的讨论范围之内。由上述活动可知，政治参与的另一个不言而喻的含义即强调参与上的主动性方面，基于此，本文对台湾女性参政的讨论既包括广义上妇女团体通过街头运动等方式对政策议题的影响等方面，同时更关注女性主义运动推动下广大女性主动投身政治领域参与公职人员竞选的行为，并以之作为本文分析女性参政的基础。在台湾特殊的政治制度下，半个多世纪以来，女性参与公职人员竞选的行为主要是参选地方各级政府机构首长（如县市长选举等）或各级民意代表（如省市议员等）。而作为女性参政保护制度的“妇女保护名额”只针对当选名额大于 1 的公职选举，也就是说，只有在各级民意代表选举方面才存在妇女保障名额制度，而县市长选举之类的首长选举不提供这一保障。因此，本文女性参政的观察着眼于半个多世纪以来女性参与台湾地方各级民意代表选举的实际情况。与此相应地，在考察不同时期女性在台湾地区各级民意代表选举中的参选情况即妇女代表率问题后，本文选取在当代台湾政治体制中居于特殊重要地位的最高民意代表机构——“立法院”作为探讨女性参政表现的聚焦点，从性别关系的角度透视“立法院”运作过程中的政治生态，探讨女性进入公领域、享有决策权对妇女运动的作用及对政治的影响。为了完整呈现战后半个多世纪台湾社会变迁，并对比突出台湾女性主义运动发展对女性参政的推动作用，本文对于 20 世纪 50、60 年代的台湾女性参政，也予以描述，并以之作为后文对比的基础。

---

① 吕亚力，《政治学》，台北，五南图书出版社，1984 年，61－62 页。

二、台湾女性主义运动及女性参政问题的学术回顾

1949 年，国民党政权退踞台湾，两岸分离至今。在随后的大半个世纪，台湾社会的政治、经济发展就走上了仿效欧美等西方国家的道路，东西文化的碰撞、冲突与交融构成当代台湾社会生活中的重要文化景观。20 世纪初期新文化运动下的妇女解放思想从祖国大陆传入日本殖民统治下的台湾，20 世纪 70 年代以后，台湾女性主义思潮的传入，则由一群受过西方高等教育的女性知识分子来承担。

20 世纪 60、70 年代以来，欧美等地新一轮妇女解放运动风起云涌，第二波女性主义思潮激荡着整个西方世界的思想文化领域，余波未尽，80 年代末 90 年代起，第三波女性主义思潮接踵而来，共同催生了迄今仍在行进中的社会性别主流化世界潮流①。在这一世界潮流影响下，祖国大陆和台湾地区分别以不同的方式卷入这新一轮全球女性主义运动，女性研究蔚然成风，渐成学界显学，各种译介西方女性主义理论和探讨本土妇女学学科建设的研究成果不断涌现②。至于台湾本土女性主义实践的研究，岛内学界成果

① 1995 年在北京举行的联合国第四届世界妇女问题国际会议通过的《行动纲领》明确提出以社会性别主流化作为提高两性平等的一项全球性策略并要求与会各国政府实施。随后，联合国经济及社会理事会给社会性别主流化下了定义：所谓社会性别主流化是指在各个领域和各个层面上评估所有有计划的行动（包括立法、政策、方案）对男女双方的不同含义。作为一种策略方法，它使男女双方的关注和经验成为设计、实施、监督和评判政治、经济和社会领域所有政策方案的有机组成部分，从而使男女双方受益均等，不再有不平等发生，纳入主流的最终目标是实现男女平等。

② 大陆方面：三联书店出版了鲍晓兰主编《西方女性主义研究评介》（1995）、李银河主编《妇女：最漫长的革命——当代西方女权主义理论精选》（1997）、王政等主编《社会性别研究选译》（1999）；北京大学出版了魏国英主编的《女性学概论》（2000）；天津人民出版社出版了杜芳琴的《妇女学和妇女史的本土探索——社会性别视角和跨学科视野》（2002）、杜芳琴等主编的《妇女与社会性别研究在中国》（2003）、余宁平等主编的《不守规矩的知识—妇女学的全球与区域视界》（2003）、王政的《越界—跨文化女权实践》（2004）；还有中央编译出版社出版了陈顺馨等选编的《妇女、民族与女性主义》（2004）、玛丽·沃斯通克拉夫特著，王瑛译的《女权辩护——关于政治和道德问题的批评》（2006）、［美］罗斯玛丽·帕特南·童著，艾晓明译《女性主义思潮导论》（华中师范大学出版社 2002 年）；李银河《女性权力的崛起》（文化艺术出版社 2003）以及邱仁宗《女性主义哲学与公共政策》（中国社会科学出版社 2004）；巴巴拉·阿内尔《政治学与女性主义》（东方出版社 2005 年）和沈奕裴《被建构的女性——当代社会性别理论》（上海人民出版社 2005），等。台湾地区译介西方女性思潮的有：顾燕翎主编，《女性主义理论与流派》，台北，女书文化出版，2000 年；顾燕翎等主编，《女性主义经典——18 世纪欧洲启蒙，20 世纪本土反思》，台北，女书文化出版，2002 年；其他关于两性或女性研究的学术成果将在后文中交代。

颇丰，而在大陆地区，无论是妇女学界还是台湾研究学界，在这方面的研究成果几乎一片空白。零星的论文有几篇，如郜宝林的《台湾妇女问题综述》① 从法律歧视、教育差别、就业待遇、婚姻变迁、政治参与几个方面展示了妇女生活状况的变化及现实生活中仍存在的不平等现象；承上的《台湾新女性主义的特征及其影响》② 分析了新女性主义对传统儒家思想和封建伦常的批判，指出其对岛内女性的思想启蒙作用；何笑梅的《台湾妇女运动初探》③ 主要从妇女组织、运动路线、议题及绩效等几个方面梳理了台湾妇女运动从20世纪70年代到90年代初的发展脉络。以上几篇文章，总体上问题论述的深度有待加强。但作为大陆学界较早关注台湾女性生活或女性运动的研究，其学术触角令人欣赏，只可惜后来都没再见到这方面的进一步深入的研究成果。相比之下，台湾地区的研究却是成绩斐然。

台湾的女性主义运动以70年代的新女性主义运动为起点，80年代渐有规模，90年代以来继续蓬勃发展，伴之与学术女性主义的日渐繁荣。早期出现的关于妇女运动的研究成果，基本上都是女性活动者本身的自述和对运动经验的归纳总结。1976年，发起70年代新女性主义运动的吕秀莲出版了《新女性主义》④，该书批判台湾社会传统文化中的男性中心价值观，系统介绍了新女性主义的具体观点，也对70年代的新女性主义运动作了回顾和经验总结。80年代，妇女运动参与者顾燕翎陆续发表文章检讨妇女运动，较有代表性的有：《从周期理论与阶段理论看我国妇女运动与女性意识的发展》，该文以阶段理论（无知期、认同期、抗议期、女性中心期、两性合作期）分析台湾自70年代以来的妇女运动，为正在发展壮大中的妇女运动定位并指明方向⑤；稍后出版的《检讨台湾女性主义论述——三十年来妇运的理论、路线与策略》⑥，从理论发展和策略选择方面勾勒了三十年来台湾妇

① 郜宝林，《台湾妇女问题综述》，《台湾研究集刊》，1986年第3期。

② 郜宝林，《台湾新女性主义的特征及其影响》，《台湾研究集刊》，1988年第2期。

③ 何笑梅，《台湾妇女运动初探》，《台湾研究》，1999年第1期。

④ 吕秀莲，《新女性主义》，台北，敦理出版社，1976年。

⑤ 顾燕翎，《从周期理论与阶段理论看我国妇女运动与女性意识的发展》，《中山社会科学译粹季刊》，1987年，第2卷第3期。（高雄，中山大学中山学术研究所，1987年，37-59页）。

⑥ 顾燕翎，《检讨台湾女性主义论述——三十年来妇运的理论、路线与策略》，荒林等主编《中国女性文化》No.2，中国文联出版社，2001年。

女运动的发展轨迹，重点分析90年代以来政治情势转变的影响及妇女组织队伍内部的路线分歧，对新时势下收成与动荡并存的妇女运动进行了及时的冷静反思。

20世纪80年代，随着妇女运动进一步发展，妇女队伍以外对于妇女运动的关注也开始出现。《中国论坛》、《台湾与世界》和《台湾经济》等刊物发表了大量有关妇女运动及妇女问题的文章，其中《中国论坛》于1988年举行妇女运动专题研讨，在第299期专刊发表了系列文章《妇女运动蓄势待发》，使妇女运动的理念更加深入人心，有效地扩大了妇女运动在社会上的影响力。此外，硕士论文《我国现代妇女运动之研究》① 探讨社会环境中促成妇女运动的因素（性别角色态度观、教育、大众传播、都市化、政治变迁、经济发展、就业结构），分析了主妇联盟、妇女新知、台大妇女研究室等五个妇女组织，给人们对妇女运动的观察提供了另类视角。

90年代，除了继续出现以妇女运动为研究对象的硕士、博士学位论文，学术专著也开始出现。从事社会学理论与男性研究的王雅各出版了《台湾妇女解放运动史》②，这是第一部专门研究台湾本土妇女运动的学术专著。该书试图创建一个适合本土的研究架构和理论，以解除戒严作为分水岭，叙述不同时段各个妇女组织的活动，并从“多面向动员”的妇女运动议题出发，结合组织、世代与意识形态等因素的交互作用来探讨台湾妇女运动的多元异质特性。作为台湾妇女运动史学术专著撰写的第一，此书在妇女运动上的资料收集整理以及保存妇运女性声音方面，可谓功不可没，尽管它的理论框架、历史分期、叙事文体以及史料处理等都相继受到了其他学者的质疑③。

新千年到来不久后的2003年，正值女学会——台湾妇女运动中的重要团体之一成立10周年之际，《历史月刊》编辑了一期专稿，一组由历届女

---

① 陈惠莲，《我国现代妇女运动之研究》，台湾，东海大学社会学研究所，硕士论文，未刊稿，1988年。

② 王雅各，《台湾妇女解放运动史》，台北，巨流图书公司，1999年。王雅各，美国伊利诺州罗耀拉大学社会学博士，台北大学社会学教授，专长为社会学理论、男性研究、媒体与文化批判等。

③ 相关文章参见台湾大学妇女与性别研究组主编的《女学学志》第18期（2004年12月）上王秀云、范云和俞彦娟的书评。

学会理事撰写的系列论文集《女学会十年与台湾妇女运动》①，留下了世纪之交台湾妇女运动中的许多珍贵史料。同一时期出现的另一篇学术论文《政治转型过程中的妇女运动：以运动者及其生命传记背景为核心的分析取向》②，既把妇女运动与劳工运动等其它社会运动相比较，又在妇女运动队伍内细分，以1994年为界，比较90年代前期和后期妇女运动者的组成差异，以访谈的方式，从成员社会地位、所受教育、所在族群、政党倾向、妇女运动理念的追求等方面深度挖掘妇女运动在不同时期的特质，对本文具有很大的参考价值和启迪作用。与此同时，作为女性主义运动的另一面，与妇女运动议题多元组织纷繁相媲美，台湾学术女性主义也呈现百花齐放的繁盛，虽然它有点不可思议地表现出对各种社会议题的强烈兴趣，似乎忽略了也该给妇女运动以更多关爱的眼神，众多主题各异公开出版的研究成果或可证明这一点③。清华大学社会人类学研究所张辉潭完稿十年后才出版的硕士学位论文《台湾当代妇女运动与女性主义实践初探》④，在系统整理当代台湾妇女运动史料的基础上，试图铺陈出一段完整的妇运史，并在新社会运动理论的框架内，进行一定的诠释与解释，其对“环球女性主义”与“在地妇女运动”的关系论述，有独到的见解，可惜对于90年代后期蓬勃发展的妇女运动未给予关注，造成对“当代台湾妇女运动”的认识与分析深度有限。

80年代后期，妇女参政开始成为台湾妇女运动的核心议题，女性在政

---

① 参见《历史月刊》2003年9月号上李元贞、张小虹、刘毓秀、林芳玫、刘仲冬、陈惠馨、阮若缺、张晋芬等人的文章。

② 范云，《政治转型过程中的妇女运动：以运动者及其生命传记背景为核心的分析取向》，《台湾社会学》第5期，2003年6月，133－194页。

③ 论文集《风起云涌的女性主义批评》（子宛玉编，谷风出版社，1988年）把女性主义的批判视角引入了社会学、哲学、心理学、文学和大众电影等领域；专著《妇女与社会政策》（王丽容著，巨流图书出版，1995年）检讨了妇女的工作平等、劳动参与、社会福利、人身安全、社会参与等问题，有较小篇幅对妇女组织与妇女政策提出建言；论文集《性属关系：性别与社会、建构》上下册（王雅各主编，心理出版社，1999年）分析了婚姻家庭、教育领域、劳动市场、娱乐休闲、医学体系、法律等领域中的性别不平等现象；而台湾大学人口研究中心妇女研究室1995年编印的《台湾妇女与两性研究学者名录》则显示，1994年，在台湾，专门从事妇女或两性的大专院校与研究机构的专职人员（副教授或教授）就有102位，分别从事两性历史、女性文学、两性医学、妇女人力资源、性别与发展、性别与农村、性别与都市等方面的研究。

④ 张辉潭，《台湾当代妇女运动与女性主义实践初探》，台中，印书小铺，2006年。

治参与上的表现本应是90年代以后的话题。但由于台湾“宪法”中的妇女保障名额制度，即使是作为国民党统治下的民主点缀，各级政府机构里也从不缺少女性的身影，而因其数量之少，更容易引起人们关注，故而相关研究一直未曾中断。从研究方法来看，早期的研究多为注重表层的实证研究，像梁双莲等人合著的《妇女与政治参与》①，精选了各种有关妇女从政的文章，包括美国、冰岛、日本与西德的女性参政，其中论及台湾女性参政的文章，以各种统计数据描述了70、80年代女性参与“中央民意代表”选举的一般状况，从参政机会、参政动机、参政能力来探讨影响女性参政的因素，并比较了男女两性从政的差异，但若能结合相关理论分析，应更有说服力。马心韵的学术专著《三民主义妇女政策与我国妇女政治地位之研究》主要研究三民主义妇女政策的形成、内容及执行情况，其中的妇女参政部分考察了从50年代到80年代各级地方民意代表选举情况，虽然只是简单的现状描述，基本上还属于资料的罗列，但毕竟填补了早期妇女参政研究的资料空白②。《台湾妇女处境白皮书：1995》中的“参政篇”将观察视野拓宽③，考察了妇女在体制内投票或竞选与体制外妇女团体的街头运动两个方面，对于体制内的女性公职人员、公务员与女性选民的观察仍停留在描述现象的层面，对于体制外的妇女运动进行总结，分析其变化及原因，对妇女运动与女性参政的相互促进作用则有精辟的论述。《女人与政治》是小品文章的集结④，所选文章简短通畅，深入浅出，从不同侧面观看台湾女性参与政治的各种运动或活动，对社会大众起一种观念启迪的作用；同时，其中的妇女运动大事记可视为对台湾妇女运动资料的又一次系统整理与留存。胡藹若《台湾妇女人权运动与政治参与》借用社会学的资源动员理论，从动力、内涵和目的三个面向剖析了1980年以来台湾妇女体制外政治参与的特质⑤。

世纪之交之后，西方社会科学的理论方法在学术研究上的影响初现端倪，开始出现一些运用政治学原理或借用西方社会科学理论方面的研究成

① 梁双莲等著，《妇女与政治参与》，台北，妇女新知基金会，1989年。

② 马心韵，《三民主义妇女政策与我国妇女政治地位之研究》，台北，正中书局，1992年。

③ 刘毓秀主编，《台湾妇女处境白皮书：1995》，台北，时报文化出版事业有限公司，1995年。

④ 纪欣，《女人与政治：90年代妇女参政运动》，台北，女书文化有限公司出版，2000年。

⑤ 胡藹若，《台湾妇女人权运动与政治参与》，台北，大航家企业出版，2005年。

果。《选举制度对妇女参政影响之评估》①、《从妇女保障名额到性别比例原则——两性共治的理论与实践》② 和《战后台湾妇女参政问题的检讨(1949－2004)：以妇女保障名额制度为例》③ 三篇文章不约而同都关注政治结构的问题，分别从选区规模、政党提名策略和妇女保障名额制度的利弊权衡来分析选举制度对妇女参政的不利影响；《数字的力量：台湾妇女参政人数的增长》(Strength in Numbers：Increasing Women's Political Participation in Taiwan)④ 分析了台湾妇女运动如何借政治自由化的机会试图改造政治结构，促成妇女保障名额制度向两性比例制度转变，从而扩大妇女参政的机会，促进妇女参政比例的迅速上升，该文视角独特，观点精辟，可惜很多论述都因篇幅所限无法深入展开。杨婉莹的《妇女的政治机会结构析论》⑤ 从保障名额、选举制度下的派系发展以及选区规模来解释台湾妇女的政治机会结构；《政治参与的性别差异》⑥ 则指出，相较于社会结构或私领域情境因素的解释力不足，政治涉入更能解释政治参与上的两性差异。

另外，还值得一提的是20世纪90年代出版的三本女性政治人物的自传或回忆录。杨祖珺在《玫瑰盛开——杨祖珺十五年来时路》⑦ 里，叙述了自己作为一名民歌运动者为追随夫婿从事政治反对运动而经历的语言、省籍、统独矛盾，以犀利的笔触写下了“跨越党派的性别歧视”。民进党的创党成员陈菊通过《黑牢嫁妆》⑧ 记录了早期从事政治反对运动的诸多人和事，主要起到了史料留存的作用。台湾地方知名人士、前高雄县长余登发的长媳余

---

① 杨婉莹，《选举制度对妇女参政影响之评估》，《理论与政策》第44卷第4期，2000年12月。

② 黄长玲，《从妇女保障名额到性别比例原则——两性共治的理论与实践》，《问题与研究》第40卷第3期，2001年6月。

③ 黄秀政，《战后台湾妇女参政问题的检讨（1949－2004）：以妇女保障名额制度为例》，《台湾文献》第56卷第1期，2005年6月。

④ 参见2005年汉城梨花女子大学举办的第九届世界妇女跨学科大会（WW2005）上发行的8卷“亚洲妇女学丛书”之三（台湾卷）：*Gender*, *Culture & Society*: *Women's Studies in Taiwan*, Edited by Weihung LIN and Hsiao-chin HSIEH, Esha Womans University Press , 2005, P. 273－301。

⑤ 杨婉莹，《妇女的政治机会结构析论》，《中山大学社会科学季刊》，第2卷4期，2000年。

⑥ 杨婉莹，《政治参与的性别差异》，《选举研究》，第14卷第2期，2007年11月。

⑦ 杨祖珺，《玫瑰盛开——杨祖珺十五年来时路》，台北时报文化公司，1992年12月。

⑧ 陈菊，《黑牢嫁妆》，台北，月旦出版股份有限公司，1993年12月。

陈月瑛通过《余陈月瑛回忆录》①，既为余登发悬案②继续请命，又在自己县议员、省议员、“立法委员”、县长的从政经历叙述中展现了女性从政者清廉、爱民的特质。尽管从严格意义上说这三本书该归类为文学作品，即使其中少量涉及女性参政的述评部分也因自述的原因而有身在庐山之嫌。但笔者仍在此予以罗列，因为，除了史料的补充价值以外，其以女性特有的细腻笔触道出的女性从政者的曲折心路历程，给笔者提供了另一扇观察女性参政的窗户，也使笔者对于台湾女性参政的认知变得更为具体、充实和饱满，这是前述的学术成果所无法提供的。

上述学者的研究成果对于人们研究台湾妇女参政问题都有很大的参考价值，但限于篇幅，都只能对妇女参政的某一个方面进行探讨。总体上，目前岛内学术界对于台湾妇女参政的研究，有的停留在比较表层的叙述，有的只涉及了某一因素的探讨，缺乏系统的综合研究；而大陆方面，无论是台湾研究学界还是妇女研究学界都是一片空白，给本文的研究留下了很大的探讨空间。

三、本文的研究思路和理论方法

本文在研究定位上首先将台湾的妇女运动视为当今全球化背景下世界范围内的女性主义运动的一环。同时，众所周知，据台初期，在国内人民解放战争的惊涛骇浪中，国民党政权得以站稳脚跟，离不开美国对其政治、军事支持与经济扶持，连带地使台湾人民在对日本殖民统治犹心有余悸之时，便开始面对来自英语世界的另类文化价值观的冲洗。随着台湾社会走上仿效西方的政治、经济发展道路，以及大批青年学子负笈欧美，台湾俨然成了欧美所谓“西方自由民主社会”在中国的翻版。从此，台湾社会的各种现象，各种社会活动，以至社会生活中游戏规则的制定，甚至包括社会科学中的思维方法，无不带有明显的西方社会特性，妇女运动也不外乎此。但是，台湾

① 余陈月瑛，《余陈月瑛回忆录》，台北，时报文化出版事业有限公司，1996 年 9 月。

② 余登发，台湾省高雄县人，其政治生涯跨台湾光复前后两个时空，历任里长、乡长、“国大代表”、高雄县长等，1979 年因主张两岸和平统一被台当局以“匪谍罪”入狱（称“余登发事件”），后保外就医。1989 年被发现死亡，台湾当局鉴定为自杀，家属不服，一直要求重新调查，是为“余登发悬案”。

社会文化中更根本更重要的特质是中华传统文化所刻下的“中国烙印”，包括封建文化中体现男性中心的一整套完整的封建伦理纲常体系。因此，如何把握台湾社会这一特性在妇女运动和女性参政中的体现，就成为本文首要解决的问题。岛内的相关新闻报道及评论文章、妇女团体的出版物、妇女运动的相关史料和妇女运动者本身的自述以及其他学者的研究文献，将向我们呈现台湾妇女运动者如何在西方社会思潮引导下结合台湾社会现实不断调整妇女运动的路线与策略，最终走出一条具有本土特色的妇女运动道路。

如前所述，本文认为台湾现代意义上的妇女运动始自上世纪 70 年代的新女性主义运动，妇女参政成为妇女运动的中心议题是 80 年代后期的事情。由于台湾“妇女保障名额”选举制度的存在，妇女参政并不是什么新鲜事物，但值得探讨的是妇女运动的发展对妇女参政的推进作用以及政治环境对女性参政的制约作用。因此，有必要对台湾妇女参政做一个历史的考察，通过历史发展的对比，找出女性参政发展变化的社会因素。所以，本文的研究时间从上世纪 50 年代开始，这一时期国民党主导下的妇女工作和人数寥寥可数的妇女参政情况成为本文历史论述的起点，本文将以各级政府机构公职人员选举的统计情况来展现这一历史现象。为了便于叙述，在资料分析的基础上，笔者借用西方政治学术语，结合台湾学者已有的论述将当代台湾女性参政发展划分如下①：第一个时期（1949 年至 1969 年），是威权统治时期，政治威权主导一切，少量的女性参政得益于妇女保障名额制度；第二个时期（1969 年至 1987 年），是威权松动时期，经济起飞与高速成长，政治气氛有所松动，现代妇女运动兴起，女性参政有所发展；第三个时期（1987 年至 2008 年），是解除戒严以来的威权瓦解时期，期间还进行过一次政党轮替，民主政治渐趋发展，选举政治迈向成熟，政治机会骤然增多，妇女运动蓬勃发展，女性参政取得巨大进展。

同时，女性在政治生活参与中的具体表现将是本文的重点关注所在，以免妇女参政的历史叙述陷于失焦。本文将选取在台湾的政治体制中居于特殊重要地位的最高民意代表机构——“立法院”作为切入点，考察近年女性“立法委员”的议政情况，通过与男性“立法委员”做比较，寻找其中的性

① 叶至诚著，《社会科学概论》，台北，扬智文化事业有限公司，2000 年，242 - 244 页。

别符号，从性别关系的角度透视“立法院”运作过程中的政治生态，探讨女性进入公领域、享有决策权对妇女运动的作用及对政治生活的影响。

虽然台湾的妇女运动源自西方女性主义思潮，但女性主义思想的理论并不是教条式地运用在台湾的妇女运动中。同时，台湾妇女运动兴起和发展的社会土壤是台湾具体的政治现实，有其深广的社会生活内涵和时代动因。基于以上前提，本文的研究在理论方法的运用上将避开对女性主义理论流派的讨论，而以马克思主义的辩证唯物主义和历史唯物主义方法论为指导，借用从女性主义理论方法延伸出来的性别差距理论作为本文的研究架构，并结合历史学的文献分析方法以及政治学和社会学的相关理论方法进行综合研究。

随着女性主义运动的发展，妇女研究的必要性已多为人们所论证，本文以妇本主义的观点作为研究的基点。妇本主义是人们在讨论妇女与性别有关的研究时发展出来的一个有别于以往观念的研究观点，① 它主张妇女应该是研究的主体（subject），也就是说当人们在研究一个社会现象时，妇女作为一个独立的社会人的观点和看法应该被纳入研究的架构之内，大部分的妇女所经历的、非男性的日常生活世界，和妇女之间的异质性，也应该具有社会科学研究的价值，而不似以往的观念模式，只偏重以男性为主的社会观点来建构。具体到本文，就是以社会性别的视角关注台湾女性群体的生活经验，从妇女运动者群体到参与政治生活的广大妇女，并从她们的经验中检讨现存社会制度中有待修正之处。

为了清晰呈现妇女运动与女性参政的轨迹并对之做出规范分析，本文借助社会性别差距理论②（Gender Gap Theories）作为全文的理论框架。性别差距理论主要以传统政治参与为研究范畴，它涵括如下两个方面：第一层面

---

① 转引自周碧娥对这一观点的定义和概括，参见周碧娥《妇女问题》，载于杨国枢等主编的《台湾的社会问题》，台北，巨流图书公司，1991 年。

② 也有些学者译为“性别差异理论”，如王嵩音。关于这一理论的内容参见王雅各主编《性属关系》，台北心理出版社，1999 年，340－343 页；王嵩音《再看性别政治——从跨选举资料探讨性别与政治行为》，2005 年台湾政治学年会暨“台湾民主的前景与挑战”学术研讨会论文，2005 年 12 月 10－11 日，http：//www.defence.org.cn/aspnet/vip－usa/uploadfiles/2006－1/200612514290316.pdf。需要指出的是，大陆学者对于性别差异理论的概念与台湾乃至西方学者有所不同，如苏红主编的《多重视角下的社会性别观》（上海大学出版社，2004 年，35－36 页）中的性别差异理论指建立在性差异说之上对有关性别差异知识的表述，与女性参政无关。

是指男女两性在政治体制代表权的机会、程度和影响的差距，主要指两性参与各式选举的当选情况，这将以历史比较的方式在第一章到第三章呈现；第二层面考察两性在具体的参政过程中政治态度、政治价值观和政治理想的差距，这就是第四章两性政治表现的比较分析。性别差距理论对这些现象提出三个解释架构：政治社会化理论、资源论和结构论，从社会因素和制度层面来解释两性政治参与差异的原因，这是本文第五章的内容。此外，传统的历史学、政治学以及社会学等学科的有关理论和方法，也将继续在本文中借鉴使用。期待通过进一步的研究，找出女性参政中的台湾特性，和一些关于全球女性参政的普遍共性。

第二章　威权统治时期妇女被动参政（1949－1969）

1949年，国民党政权退踞台湾，在5月20日发布戒严令，封闭全省，限制出入境，实行军事管制，严格禁止一切违禁的言论、出版和罢工、游行等活动。这一戒严体制直到20世纪70年代才有所松动。在这期间，国民党当局的军事反攻目标注定了一切社会政策的制定和国民党当局的所有社会工作均围绕这一政策主轴而定。政治上要保证权力掌握在国民党籍的官僚集团手里，经济上要为军事反攻做必要的物质准备，大众传媒等政治社会化工具则要为这一政策辩护和宣传，以达到对思想文化领域的严密监控。国民党主导下的妇女工作，从事劳军及其它辅助工作，以配合国民党当局的军事反攻目标。尽管军事反攻目标高于一切，但在“行宪和戡乱并行”的名义下，国民党当局仍在台湾试行了有限度的地方自治。在开放的地方选举中，仍有极少数的妇女代表当选，她们的当选得益于妇女保障名额制度，在政治上的象征意义远大于实质意义。

第一节　威权统治时期的社会环境

二战结束后，整个世界迅速形成了以美国、苏联为首的东西方冷战格局，共产党和国民党的战争也不可避免地被卷入东西方的斗争之中。从1949年初国民党政权败局已定到1950年朝鲜战争爆发前，美国政府对其实行的基本上是放手不管的政策（hand-off policy），以期与中国共产党达成某种妥协，既防止中共倒向苏联，也藉此维护美国在华利益。本来，台湾的解放和祖国的统一应是解放战争继续发展的合乎逻辑的结果，但朝鲜战争的爆发改变了一切。1950年，新中国的抗美援朝之举使其成为美国在亚洲地区的“遏制”对象，台湾则因此成为美国在亚洲围堵社会主义阵营的桥头堡。

在美国的政治、军事、经济支持下，国民党政权度过了危及存亡的难关，得以在台湾站稳脚跟，继而为反攻大陆秣马厉兵，积极进行各方面的准备工作，海峡两岸从此进入军事对峙状态。

一、戒严体制与威权统治

20世纪50、60年代，国民党致力于"改造"以求"重振"自身反攻大陆，为此建立起反共戒严专制体制。这一时期的台湾，经济上处于调整、恢复、逐步发展时期，但政治上却在戒严体制的笼罩下形成人人自危的政治冰封期。

早在1949年初，蒋介石就将台湾确定为"复兴基地"，5月19日颁布"戒严令"，宣布台湾地区处于战时动员状态，实行"临时戒严"，并依据《戒严法》制定了《惩治叛乱条例》等三十多种有关组党结社、言论、出入境、交通、电信等法令、法规和条例，限制人民的人身、言论、出版、集会、结社的自由，将台湾地区全面置于戒严体制之下。根据《戒严法》及其它法规、条例，国民党当局在台湾实行"非常时期"的军事管制，封闭全省，严格限制出入境，重建政工、特务组织，对社会各个方面实行最严密的监视。"戒严令"和此前颁布的"动员戡乱时期临时条款"相结合，构成了"戡乱戒严"体制的法律依据。"戒严法"赋予"总统"至高无上的"紧急命令"权，冻结了人民绝大部分的基本权利，任由警察特务权力膨胀，以"国家安全"为由肆意横行。当时的一则评论认为：

> 国民党的镇压政策充斥社会的每个角落，且国民党不必解释任何理由：收复大陆之前不准修改宪法；不准成立任何新政党；不准登记任何新报纸；不准罢工、示威，以及批评国家政策；不准举办省主席的选举；不准阅读大陆中国作家的文章；不准对政治集会表达看法；不准学生留长发与助选。大部分这类活动并不会危及宪法安全。这些只是权力结构下的主观看法，且是反对社会的暂时现象与我们人民的自然倾向①。

① Chen Yanghao，《禁！禁！禁！》，《暖流》第19期，1984年1月。转引自［美］丹尼·罗伊（Denny Roy）著，何振盛等译，《台湾政治史》，台湾商务印书馆，2004年，122页。

同时，以反省和检讨内战溃败原因为名，对国民党进行整顿改造，大力肃清异己势力，如以陈立夫、陈果夫兄弟为首的 CC 派等，巩固蒋氏父子的独裁统治地位。戒严和改造，强化了国民党政权在台的统治，威权体制就此确立。这里的“威权体制”是借用了西方政治学理论的习惯用语来描述这一时期国民党在台的统治。台湾学者彭怀恩对其特征做了很好的概括：高度一致性的政治联盟；严密的社会控制；意识形态的灌输；对本土精英的笼络与分化；高度渗透力的特务组织①。当然，如果加上“蒋氏父子浓厚的独裁色彩、对政治参与的特别限制、大陆官僚对权力的垄断”②，就更完整了。某种程度上，威权体制的建立可以视为国民党政府对国内战争状态的延续，也就是将双方的战争关系加以制度化和社会化。这样既便于国民党政府以中国唯一合法政府自居，也为其领导权力的高度集中和扩大找到法理依据。

为了对威权统治作必要的民主点缀，争取台湾地方派系和政治势力的支持，国民党当局也采取了一些安抚性的措施。首先，延揽台湾省人士，局部开放地方政权。早在 1949 年 1 月，蒋介石就给“台湾省主席”陈诚拍发电报，提出要“多方引用台湾学识较优、资望素高之人士，参加政府，以有效愈合因二·二八事件后在台湾同胞之间造成的裂痕”③。在这一指示下制定的抚台政策，给台湾少部分有背景的人士提供了参政的渠道。当然，参政层次仅限于地方政府如省县政府中无关紧要的职位。其次，举办地方选举，从 1950 年起“试行”有限度的“地方自治”，办理县市议员和县市长、乡镇长及村里长的选举。地方自治使台湾人民有了自己挑选基层领导人的机会，也成为“中央民意代表”选举开放之前人们进入政治系统的主要通道。对台籍人士的起用和地方自治的实施，为台湾本地人参政创造了机会，也可视为国民党当局在垄断“中央政权”政治资源下对台籍人士的一种补偿。但即使是地方政权，“自治”仍是极其有限。早在举行首次地方选举时，主持选举事务的“内政部”即宣布：“时值反共抗俄重要阶段，一切行政措施，应以加强社会安定、适应军事需要为前提，关于自治之推行，自亦须本

---

① 彭怀恩，《台湾发展的政治经济分析》，台北，风云出版社，1990 年，183 页。

② 转引自若林正丈，《转型期的台湾》，台北，故乡出版社，1989 年，71 页。

③ （台湾）《中央日报》，1988 年 7 月 15 日。

此前提，审慎从事"①。在当时情势下，一方面，地方自治权力源于国民党当局的行政命令，则需面临随时被行政命令缩减或取消的可能；另一方面，民选的地方行政首长虽有民意支持，但仍需与当局密切配合；如敢标新立异，将面临上下夹击的困境。如1954年和1964年两次当选台北市长的地方反对派人物高玉树，在其任期内便多次尝到这种苦头。总体上，台湾的统治权力仍牢牢控制在大陆籍官僚集团手里，少数台籍精英受到国民党当局的"礼遇"，只是对其一党专政的民主装饰，其象征意义大于实质意义。

二、经济恢复与发展

同一时期里，即将崩溃的经济却成为国民党抵台后面临的最大问题。由于人口剧增，物资短缺，物价上涨，经济形势极端严峻。经济的稳定与重建成为国民党的首要任务，也是国民党实现军事反攻的必要前提。为此，台湾当局采取了一系列旨在稳定社会和恢复经济的政策与措施，主要包括土地改革、币制改革、加强外汇贸易管制及优先发展电力、肥料、纺织等民生工业，使台湾经济在较短时间内得以恢复与发展。五十年代起，国民党进行了土地改革。土地改革的第一步是进行"三七五减租"，即将原地主收取超过收获量50%以上的地租一律降至37.5%以下，其他附带租金一律取消。接着全面推行于1948年开始试行的"公地放领"政策，即将从日本人手里接收的公有耕地承租给无地或少地的农民，承租地价分十年还清。随后，为了从根本上解决农民的土地问题，1953年1月，台湾省政府公布《实施耕者有其田条例》，开始实行"耕者有其田"的重大农地改革方案。除地主按规定保留一小部分土地外，其余由政府征收，交给现耕农承领。征收地主土地的地价，付给地主七成的土地实物债券，三成公营的农林、工矿、水泥与纸业四大公司股票。整个土地改革历时10年，于1963年完成。这次土地改革，不仅缓和了农民与地主的关系，解放了农村生产力，农民生产积极性提高，粮食产量增加，缓解了粮食供应压力，在某种程度上解除了台湾经济危机，而且将农村资本转移到工商业，促进了工商业的发展。土地改革是50年代台湾经济方面最重大的事件，在台湾经济恢复与发展的初期，土地改革

① 康宁祥，《台湾的宪政危机》，台湾，八十年代出版社，1983年，203页。

和“美援”共同奠定了此后台湾经济发展的基础。①

50年代前期，台湾的经济恢复已基本完成，台湾当局开始推行“以农业培植工业”政策，并采取进口替代的发展战略。优先发展可增加出口、减少进口及对改善国际收支有帮助的产业，即发展投资少、技术要求不高、能增加就业及自己能够生产的民生工业，以替代进口产品，节省外汇开支。在这一政策指导下，台湾重点发展纺织、食品、水泥、塑胶等民生工业。在不到十年的时间里，在大陆的黄金与机器、美国的经援、战后重建、土地改革、进口替代等诸多因素共同影响下，台湾经济很快走出泥潭。到50年代末，台湾物价已趋于平稳，物资供应日渐充足，狭小的市场开始饱和，部分工业生产能力出现过剩现象，台湾经济又面临新的挑战，开始寻找新的出路。

50年代末期开始，台湾进行了一次较为广泛的财政、外贸、金融体制的改革，从此走上了一条出口导向的经济发展道路。1958年4月，台湾“行政院”公布了“改进外汇贸易方案”和“外汇贸易管理办法”等法规，对外贸政策进行了一系列重大改革与调整②。一是，台湾将复式汇率改为单一汇率，废除了不同进出口货物适用不同汇率的制度。二是，放宽进口限制，降低进口原料的各种税收。三是，鼓励出口，实行外销退税制度，设立外销推广基金，实施保税工厂与保税仓库制度，实行外销低利贷款与外汇提留制度等。这些政策措施极大地促进了台湾产品的外销与经济发展。同时，为改善投资环境，吸引更多的外资，以弥补即将停止的“美援”，台湾当局于1960年颁布了“奖励投资条例”，对外商投资提供优惠：凡产品50%以上出口的企业，可享受免五年营业税或加速折旧等优惠；将利润用于增资扩充设备的企业可享受免四年营业税或加速折旧。同时设立专门的投资审批委员会，提高办事效率。这是台湾财经政策的又一个重要里程碑。台湾的租税政策从过去的追求“预算收支平衡”转变为谋求“经济发展”。从这时起，台湾逐渐形成一套较开放的经济体制，为台湾经济的起飞奠定了重要基础。随后，为了吸引外资、扩大出口、解决就业及满足美援停止后的外汇资金需

① 陈孔立主编，《台湾历史纲要》，九州出版社，1996年，453页。

② http：//www. china. com. cn/zhuanti2005/txt/2005－12/31/content _ 5439177. htm。

求，台湾当局创设了加工出口区，成为台湾外向型经济的窗口。1964 年元月，台湾“立法院”三读通过“加工出口区设置管理条例”，“行政院”于同月 30 日公布施行。高雄、台中加工出口区的相继设立，极大地推动了台湾加工出口工业与外贸的迅速发展，成为台湾外向型经济发展的标志与缩影。台湾由此建立了以加工出口为依托、以轻纺工业为核心的外向型经济体系，并实现了台湾经济的起飞。经济的发展为社会变迁，包括教育迅速普及和中产阶级出现等创造了必要的物质基础。

三、思想文化领域的单一声音

为了配合国民党“自力救济”、“反攻大陆”的政策主轴，与政治高压、经济复苏同步进行的是国民党当局对思想文化领域的严密监控。易言之，把在大陆实行过的白色恐怖移植到了台湾，通过反共教育、特务控制和严格管制来实现这一切。军警特务肆意横行，屡见不鲜的“匪谍案”、“叛乱案”造成人心惶惶，“人性被扭曲，互不信任的人际关系和阳奉阴违的社会风气，很快地蔓延到台湾的整个社会；另一方面，奉承和追随得志的权贵的人则越来越多”。① 在报纸、杂志等大众传媒一面倒的“反共复国”宣传中，少数在反共同时宣扬西方自由民主思想的异类声音仍遭到了国民党当局的镇压，1960 年的“自由中国”事件便是一例。《自由中国》创刊于 1949 年，其主办者是以胡适和雷震为代表的一批从大陆到台湾的著名知识分子。他们与国民党内的“自由主义者”相呼应，支持国民党的反共政策，宣扬民主与自由的价值观，并为此发表一些批评国民党当局专制统治的政论文章。但其宣扬民主抨击专政的言论和组建“中国民主党”的举动终于为国民党当局所不容。1960 年 4 月，国民党当局以“涉嫌叛乱”为由将《自由中国》杂志查封，逮捕拟议中的新党负责人雷震，接着又以所谓的“为匪宣传”、“知匪不报”和《自由杂志》发表违背“反共抗俄国策”的言论等罪名判处雷震有期徒刑十年，对其他相关人员也分别予以处理。《自由中国》在雷震被捕后就未再复刊，这一活跃于台湾文坛 10 年之久、有着“荒漠甘泉”之誉的政论性刊物，在其“大江东流挡不住”的民主鼓吹声中，干涸于专

① 戴国辉，《台湾总体相》，台北，远流出版公司，1989 年，129 页。

制统治的荒漠中。“《自由中国》事件是国民党内部一些自由主义分子要求改革的一次尝试，这个事件对台湾后来的民主运动起了一定的启蒙作用”①。大陆学者黄嘉树则认为，雷震案件和“中国民主党”的流产，标志着国民党开始实行比50年代还要严酷的高压统治②。可资例证的有如下事件：1951年创办、标榜“无党无派，独立经营”的《自立晚报》因报道党外异议人士活动和言论较多而具有浓厚的党外色彩，经常遭受停刊处分，六十年代的《文星》、《大学》，也无一例外地遭到了停刊的命运。在国民党的高压政策下，人们对政治产生恐惧心理和冷漠感，对强权的不满被压到心底。在这段政治冰封期里，人们的思想受钳制，言论受压制，岛内的政治价值判断维持表面上的整齐划一，极少数自由知识分子关于民主的呼吁湮没在全岛“反共复国”的口号声中。所有的一切都围绕这一论调而定，国民党领导下的妇女工作自然也只能成为迎合这一主旋律的一个和声。

第二节　国民党主导下的妇女运动

如前所述，虽然本书认为现代意义上的台湾妇女运动，起自20世纪70年代的新女性主义运动，但也有部分学者将在此之前台湾地区曾经兴起过的各种以妇女为主体、以妇女议题为活动主题的妇女活动也归入妇女运动的范围，并对此做过一定研究。顾燕翎通过对太平天国的妇女政策、维新人士的女学运动、国民革命时期女权运动、新文化时期女权思潮等一幕幕历史场景的描述，将台湾女性意识的萌芽成长置于中国历史发展的长河中③；游鑑明则从近代看起，指出台湾的妇女运动最早由来自两种不同文化背景的外国人所倡导，即西洋传教士与日本殖民政府，概述日据时期先后由彰化妇女共励会、台湾文化协会、台湾农民组合和台湾共产党所发起女性解放运动，并认为这些女性解放运动某种程度上源于日本殖民政府所倡导的兴女学运动，“这群由殖民政府所刻意建构的新女性，发展出不是殖民政府所期待的女性

① 陈孔立主编，《台湾历史纲要》，九州出版社，1996年，447页。

② 黄嘉树，《国民党在台湾1945－1988》，南海出版公司，1991年，390页。

③ 顾燕翎，《女性意识与台湾妇女运动的发展》，中国论坛编辑委员会主编，《女性知识分子与台湾发展》，台北，中国论坛杂志出版社，1989年，91－128页。

解放运动”①。至于战后至国民党踞台期间短暂的几年里台湾地区妇女活动的情况，游鑑明的研究发现，“这时期的媒体提供女性宽阔的发言空间……在战后的台湾既有国家认同问题，又有性别、权力、阶级、族群、文化与地域等复杂关系的背景下，主张妇运却又将妇运置于家庭、社会和国家之下的论调成为此期妇运的主流”②。到了1949年，国民党政权退据台湾，在“戡乱”的名义下，国民党的军事反攻目标凌驾一切，所有的社会活动包括妇女活动都被纳入“反共复国”的官方论述，顾燕翎把这一时期称为“女性意识断层期”③。

一、妇女组织与活动的一般情况

国民党军队抵台之时，台湾仍有其他的妇女团体，如台湾省保护养女运动委员会、联合国中国同志会的妇女委员会，中国妇女福利协会、中国妇女政治研究会、中国妇女问题研究会、中国妇女服务互助社、妇女文化社、中国妇女服务社、中国妇女政治学会、中华民国女童军总会、女青商会、国际崇她社、基督教女青年会、台湾省护士工会、台湾省助产士工会、中国护士学会、台湾省妇女协作协会、中国妇女协作协会等组织，从事学术文化、外交、职业和社会服务等活动④。这些组织在台湾光复初期，一度相当活跃。但随着1949年戒严令颁布实施，这些妇女组织或裁撤或合并，数目急剧减少，组织严重萎缩，发挥作用的空间日益缩小。国民党主导下的妇女团体相继成立后，原有的妇女组织就几乎销声匿迹了。

1. 台湾省妇女会

1946年1月3日，战后台湾第一个合法的妇女团体“台湾妇女协会”于高雄市成立，随后又有“嘉义妇女协会”、“台北市妇女会”、“台南市妇女会”、“台中市妇女会”、“台东县妇女会”、“彰化市妇女会”等团体陆续

① 游鑑明，《明明月照来时路：台湾妇运的历史观察》，王雅各主编，《性属关系（下）——性别与文化、再现》，台北，心理出版社，1999年，197－225页。

② 游鑑明，《当外省人遇到台湾女性：战后台湾报刊中的女性论述（1945－1949）》，“中央研究院”近代史研究所集刊，第47期，2005年3月，165－224页。

③ 顾燕翎，《女性意识与台湾妇女运动的发展》，中国论坛编辑委员会主编，《女性知识分子与台湾发展》，台北，中国论坛杂志出版社，1989年，106页。

④ 钱剑秋，《自由中国的妇女》，台北，妇女社，1956年，57页。

成立。为了统一管理岛内的妇女团体，国民政府委派谢娥、许世贤等于1946年5月16日成立了全岛性的妇女团体——台湾省妇女会，全省17个县市妇女会为其团体会员，至1967年9月已经有20个县市妇女会、345个县市乡镇区妇女会、10472个村里会员小组①，形成一个贯穿全岛直达基层的妇女会系统。省妇女会成立初期的主要干部多为日据时期就已锋芒毕露的妇女领袖，随后渐渐有大陆来台的官员眷属、受过高等教育的台湾本土妇女精英和地方望族、地方派系的女眷等等加入。后来，由于内部失和、经费等原因，妇女会一度沉寂，直到国民党政权抵达后，由宋美龄担任名誉会长，情势才有所改观。

台湾省妇女会的成立宗旨为："唤起妇女之国民责任心，提高其道德智能，促进其对国家及社会之服务，增进其自身及社会之福利"，并订立了九项目标任务：保障妇女人权，培养母性道德，协助发展妇女教育，指导改善妇女生活，妇女职业指导及救济，举办妇女互助及福利事业，指导健全家庭，编印及发行有关妇女书刊，有关妇女之调查及研究；以及十四项妇女工作重点：设置妇女工作委员会，发展妇女组织，扩大培植妇女干部，遴选妇女义务干部，加强妇女干部训练，辅导妇女团体之健全，辅导妇女会村里小组之健全与发展，建立各级民意机构妇女民意代表基本资料，建立村里妇女守望相助服务队，加强工商业界妇女联谊活动，辅导妇女及儿童文康队展开活动，加强女教师进修组织联谊活动，救济贫苦妇孺及孤寡，辅导举办妇女职业教育及技艺训练②。

虽然尚谈不上性别意识的唤醒，但台湾省妇女会在成立初期，确实为争取和保障妇女权益做过许多具体的工作，如辅导婚姻、调解家庭纠纷等，而其与地方机关相结合辅导妇女的工作如协助女佣就业、妇女技艺训练等则起到了开发妇女人力资源的积极作用。不过，这种势头并没有维持多久，1949年宋美龄担任名誉会长后，妇女会的工作逐渐调整方向，从事慰劳国军、宣传政令等工作，与国民党体系内的妇女组织一起，共同贯彻当局的妇女

① 钱剑秋，《三十年来中国妇女运动》，台北，中国国民党中央妇女工作会，1976年，28－31页。

② 台湾省妇女会编，《台湾妇女会概况》，台北，台湾省妇女会，1970年，7－10页。

政策。

2.“中华妇女反共抗俄联合会”

1949年12月，随着国民党政权抵台，台湾妇女界出现新的领导阶层。1950年4月17日，宋美龄带领来自大陆各省和不同阶层的妇女界精英成立“中华妇女反共抗俄联合会”（1986年更名为“中华妇女反共联合会”，1996年又改为“中华妇女联合会”，简称“妇联会”），妇联会的最高领导机构是总会，负责研究拟订决策和推动工作，由宋美龄和陈谭祥分别担任正、副主任委员，另外设有常务委员会和委员会；总会之下设立分会和支会，由机关和地方单位分别设立，在军眷新村和中等以上学校则成立工作队。妇联会发展迅速，组织遍及全岛并扩展到海外，在初创10年间，即有48个分会，其中县市分会23个，机关学校分会25个，海外华侨则分别有美国、韩国、日本、泰国、菲律宾等国家设立分会或支会。到1960年时，岛内分会有53个、海外分会有3个，下辖支会368个，直属工作队122队，分会所属工作队151队①，成为台湾最大的妇女团体。

在妇联会筹备会议中，宋美龄指出，妇联会的意义是要团结全体妇女，慰劳前后方三军，并对民众进行组训工作，让他们明白“国家”存亡与他们休戚与共的关系，并提出妇联会应致力于三项工作：检举嫌疑分子；对前方或后方三军予以慰劳、对民众方面做组训工作，竭力帮助“蒋总统”实行救济大陆饥馑同胞的运动②。这一基调决定了妇联会的宗旨，“联合中华民国各界妇女，志愿参加反共战线，团结奋斗”。在具体工作上，妇联会的工作主要从以下三个方面展开：在慰劳方面，利用节庆假日慰劳三军，兴建国军眷舍、协助军眷及其子弟就医、就学，以安定军心，这是妇联会最主要的工作；在组训方面，妇联会设置妇女国语训练班，举办各类技艺研习，并协助改善家庭与眷村卫生；在服务方面，成立缝衣厂，发动妇女为军人缝制

① 转引自罗汀兰，《中华妇女反共抗俄联合会组织功能之研究》，台湾政治作战学校政治研究所，硕士论文，1991年，23－26页，未刊稿。

② 中国国民党中央妇女工作会编，《指导长蒋夫人对妇女训词辑要》，台北，中国国民党中央妇女工作会，1956年，32页、126页。

军衣等①。此外，也有一些零星的劳军以外的社会关怀，如惠幼托儿所、华兴育幼院，当然，毫无疑问，这些机构最初也是只为军人服务，只是到了后来才渐渐惠及普通大众。由于“各级机关首长的夫人、公教人员的眷属”皆为妇联会的当然成员，这样一来，即使一直从事劳军工作，妇联会给普通民众的印象仍然是“官太太俱乐部”②。几乎可以说，妇联会简直就是国民党军队的编外服务机构，服务军队超过一切议题，更遑论妇女权益。

3. “中央妇女工作指导会议”

1953年10月“中央妇女工作指导会议”成立（简称“妇指会”），下设干事委员与委员，主要成员为追随国民党到台的各类女性知识分子，由宋美龄以指导长身份担任领导。严格意义上，这个组织归属于中国国民党，因而成为这一时期妇女工作的最高领导机构。因其为决策机构，不负责行政，故另设一执行机构——“中央妇女工作会”（简称“妇工会”），负责执行妇指会的决议，强调“以妇工代替妇运”、“以义务代替权利”的工作方向。妇工会为当时妇女工作的总枢纽，成员主要是国民党的女性党工，组织编制层次分明，设正、副主任负责推行工作，下有秘书、专门委员和干事等，并设有五室，掌管总务、组训、服务、研究及宣传等业务，并通过四大部门来向全岛分属地方、前线、知识青年、职业等不同阶层的妇女开展工作③。同时密切联系妇女会、妇联会，形成渗透全岛的庞大严密的妇女工作网络。

由于鲜明的政党属性，妇工会成立伊始即定位为全岛妇女工作的领导机构，成立的目的只为了领导和管理岛内的妇女工作，其工作的主要方向为培养国民党的妇女干部。1954年，妇工会依据国民党制定的妇女工作领导方针，提出五项工作要点：以政策领导妇女群众、以组织结合妇女人才、以训练培养妇女知能、以服务辅导妇女生活、以文教指导妇女人生，并以组织、训练、服务、调查、研究及宣传展开各项工作④。实际上，在妇女干部的培

① “中华妇女反共联合会”编，《妇联四十年》，台北，“中华妇女反共联合会”，1990年，33页。

② （台湾）《联合报》，1977年6月6日，第19版。

③ 中国国民党中央妇女工作会编，《我们的工作》，台北，中国国民党中央妇女工作会，1976年，7页。

④ 转引自王雅各，《台湾妇女运动解放史》，台北，巨流图书公司，2001年，28页。

训之外，妇工会的工作与妇女会工作也有重复之处，比如，识字教育、工艺指导、康乐活动、家庭副业指导等等。

总体上，三大妇女团体的工作基本围绕以下几个方向：协助政策推行；达成政党目标；慰问救济军眷和贫民；改进社会道德和家庭生活。同时，在这些组织相互联系支援下，妇女活动范围遍及全岛，妇女工作得以顺利开展。除了国民党所强调的劳军目标之外，妇女工作的推展在客观上也产生了一些积极的作用：部分妇女的谋生能力有所提高，育幼机构的设立减轻了广大妇女的家庭负担，使她们有更多时间、精力投入工作，更有部分国民党藉的女性籍此机会进入政治舞台。由后文的资料我们不难看出，这段时间内占女性政治人物绝大多数的国民党籍女性当选人基本上都是三大妇女团体的重要干部。

二、妇女运动路线与党政纲领的高度一致

由于妇女会和妇联会的活动受到妇工会的指导，作为领导机构，它的政党属性决定了它所领导的妇女组织在活动上对国民党政策纲领的执行和配合。

1. 妇女运动的目标：培养忠党爱“国”的贤妻良母

在一切社会工作围绕安定政局、贯彻反共事业的前提下，妇工会所领导下的妇女团体，积极配合国民党的政策，劳军之余不忘强调对广大妇女进行教育，以培养时局所需的忠党爱“国”的贤妻良母。

在 1954 年妇联会举办的“妇女节庆祝大会”中，宋美龄明白表示：“在反共抗俄时代，应把贤妻良母对家庭、家族的爱，转化为对民族、国家的爱”①，她以三大妇女团体的领导人身份表明了这一时期妇女工作的首要目标。而执政大权在握的国民党，从 1951 年党中央改造委员会第 79 次会议所通过的“中国国民党现阶段妇女运动指导方案”开始，到 1969 年 4 月 5 日中国国民党第十次全国代表大会召开，期间的妇女政策一以贯之，始终围绕四个重点来进行：“加强妇女训练，参加反共抗俄工作，使其效力于民族

① 中国国民党中央妇女工作会编，《指导长蒋夫人对妇女训词辑要》，台北，中国国民党中央妇女工作会，1956 年，67 页。

复兴志业；辅导妇女革除不良习惯，赋予妇女透过健全家庭生活，来达成健全国家社会基础之责任；教育妇女积极投入各项政经社文及教育事业，以达到地位平等与动员妇女之目的；发展基层组织、发掘妇女广大的力量，以协助政府战时宣传及慰劳工作”。可见，妇女领袖的话原是秉自政党意志，其思想上的一脉相承也就不足为奇了。

为了更加顺利地让广大妇女理解支持并响应国民党的号召，国民党当局不断通过各种公开的领袖谈话或报刊通讯来提醒大家：“国家”当前首要目标为“反攻大陆”，女性相较于日据时代的地位已经大为提升，在此“国难”当头的时刻，更需“共体时艰”，将个人利益置于“国家”利益之下，除了发挥传统妇女勤劳节俭的美德外，还需进一步担负起母教的责任：

“妇女的训练，一方面是要着重革命工作，一方面也需注意家庭和社会工作，其实救国的事，是不分男女的，没有国，就没有家，有国就有家，妇女今后不但要努力参加革命工作，更应深切了解家庭就是国家的基础，不能救国，何以能保家呢？救国在先，家庭在后，所以当妻子的应当劝导丈夫，作母亲的应当勉励儿子，作姐姐的应当规劝兄弟，大家要为国争光，为国家牺牲，这样才可以发挥妇女精神。”①

“我们中国从前妇女崇高的观念为贤妻良母，但我们在今天反共抗俄反攻复国的时代，我们更要把这种伦理观念贤妻良母的家族爱扩充为民族爱，要把这贤妻良母的家庭爱扩充为国家爱，也就是说我们妇女应该要母如岳母，妻如韩妻，教子为民族尽孝，劝夫为国家效忠，那才是我们现代妇女所追求的范型与观念。……总之，今天妇女由于时代的要求，就要负起双重的责任，既要治理家庭，更要服务国家，因此必须充实自己，敬爱自己，要做一个现代妇女，达到‘良母贤妻救国保种良好公民’的目的，以物质支援前线，以精神安定后方”。②

“在这个时代中，有两种妇运工作的潮流，一个是在不危害民主生活方式的情形之下，尽力争取妇女本身的经济利益，扩张个人的需求；

① 蒋介石于1953年5月17日妇女干部训练班第一期开学典礼训词，参见国民党党史会编，《总裁对妇女训词辑要》，1991年，26页。

② 王亚权编，《蒋夫人言论集》（下），“中华妇女反共联合会”，1977年，821页。

一个是不危及个人正常生活的情形之下，尽力以忘我的精神贡献一切争取我们反共的胜利。我们的方向就是属于后一种的，自由中国的妇女，就是都在以直接的努力对反攻工作从事忘我的贡献。"①

这样的言论充斥于妇工会的机关刊物《妇友》和各种公开发行的报刊中。《妇友》创刊号明白指出②："妇女运动，已为陈迹，实际工作，应急求实践"，并一再强调指出，妇女工作是在争取义务，在义务的履行中实现地位提高，力争成为牺牲奉献、忍让包容、慈爱善良的中国新女性，担负起齐家报"国"的重责大任，以求得整个社会的自由与幸福，完成反共抗俄的神圣使命。在自上而下的舆论制造中，妇女运动的家国论述主题深入人心，妇女对家国的责任成为社会各界对妇女角色的普遍期待。"这类国巩于家、家庭为社会中心、治家为治国基础的说法，几乎是千篇一律地出现在一九五零、一九六零年代的各种期刊报纸中，主宰着妇女言论"③。

2. 妇女运动的附属性：以党领政的妇女政策及妇女议题

在威权式统治下，国民党在政府组织运作、立法和决策过程中都起着指导和监控的作用。公共政策的议题选择与制定，本应由政府主动提出，但当时执政的国民党所通过的政策纲领，必然影响甚至左右了政府公共政策背后的两性价值观，以及这一价值观所主导下的妇女政策。甚至，在当时的威权统治之下，政策的制定基本上是由国民党发起或支持才能通过"国会"合法化，而国民党的意旨毫无疑问在"国会"中是畅通无阻的。因此，只要国民党支持的政策，就是当局的政策，这也是当时所谓"党国一体"的政府公器的特色。政府公布的官方的妇女政策，自然源自国民党妇女工作的政策纲领。

早在1951年，国民党的中央改造委员会第79次会议就通过了"中国国民党现阶段妇女运动指导方案"，规划了妇女工作"组训、教育、宣传、慰劳"的四个重点方向，定下了这一时期妇女工作的基调。1953年成立的"妇女工作指导会议"，虽为党内有关妇女问题的决策机构，并以"妇女工

① （台湾）《中央日报》，1954年3月8日。

② 《妇友》月刊创刊号社论，第1期，1954年12月。

③ 游鑑明，《明明月照来时路：台湾妇运的历史观察》，王雅各主编，《性属关系（下）——性别与文化、再现》，台北，心理出版社，1999年，210页。

作会”为决策执行单位，负责规划与执行妇女政策。但与国民党中央委员会内名义平等的各组会相比，妇工会在国民党内的实际地位并不高：

“妇女工作的方略，是由妇女工作的个体结合党的整体工作，对外实施，因为妇女工作，是党的全部工作的一个环节，这一个环节，配合全党‘组训’、‘宣传’、‘民运’、‘保防’等单位密切联系分工合作，凡是这些部门的工作中有属于妇女方面的活动，便由妇工会协助推行，所以妇女工作不是单独对外，它的成就，是归之于组织与领袖。”①

可见，虽然名为妇女运动的最高领导机构，妇工会仍然没有自己的独立自主性，它只是被动地配合国民党的政策，而无法主动发掘妇女问题或提出解决方案。确切地说，它更像国民党内各组会的政策协助执行单位，协助推行各部门关于妇女方面的工作。从妇女工作在国民党内的被动、附属性，我们不难理解这一时期国民党对妇女相关论述和议题的话语垄断：妇女的模范与否，或者说优秀女性的定义，由国民党来界定；妇女的生育不单是妇女的问题，更是“国家大计”，但这不是基于关怀妇女的角度，仅仅是出于“增产报国”的需要。

为了配合反共抗俄的党政大计，“模范妇女”成为当时妇女工作的一项重要诉求。这一切是在肯定传统性别关系、推崇传统伦理道德的两性观念基础上进行的，“我们民族伟大的精神，是在我们高尚的伦理道德，伦理道德实在就是我们中华民族五千年历史的结晶，因之我们中国从前妇女崇高的观念为贤妻良母的家庭爱……这才是我们现代妇女所追求的”②。而推广模范妇女的途径则是举办模范母亲、模范太太的评选嘉奖。模范母亲、模范太太的评选标准中包括“含辛茹苦，教子有方；艰苦卓绝，治家有道；品德兼优，敦亲睦邻；急公好义，乐于助人；鼓励从军，敬军爱军”等，可以看出国民党当局对模范妇女的要求是：无私无我的奉献与使命感，强调女性对家庭、社会、国家的责任与认同，吃苦耐劳而无怨无悔，母亲是民族、国家和社会的母亲；至于女性的个人身份及权益等，则付之阙如，更不论女性意

① 《中国国民党的妇女工作》提要大纲，妇工档案卷156，3－4页，转引自谢叆伦《谁的妇女政策？我国妇女政策中“妇女”的论述分析（1949－2000）》，台湾大学政治学研究所，硕士论文，2000年，32页，未刊稿。

② 王亚权编，《蒋夫人言论集》（下），“中华妇女反共联合会”，1977年，802页。

识的关怀。

另一个与妇女相关的议题是妇女生育问题。这一问题进入国民党妇女工作的视野，仅仅因为妇女的生育能带来反共事业所需的人力资源，而生育三个以上的子女也成为上述模范母亲入选资格之一。“增产报国”成为当局鼓励妇女生育的冠冕堂皇的口号，而人力资源成为这一政策的辩护理由：

“在反攻大陆时，需要大量的人力，所以人越多越好。本省的出产足供一千万人口的消费，而目前的人只有八百多万。在大陆光复以后，西北、西南地大人稀，可供本省人的移植，因此本省的人口问题并不存在。”①

但是当时也有人赞成节育的主张，他们认为人口快速成长，将侵蚀经济建设成果，且下一代的教育和就业也将成为社会和家庭的沉重负担，并认为当时台湾的问题不在人口不够，而在工业不发达，反攻事业未成，大敌当前，政府的当务之急应是尽速发展工业，而非鼓励生育②。对于这类关于人口政策的质疑，当时的“行政院长”陈诚在“立法院”答复时表示：“解决人口问题……最根本的办法是光复大陆。大陆上地大物博，将来重建国家时，一时不患人口太多，而是患人才不够”③。

这场关于应否鼓励生育的政策辩论当然毫无悬念地以国民党的立场取胜告终。值得关注的是，在这一场关于女性生殖问题的讨论中，参与各方均围绕着政府的利益发言，没有从妇女立场发出的声音，以至政府观点主导一切，女性的健康、生育负担及个人意愿完全被忽视，妇女在政府政策制定中的工具性、附属性展现无遗，成了集体性失语。

总之，在国民党当局的舆论宣传与政府机器的强大动员下，台湾妇女投身于三大妇女团体发起的旨在支援反共事业的妇女运动，并在国民党关于妇女与民族国家社会的种种论述中陷于集体迷失的境地，失去了女性的身份认同，没有了性别的概念，更缺乏关于妇女身份地位及权益的独立思考与批判意识。一切全都围绕“反共复国”的政策主轴而转，“自由中国的妇女运

---

① 此为当时台湾省主席吴国桢在 1952 年答复留日华侨观光团所提的人口问题时所表示，见（台湾）《中央日报》，1952 年 4 月 1 日。

② （台湾）《中央日报》，1959 年 3 月 2 日，2 版。

③ （台湾）《中央日报》，1960 年 2 月 20 日，2 版。

动，面对历史上最大与最后的一个敌人——共产主义，举起迎战的大纛，妇女们高举着反共抗俄的旗帜，明确宣示要为国家民族的解放而奋斗”①，与欧美60年代兴起的新一轮以社会性别意识为核心概念批判传统社会的妇女解放运动形成鲜明对比。因此，也就不难理解，70年代，民间自发的以唤醒妇女性别意识的新女性主义运动出现之后，国民党主导的妇女工作或妇女运动就逐渐被边缘化了。

第三节　保障名额下的妇女参政

20世纪50、60年代，在国民党的威权体制下，从大陆去台的外省官僚集团垄断岛内的政治经济权力，并以“戒严令”冻结人民的基本权利，如言论、出版、集会、结社等自由，造成国民党当局权力体系的封闭和统治权威的不容挑战。为了“行宪”与“戡乱”并行不悖，原来定期举行的各级公职人员选举，改采“中央”与地方分别对待的策略。在“中央民意代表”选举方面，国民党当局以“戡乱”为名予以冻结，直到1969年才进行有限度的增、补选，而地方选举则依法进行。这一时期在“中央民意代表”里的少数妇女代表，则是得益于“妇女保障名额制度”，于迁台前的选举中当选，因其选举是在大陆举行，时空背景都超出了本文的讨论范围，且跟随国民党政权来台的只是其中一部分，资料零散，本文不予展开探讨。在其它政治参与渠道几乎全部堵塞的情况下，这一时期的妇女参政，只能集中于地方公职人员的定期选举，观察在“妇女保障名额制度”下女性参与公职人员选举的情况。所谓公职人员，依据“司法院大法官会议释字第四十二号”解释，主要指：各级民意代表、“中央”与地方机关之公务人员，及其他依法从事于公务者。

一、威权统治下的有限空间：妇女保障名额制度

一般而言，“保障名额”是指对于某特定范畴的团体有优先待遇，在职缺上给予该团体占有一定的名额或百分比。如果该优待的对象是妇女团体，

① 皮以书，《中国妇女运动》，台北，三民书局，1973年，103－104页。

则这种在职缺上给予妇女优先录用一定名额或百分比的规定，便是“妇女保障名额”的规定。1947年制定颁布的《中华民国宪法》第134条规定：“各种选举应规定妇女当选名额，其办法以法律定之”，这就是通称的“妇女保障名额制度”的法源。具体内容为：从“中央”到地方各级民意代表的选举中，均应对妇女候选人的计票，采取与男性候选人不同的方式。如其得票数不低于男性，则无需保障，否则即采取单独计算，视保障名额的多寡，而在妇女候选人之间互为较量。在当时台湾地区的各级公职人员选举中，地方首长和各级民意机关代表的选举都属于本文女性主动参与公职竞选的范畴。但因地方首长的名额唯一，不存在保障名额制度，女性需与男性同等竞争。统观半个多世纪的地方女性首长选举，女性当选人寥寥可数，且不同的当选人在不同的时代背景里各有不同的当选因素，基本上与妇女保障制度无关，本文不予以关注，而只将观察点聚焦在不同时期里的各级民意代表选举方面。

1. “中央民意代表”选举与妇女保障名额

根据具有“宪法”解释权的“司法院”大法官会议于1957年在“释字第76号”解释中所指，“应认国民大会、立法院、监察院共同相当民主国家之国会”，因此，“中央民意代表”的选举一般是指“立法委员”、“监察委员”和“国大代表”的选举，但其中的“监察委员”是由省议员间接选出而非直接由选民投票选举。在戒严体制下，国民党当局以“戡乱”为名冻结了“中央民意代表”的定期选举，仅在1969年后开始进行有限额的“增补选”。1987年解除戒严，1990年代以后开始进行“中央民意代表”的全面改选。但在1991年“宪法”增修条文调整“中央民意机构”的职能后，“监察院”的地位与功能受到质疑，随后“司法院”以“释字第325号”解释指出“监察院已非中央民意机构，……上开解释字不再适用于监察院”并于1992年之后停止选举。所以本文对于“中央民意代表”的选举将主要观察“国民大会”和“立法院”选举部分。

“国民大会代表”选举依据“宪法”第26条规定，以单一选区为原则，每一县市产生一名代表，妇女未必有当选机会，故于该条第7款中特别规定“妇女团体选出之代表以法律定之”，可视为弥补单一选区不利妇女参选的补充规定。而“立法委员”选举依据“宪法”第64条规定，以各省、各直辖市为选举（名额分配划分）区域，同条第2款又规定“妇女在第一项各款之名额以法律定之”，因此“立法院立法委员选举罢免法”第5条规定：各类立法委员之名额，十名以下者，妇女当选名额为一名，超过十名者，每满十名，再增加一名妇女名额。在国民党政府据台后至1991年“国会”全面改选之前，期间1969年的“补选”及1972年以后的定期“增额选举”，都维持上述两种选举制度。

1991年废除“动员戡乱临时条款”的同时，“国民大会”通过“宪法增修条文”，“国民大会区域代表”选举部分改采复数选区，又增加以政党比例代表制选出的“侨居国外国民代表”与“全国不分区代表”，并规定“……当选之名额，在五人以上十人以下者，应有妇女当选名额一人，超过十人者，每满十人应增妇女当选名额一人”。“立法委员”的选举制度与此相同。此后，这些制度一直沿用下来，直到2005年6月“国民大会”复决通过了“立法院”于2004年8月完成的“修宪案”，其中涉及“国大”和“立委”变动的内容如下①：一、废除“国民大会”，“宪法”第二十五条至第三十四条有关“国民大会”的规定停止适用；二、“立法委员”自第七届（2007年）起人数（减半）为113人，任期四年，连选得连任。“自由地区”直辖市、县市73人。每县市至少1人。“自由地区”平地少数民族及山地少数民族各3人。“全国”不分区及侨居“国”外国民共34人；三、区域“立委”席次依直辖市、县市人口比例分配，按应选名额划分同额选举区选出。不分区及侨选“立委”依政党名单投票选举，由获得5%以上政党选举票的政党依得票比率选出，各政党当选名单中，妇女不得低于1/2等。简言之，废除“国大”，“立委”自2007年起人数减半，选举方式将由原来复数选取改为单一选区两票制，每个选区只有一个当选名额，选民一票投候选人，一票投政党，区域“立委”由候选人依得票最多者当选，不分区和侨选代表的席次由各政党依据得票比率划分。

2. 县市自治法规与妇女保障名额

在地方制度方面，依据1947年的《中华民国宪法》规定，实施地方自治的政府层级只有省、县两级，地方自治之施行程序应先由“立法院”制

---

① 台湾“中央社”2005年6月7日台北报道。

定“省县自治通则”，省县再据此制定“省自治法”及“县自治法”，而后依法实施地方自治。至于县以下之乡镇为行政官署或自治团体，则留待“省县自治通则”做一般性规定，或由各省、县自治法视实际需要而定。1949年，国民政府立法院二读通过的《省县自治通则》却因政局变故而遭到长期搁置。国民党政府退据台湾后，为使“戡乱”不影响“行宪”，以对其政治上的高压统治作必要的民主点缀，进行有限度的地方自治。1950年4月，经“行政院”核准由台湾省政府颁布《台湾省各县市实施地方自治纲要》，以此行政命令作为台湾地区实施县、乡两级地方自治的依据。该纲要第二条规定：“县为法人，县以下为乡、镇、县辖市，乡、镇、县辖市为法人，均依本纲要办理自治事项，并受上级政府指挥、监督、执行委办事项”①，赋予乡镇市为地方自治团体地位，并明文列举乡镇市之自治权限。同时，调整台湾省县市及部分乡镇行政区域，将台湾地方划分为省、县市及乡镇三级。随后，陆续公布县市议员、县市长选举罢免程序；7月间又公布乡镇民代表、乡镇区长、村里长选举罢免规程和各级地方政府组织规程。

依据《台湾省各县市实施地方自治纲要》而制定的《台湾省各县市议会组织规程》规定：县市议员选举，需规定各选区的应选名额，每满十名应有一名女性，余数在五名以下或名额未满十名而达五名以上者，亦至少应有一名妇女当选人②。而最基层的乡镇一级民意代表的选举，则另文规定：“乡镇民代表会由乡镇内每村里各选出代表一人组织之，但村里人数逾五百人者，每增加五百人增选代表一名；依前项规定选出之代表如不满十一名时，增为十一名，其名额分配由乡镇长召集乡镇务会议，依人口比例拟定，报请县政府核准，并报告省政府备查”③，其中关于妇女保障名额的规定，直到1954年才予以设立并于1955年第五届选举中实施。这一地方自治制度的实施成为戒严时期国民党高压统治下民众参与政治生活的有效渠道，尽管国民党仍通过地方派系和农会组织等的运作影响甚至左右选情的大体走向。

---

① 《台湾省各县市实施地方自治纲要》，第一章总则，第二条，《台湾省政府公报》，1950年夏字第20期。

② 《台湾省各县市议会组织规程》第二条第二项，转引自刘铁铮《妇女团体及法定当选名额之选举制度》，载于梁双莲等著《妇女与政治参与》，台北，妇女新知基金会，1989年，97－98页。

③ 《台湾省乡镇民代表会组织规程》，第四条，《台湾省政府公报》，1950年秋字第14期。

地方自治制度下定期举行的公职人员选举情况成为观察这一时期妇女乃至台湾普通民众参与政治生活的重要指标，而地方公职人员选举中的妇女保障名额制度则成为同期妇女参政的重要保障。

3. 半自治状态下的台湾省政制度

相较于县乡两级地方自治的迅速实行，台湾的省级自治则是步履蹒跚，一直处于半自治状态。光复初期的1945年12月，国民政府公布《台湾省各级民意机关成立方案》，并依国民政府公布之《省参议会组织条例》及《省参议员选举条例》规定，于1946年5月1日成立台湾省参议会，首届参议会参议员的任期为二年。1947年“二・二八”事变后，台籍政治精英或死或逃，省参议会元气大伤。1949年国民党退据台湾，特准台湾省成立临时省议会，取代原来的省参议会，作为《省县自治通则》颁行前的过渡。这样既部分满足了台籍精英对民主自治的要求，也因台湾民众的参与而使其威权统治合法化，而对省长任命权力的掌握则保证了“中央”的集权，避免省长民选可能带来的种种不利“戡乱”的后患。这一关于省政府和省级民意机构组织设计的主要依据则是国民政府1948年8月颁布的《台湾省政府合署办公施行细则》和1951年8月29日台湾当局“行政院”颁发的《台湾省临时省议会组织规程》。

1951年12月，第一届台湾省临时省议会经过选举得以成立，“12月11日，第一届台湾临时省议会正式成立，由议员无记名投票互选产生正副议长各一名，黄朝琴及林顶立当选为正副议长”①。第一届临时省议会议员由县市议会间接选举产生，但省主席却采取“中央”委任的方式。1953年8月22日，“行政院”修正该组织规程，规定临时省议员改由县市公民直接选举，任期亦改为三年。1959年6月3日，台湾当局“行政院”下令台湾省临时省议会改称台湾省议会。6月24日，第一届台湾省议会正式成立。8月26日，台湾“行政院”公布《台湾省议会组织规程》，规定省议员由各县市选出一名，但其人口超过十八万人者，每满十八万人增选一名，另山胞选出四名；省议会议员任期四年，连选可连任；其中，关于妇女保障名额方面，则规定“各县市选出之省议员名额达到四名以上者，应有妇女当选名

① 李筱峰，《台湾战后初期的民意代表》，台北，自立晚报出版，1986年，272页。

额一名”①。

从法律依据上，国民党当局搁置可作地方自治母法的《省县自治通则》，代之以行政命令性质的《台湾省政府合署办公施行细则》，这就注定了省政府的行政公署性质，而非地方自治实体。《台湾省临时省议会组织规程》同样缺乏法律依据，“行政院”的解散权更使它失去立法机构的监督与制衡功能。该组织规程第23条规定：“省政府对于临时省议会的议决案、覆决案，必要时可报请行政院核定与变更”，24条规定：“临时省议会之议决案，如有违反国策情事，经行政院纠正仍不撤销时，得经行政院会议议决予以解散”②。虽有民意支持却无法律依据，对行政机关有监督之名却无制衡之能，甚至还得面临随时可能被解散的命运，更遑论立法与决策功能。这样一个充满权宜色彩不按宪政常理设立的临时议会，实是戒严体制下“行宪”与“戡乱”并行的特殊产物，台湾民众据此参政的有限性与被动性由此可见。

二、台湾地方选举与妇女参政概况

为了实施地方自治，国民党当局于1950年调整台湾行政区域，将全省划分为16个县，5个省辖市，365个乡、镇、市、区，开始进行地方公职人员的定期选举。这一时期进行的选举主要有省议员、县市长和县市议员以及乡镇市区长和乡镇民意代表的选举。

1. 省议员选举

省议员选举属于地方层级的民意代表，其重要性本来是远远不如“中央民意代表”的。但1949年后国民党当局的实际管辖区域仅仅为台湾、澎湖、金门和马祖地区，而国民党当局更以“戡乱”为名冻结了“中央民意代表”的选举，在这样的情势下，省议会成为台湾省最高级别的民意机构，成为当时汇聚台湾民意的重镇，具有不可忽视的重要地位。普通民众如能当选省议员，对社会声望及地位的提高，都具有积极的意义。这段时间台湾省

---

① 《台湾省议会组织规程》第二条第二项，转引自刘铁铮《妇女团体及法定当选名额之选举制度》，载梁双莲等著《妇女与政治参与》，台北，妇女新知基金会，1989年，100－101页。

② 《议坛风云五十二年》，台湾省议会编印，1995年，257页。

议员的选举，共举行了六次，前两次分别于1951年、1954年举行，是临时省议会时期，后来分别于1957年、1960年、1963年和1968年举行省议会议员的选举（见表1-1）。临时省议会时期举行的两次，虽然定有保障名额，但因国民党据台初期，政治高压统治，妇女参政风气未开，妇女当选人数只是在法定的保障名额范围之内。省议会时期，前三次选举也和临时省议会时期，妇女当选名额与妇女保障名额相同；直到1968年第四次选举，妇女当选人数才逐渐超出妇女保障名额。

表1-1　台湾省历届省议员选举概况（1949-1969）

届别投票日期	候选人			妇女保障名额	当选人			
	男	女	合		男	女	合	女性比率
第一届临时省议员 1951. 11. 18	128	12	140	5	50	5	55	9. 09%
第二届临时省议员 1954. 4. 18	92	18	110	6	51	6	57	10. 52%
第一届省议员 1957. 4. 21	96	22	118	9	57	9	66	13. 63%
第二届省议员 1960. 4. 24	108	18	126	9	63	10	73	13. 69%
第三届省议员 1963. 4. 28	123	14	137	9	64	10	74	13. 51%
第四届省议员 1968. 4. 21	110	19	129	10	60	12	72	16. 66%

资料来源：1. 梁双莲等著，《妇女与政治参与》，台北，妇女新知基金会，1989年。

2. 马心韵，《三民主义妇女政策与我国妇女政治地位之研究》，正中书局，1992年。

2. 县市议员选举

县市长选举和县市议员选举都是台湾地方自治的重要内容。但县市长选举方面，因地方行政首长的选举没有设立妇女保障名额，妇女要凭自己的真实能力与资源参与竞选，故虽有少数女性参选，但都没有竞选成功。县市议员是培养战后台湾地方政治精英的摇篮，不少地方上的政治人物首次参选即为竞选县市议员。若竞选成功，就能取得民意代表的资格，在县市议会为民喉舌，从而崭露头角，成为地方上举足轻重的人物，为日后跻身省议员甚至“中央民意代表”积累资源。台湾省县市议员的选举，自1950年首次举行，至1969年共举行了七次，分别为1950年、1952年、1954年、1958年、1961年、1964年和1968年。如表1-2所示，在这七次县市议员的选举中，都有妇女保障名额，其中女性的候选人数与当选人数总体上呈现逐届增加之势，但和男性相比，仍有较大差距。在1952年和1954年的两届选举中，妇女的当选名额与保障名额等同；而1950年的第一届和1958年的第四届选举中，妇女当选名额甚至没达到妇女保障名额，也就是说，妇女甚至没有充分利用保障名额这一特定的资源，可见50年代台湾地方社会的保守风气和这一时期女性参政意愿之低下。从第五届开始，妇女政治竞争力逐渐显现，当选人数首次超过妇女保障名额，连带使议员总额中，男性人数逐渐减少，女性人数相对增多。甚至，开始出现女性的副议长，其中，1964年台东县的杜有妹和1968年苗栗县的黄小兰分别当选为副议长。

表1－2　台湾省历届县市议员选举概况（1949－1969）

届别投票日期	候选人			妇女保障名额	当选人			
	男	女	合		男	女	合	女性比率
第一届 1950. 7. 2	1711	116	1827	70	745	69	814	8. 47%
第二届 1952. 12. 28	1620	224	1844	74	786	74	860	8. 60%
第三届 1954. 12. 19	1437	142	1579	94	834	94	928	10. 12%
第四届 1958. 1. 19	1453	168	1621	102	924	101	1025	9. 85%
第五届 1961. 1. 15	1467	162	1629	91	834	95	929	10. 22%
第六届 1964. 1. 26	1333	230	1563	108	784	123	907	13. 56%
第七届 1968. 1. 21	1054	208	1262	100	724	123	847	14. 52%

资料来源：同上。

3. 乡镇市区民代选举

表1－3　台湾省历届乡镇市区民代表选举概况（1949－1969）

届别投票日期	候选人			当选人			
	男	女	合	男	女	合	女性比率
第三届 1950. 9. 10			18519	9752	26	9778	0. 26%
第四届 1952. 12. 21			9754	5684	11	5695	0. 19%
第五届 1955. 4. 17			9907	5847	550	6397	8. 59%
第六届 1958. 4. 20			10617	6206	628	6834	9. 18%
第七届 1961. 4. 23	7765	1068	8833	4600	660	5260	12. 54%
第八届 1964. 5. 10	7845	665	8510	4391	385	4776	8. 06%
第九届 1968. 5. 5	7033	736	7769	4212	497	4709	10. 55%

资料来源：同上。

乡镇市民代表会为乡镇市民民意机关，也是台湾最基层之“立法”机构，虽然名称不同，但其性质与议员无异，对于台湾基层民主政治具有深远影响。光复初期，国民政府依据《台湾省各级民意机关成立方案》于1946年成立第一届乡镇市民代表会。1947年发生的“二·二八事件”间接促成了台湾地方自治的发展，当时的国防部长白崇禧于赴台宣慰调查“二·二八事件”当日，宣布了包括台湾地方制度调整在内的中央四项处理原则。1949年，第二届乡镇市民代表任期届满之时，正值国民党在国内战争中节节败退，国民党政权退据台湾后，为换取台湾基层地方民意的政治支持，将处理“二·二八事件”时候的承诺予以兑现，于1950年颁行《台湾省各县市实施地方自治纲要》实施县市地方自治。在这一制度下，乡镇市民代表的选举，由原来村里民大会选举，改为由村里公民选举。代表会组织与法规，均依据1950年《台湾省各县市实施地方自治纲要》规定办理。纲要实施期间，《台湾省各县乡镇县辖市代表会组织规程》多次修改，1954年规定代表任期由二年延长为三年，1959年又修改代表产生的名额，由每一村里各选一名，改为划设选举区，后因代表任期短，选举次数多，于1963年将代表任期延长为四年。

乡镇市区民意代表选举方面，国民党政权抵台后共举行过七次，分别为1950年、1952年、1955年、1958年、1961年、1964年和1968年。在1955年之前，因未设立妇女保障名额，女性当选寥寥无几。1955年给予妇女特定的保障名额，在当年的选举中，女性当选人数暴增，可见妇女保障名额制度在当时的社会风气下对女性参与政治的重要保证作用。①

4. 地方自治与妇女参政述评

总体上，这一时期的地方自治，受限于国民党当局的威权统治，地方自治基本上还是处于国民党严格管制与监督之下。就社会经济发展环境而言，台湾仍是一个以农业为主体的社会结构，各级自治机关行政首长与民意代表的选举，主要的动员方式仍是以血缘、亲缘、地缘或学缘等感性支持的初级社会关系为主。在这种情况下，地方政权多由各地士绅、家族以及光复初期

① 马心韵，《三民主义妇女政策与我国妇女政治地位之研究》，台北，正中书局，1992年，178页。

在地方权力分配斗争中出现的地方派系等共同瓜分，地方政治特质相对单纯。这些地方从政的士绅、家族甚至派系成员，多有一定的教育背景，在日据时期从事医生或教师职业。“这种混合了派系政治、家族政治与士绅政治的现象，除了普遍存在各县乡镇之外，高雄、台中、台南和基隆等市亦存在”①。居于执政当局的国民党，则以政治利益换取地方势力的政治支持与效忠，形成结盟互惠的关系。因此，地方派系、士绅或家族成员大多加入国民党，以取得更多的权力资源，同时也便于争取更多的社会经济利益，垄断地方经济特权如信用合作社、农渔会信用部等金融机构的经营权，以及如客运公司等地方性经济事业。而国民党则在地方势力的支持下有效地维持了地方政治秩序的稳定，得以顺利推行其各项经济建设的计划。60 年代末期，随着台湾经济的起飞，商人的力量进入政治选举中，体现为选举经费的逐渐升高和政商结合的日渐紧密。

在这样的政治生态环境下，“独裁政治体制凌驾于经济制度与社会组织之上，文化价值体系与旧传统一脉相承，政治化了的儒家伦理成为价值体系的最高准则”，② 女性在政治上基本没有自己的独立地位，政治选举中的女性参选与当选，基本上也是在国民党的扶持或控制之下。从前面三个表格可以看出，无论是省市议员或县市议员，女性当选人数都不多，50 年代约略等于甚至有时还少于保障名额，60 年代略有提升，开始超过保障名额，但女性当选人所占的比率一直在 10% 左右徘徊。在三个级别的选举中，省议员中女性所占比率（也称“女性代表率”）最高，除了 1951 年的选举不到 10% 之外，其余几次选举都是逐届稳步增长，甚至在 1968 年的选举中女性代表率还能达到 16. 68%；县市议员选举次之，女性代表率略低于省市议员；乡镇民意代表中的女性最少，最初几年依靠自身实力竞选上任者寥寥可数，即使在实行保障名额之后，仍一直在 10% 上下摇摆，呈现不稳定状况。基本上女性在地方公职选举中的代表性呈现出高阶位的代表性相对高一些的情况，这应该与社会最基层风气较保守有关。台湾学者赵永茂指出，“我们发现台湾基层政治精英之政治参与，在性别方面，男女政治参与的差距，在

① 赵永茂，《台湾地方政治的变迁与特质》，台北，翰芦图书有限公司，1997 年，257 页。

② 辛旗，《时代悲情、文化变迁、两岸关系》，台北，海峡学术出版社，2003 年，第 5 页。

高阶层的选举差距较小，在低阶层的选举差距较大”①。而这些本就处于绝对少数的女性代表，要么是依靠国民党的提名支持而当选，要么是代表着与国民党有友好关系的地方家族、士绅或派系才有出头机会。如开创嘉义许家班的许世贤，一开始也是以国民党员的身份进入政坛，后来许世贤以独行侠的身份连任三届省议员后转任嘉义市长再转战“立法委员”增额选举成功，其积累的政治资源则为其女儿张博雅、张文英继承。限于资料，本文无法一一罗列，但根据当时的政治环境予以合理推测，笔者认为，在国民党的势力渗透全岛主导一切的时代，在政治化了的儒家伦理下，女性在国民党的党政纲领中的工具性、附属性地位展现无遗，造成“国家”政策制定中女性集体失语。地方自治中，少量的女性参政其象征意义远大于实际意义：省议会议而不决，议会的功能沦丧过半，遑论其中寥寥可数的女性议员；地方县市政权亦为国民党笼络的派系或家族把持，女性基本谈不上参政议政，有限的几个代表除了起到一种民主点缀的作用，没有多大的实质意义。

① 赵永茂，《台湾基层政治精英之个人背景分析》，《思与言》，25卷6期，1988年3月。

第三章　威权松动时期妇女主动参政（1969－1987）

按照政治系统论的视角，“台湾政治次体系的变迁主要是台湾内部经济、文化等矛盾关系发展变化的结果，祖国大陆的因素在某种程度上与外国的因素一起构成台湾地区政治发展的外部环境”①。20世纪70年代起，祖国大陆在国际上的地位逐渐得到普遍承认，几乎成为“国际孤儿”的“外交”困境威胁着国民党统治的正当性，岛内人心惶惶。影响所及，国民党的治台方针有所调整，蒋经国开始实施“革新保台”，封闭的政治体系有所松动。与此同时，随着经济的发展和教育的迅速普及，社会结构也发生变化，新兴的中产阶层出现，人们对政治的冷漠疏离有所改变，对强权的不满日益表面化、公开化，各种形式的反对运动、社会运动层出不穷。恰逢国际上欧美妇女解放运动风起云涌，女性解放思潮经由留学欧美的女性知识分子传入岛内，汇入各式社会运动的洪流中。民间自发的妇女运动出现并在80年代得到蓬勃发展，妇女参政也逐渐摆脱了国民党的掌控，由原来的消极被动逐渐迈向试探性的主动参政。

第一节　威权松动时期的社会变迁

20世纪50、60年代，在国民党当局强力动员下，岛内的经济改革、政治高压与思想文化领域的严密控制无一不是为所谓“反共复国”的“党国大政”服务，而这一切得以顺利进行，一定程度上得益于战后国际上两极对立的冷战格局和西方世界对中华人民共和国的敌视。二十年时间过去了，时移势易，中国的主权国家地位逐渐得到国际社会的承认，国共双方的联合

---

① 刘国深，《当代台湾政治分析》，九州出版社，2002年，277页。

国席位之争形势渐趋明朗，迫使国民党再也无法偏安一隅埋头为“戡乱”而战。而二十年岛内经济建设的巨大成就也孕育了敢于公开挑战传统威权统治的社会力量。其中，女性主义思潮传入，并被纳入台湾社会的话语系统，向传统社会挑战，成为这一时期台湾社会发展的又一道风景。

一、“外交”危机与威权体制松动

60 年代后期，国际形势上，二战后两极对峙的冷战格局有所改变。随着中苏关系恶化和美国联中制苏全球战略新思维的形成，台湾在美国全球战略思维中既有的重要地位渐渐削弱，加以祖国大陆的地位正得到国际社会的普遍承认，大势所趋之下，美国政府开始试图与中国建立正常的外交关系。1971 年国民党当局被驱逐出联合国，拉开了台湾当局“外交”大溃败的序幕。1972 年尼克松访华，承认“一个中国”原则，彻底动摇了国民党当局统治正当性的外部支持。1972 年，日本与中国建立正式邦交关系；1979 年卡特政府在“断交、废约、撤军”三原则下与国民党当局断交，与中国建交，继续给国民党当局以致命打击。在“多米诺骨牌”效应作用下，一批国家追随美国仿效日本成为中国的邦交国，台湾一夕之间失去 20 多个“国际友邦”，一时风雨飘摇，楚歌四起。一连串的“外交”挫败导致了台湾“国际”地位的急剧下降，国际孤儿的危机感强烈冲击着台湾社会，岛内物价不稳，民心惊惶，移民潮迭起，许多人将妻子儿女送到国外，对时局变化的茫然无措成为这一时期人们普遍的心理现象，正如时任“立委”林联辉所言：“由于国内外政治、经济情势的变化，全国民众心中充满一股郁闷之气氛，各行业中也弥漫着茫然的气息，这种郁闷、茫然的现象，充分暴露出全国人民患着严重‘信心贫乏症’的心态。其明显的症状是，对现状毫无把握，对未来充满怀疑，如果不适时制止，任其恶化，最后必将演变成为‘信心危机’，导致社会结构解体，形成不堪收拾的局面”①。

在“外交”溃败的凄风苦雨笼罩下，岛内，蒋经国临危受命，进入权力的决策核心。风烛残年的蒋介石为蒋家权力的平稳过渡铺平了道路，于1972 年提请“立法院”同意蒋经国的“行政院长”任职：“行政院长严家

① （台湾）《“立法院公报”》，86 卷 43 期，1985 年 9 月，79 页。

淦，恳请辞职，已勉循所请，予以照准。兹拟以蒋经国继任行政院院长，蒋员坚忍刚毅，有守有为，历任军政要职，于政治、军事、财经各项设施，多所建树，其于行政院副院长任内，兼助院长处理院务，贡献良多，以之任为行政院院长，必能胜任愉快，爰依宪法第 55 条第一项规定，提请贵院同意，以便任命”①，台湾从此进入实质上的蒋经国时代。为了因应时局，安定人心，大权初握的蒋经国开始调整统治策略，着手推行“革新保台”路线。在“向下扎根、向上发展”与“打破地方派系、提拔青年才俊”的口号下，实行提拔“青年才俊”和推行“本土化”政策。一方面，大量起用一批 40 岁左右的“青年才俊”和专家学者担任地方上层机构的职务，如台北市长张丰绪、基隆市长陈振雄、桃园县长吴伯雄等。另一方面，于 1969 年开放“中央民意代表”的定期增补选，逐渐将国民党籍台湾地方人士纳入上层权力体系，以化解省籍矛盾，争取地方势力的支持，扩大国民党统治的社会基础。

与 50 年代笼络人心的抚台政策相比，这一次蒋经国推行的“本土化”政策在提拔党、政、军台籍人士方面都有了大幅度突破，以达到“以台制台”、“扎根台湾”的目的。在此政策下，李登辉、林洋港、辜振甫等一大批台籍政治精英和财团首脑人物得以就此进入统治高层，成为国民党政权的一个组成部分。当然，“本土化”的早期，台籍人士参政往往处于高层不重要的地位，无法进入决策核心，职务多是配角性质，“从‘副总统’到‘行政’、‘立法’、‘司法’、‘考试’、‘监察’等 5 院‘副院长’，一律由省籍人士出任，很难令人相信是一种巧合而非刻意的安排”②。“革新保台”的结果，是形成了以大陆籍传统官僚势力为主的国民党政权同亲国民党台湾地方势力的结合，这一联盟的形成对于扩大国民党在台湾的统治基础，维持国民党当局的统治地位，起了积极的作用，也在一定程度上化解了人们对国民党当局统治正当性的质疑。无疑，这一封闭政治体制的小心谨慎的开放，给包括妇女在内的普通民众提供了与前期相比较为广阔的舞台空间。

---

① （台湾）《中央日报》，1972 年 5 月 21 日。

② 李松林，《晚年蒋经国》，九州出版社，2006 年，http：//book. qq. com/s/book/0/4/4840/58. shtml。

二、经济“瓶颈”与结构调整

与此同时，随政治上“外交”风雨同来的还有国际经济形势的风云变幻。70年代初，中东战争与世界石油危机的发生，对能源缺乏的台湾经济产生了前所未有的冲击。岛内市场混乱，物价不稳，出现抢购风潮，台湾经济出现新的困难。1973年，台湾批发物价上涨了22%，城市消费物价上涨了8.2%；1974年又分别上涨40.6%与47.5%；而刚刚实现三年外贸顺差的局面再度出现逆差，经济增长率由1973年的12.8%降到1974年的1.1%，创下50年代以来物价上涨的新高与经济增长的新低①。在此情势下，台湾当局开始调整经济政策，将原制订的第六期“四年经济建设计划”重新改为“六年经济建设计划”，主要内容包括改善工业结构，促进产业升级；强化农村建设，促进农业现代化；改善交通设施，建立现代化的运输系统；开发能源与海洋资源；拓展对外贸易。台湾经济发展也进入所谓的“第二次进口替代”与“出口扩张时期”。所谓“第二次进口替代”是指在岛内制造资本密集和技术密集的产品，以代替同类的进口产品。具体说来，主要是发展重化工业产品以替代进口，建立较为完整的工业发展体系。同时，提出“十项建设计划”，分别是中山高速公路（也称“南北高速公路”）、西部纵贯铁路电气化、北回铁路、台中港第一期工程、苏澳港第一期工程、桃园国际机场、高雄炼钢厂、高雄造船厂、石油化学工业、核能发电厂，总投资达2580亿元新台币（约60亿美元），以建设投资刺激岛内需求，吸收部分失业人口，对减缓经济的衰退起了重要作用。到70年代末，十大建设工程大部分完工，建立了发达的交通与港口运输系统以及现代化的钢铁与石油化学工业，奠定了台湾经济发展的重要基础，形成了重工业与轻工业配套比较完整的工业体系，而产业结构的调整初见成效，台湾经济步上了一个新的台阶。

1979年，第二次石油危机爆发，冲击台湾经济，石化工业首当其冲，衰退最为严重。台湾当局再次调整经济发展战略，提出发展所谓的“策略性工业”，即发展技术程度高、附加价值高、能源密集度低、污染程度低、

---

① http：//www. china. com. cn/zhuanti2005/txt/2005－12/31/content _ 5439177. htm。

产业关联效果大、市场潜力大的所谓“两高、两低、两大”产业，并选择100多项优先发展的产品项目，对原重化工业发展项目进行了调整，而且修改“奖励投资条例”，对策略性工业发展提供优惠，尤其对技术密集工业投资给予10%至15%的投资抵减优惠待遇。1980年设立新竹科学工业园，提供极为优厚的条件：可连续五年免征营利事业所得税，免征进口自用的机器设备、原料与半成品等进口关税及货物税，免征外销产品货物税、营业税及厂房建筑税等；对海外留学人员投资提供创业低利贷款与研究经费补助等，吸引了岛内外厂商和大批留学人员前往投资高科技工业，也使得日后的新竹科学园区取得惊人进展，成为世界上最成功的硅谷之一①。这些政策和措施对台湾经济的继续发展起了重要的促进作用。

三、教育发展和社会结构变化

经济与教育的发展可以说是相辅相成，经济发展需要更多的技术人才，而经济的增长也给教育发展提供资金。早在1955年，台湾的小学适龄儿童入学率就已经达到97%，显示小学教育已基本普及。但小学毕业生的低升学率使培养的人才无法满足经济建设的需要，1968年，台湾当局推行延长“国民教育”时间的“九年国教制度”，将原属中等教育的初中纳入“国民教育”范畴，允许增加投资使中等教育和高等教育也都得到了进一步发展。随着经济起飞，对高级专业人才和技术人才的需求不断增加，高等教育的规模得到相应的发展，学校和学生的数量都有所增加，师资水平也有所提高，留学回台和博士硕士学历所占比重大幅度提升。70年代后期，台湾约有六成人口受过中等教育，十分之一的人口具有大专教育程度，留学欧美日成为年轻一代的时尚。随着美国教科书的广泛流传和大量留美学生回台执教，高等教育领域基本受到了美国式的改造②，而美国和欧洲的西方思想文化价值观则通过对社会生活的各个方面的渗透继续对台湾产生深刻的影响。

50年代的土地改革和60年代的经济起飞之后，大批农民进入城市加入劳工队伍，台湾整个社会从以农业为主要经济架构的农业社会转变为以加工

① http：//www.china.com.cn/zhuanti2005/txt/2005－12/31/content_5439177.htm。

② 陈孔立主编，《台湾历史纲要》，九州出版社，1996年，485页。

出口业为主导的工业社会。随着台湾加工出口经济的发展和社会经济结构的变化，台湾的地方财团和民营资本迅速膨胀，中小企业快速崛起。到70年代中期，台湾的中小企业约有70万家，在台湾经济生活中扮演着重要角色①。他们和公、民营企业中的一大批中、上层管理人员以及专业技术人员一样，是台湾经济发展的既得利益者，与劳工保持一定距离；但同时又受制于官僚垄断资本和民营大资本，具有改革的要求。而大批深受西方思想文化影响的知识分子和专业人才则在这群人中具有很大的号召力。在这样的社会经济背景下，一个新兴的社会阶层——中产阶层迅速壮大，到1979年达26万人，占就业人口的4%②。所谓“中产阶层”或“中产阶级”，是台湾学术界常用的一个概念，没有明确的界定。一般将介于大资本家与劳工之间的阶层称中产阶层，大致包括中小企业主、企业经理或管理人员、专业技术人员、知识分子上层与部分政府公务人员等。人们一般从“旧中产阶级”和“新中产阶级”两个类属来认定。“新中产阶级主要是以技术、专业、文凭作为地位取得的凭藉；而旧中产阶级主要是指自营小店东、自雇作业者，他取得这样的身份，靠的不是专业知识，而是自身原先拥有的资本”③。中产阶级的出现是台湾经济和社会发展的结果。他们中的大部分人深受西方民主思想的影响，不满国民党实行专制统治、垄断政权，反对官僚资本和私人垄断性财团对经济的控制，为此同国民党展开各种抗争，使“自由中国”事件后沉寂已久的党外运动重新活跃起来。而其中，战后新生一代的知识分子，更在当时海外一连串“外交”挫败的刺激下，由对政治的冷漠态度转为关注世界局势和关心“国是”。特别是在1970年保钓运动中涌现出来的革新保台派，他们多数是出身于官僚世家的中青年学者，也有一部分是地方持不同政见者，他们崇拜美国民主政治，反对国民党军事专制，主张推进台湾的政治改革。他们中的部分人以《大学杂志》为论坛，连续发表抨击时政、要求政治变革的文章，启发民众的政治意识，倡导“政治革新”，在一定程度上突破了国民党当局的言论控制和政治禁区。人们对政治不再噤若寒

---

① 黄建寅主编，《中国国民党史》，西安交通大学出版社，1990年，548页。
② 转引自潘晋明《台湾中产阶级的成长及其特征》，《台湾研究》，1990年第2期。
③ 萧新煌，《台湾的未来不是梦?》，台北，不二出版公司，1992年，203页。

蝉，党外人士活跃于各种地方选举中，并通过创办各种杂志，如康宁祥《八十年代》、黄信介《美丽岛》，抨击国民党的专制统治，挑战国民党统治权威，形成一股自下而上的力量，冲击着正逐渐开放的政治体制。

随着政治体制的逐渐松动，加上党外活动的带动，社会加速向多元化发展，人们的价值观念发生变化，潜在的种种结构性社会矛盾和冲突逐一浮现，民间力量开始集结，政治参与意识增强，各种社会运动风起云涌，成为政治体制、社会秩序与价值观念重组的重要动力。1980 年 11 月 1 日柴松林教授发起的台湾“消费者基金会”成立，之后，其他运动相继兴起，如环境保护运动、劳工运动、妇女运动、校园民主运动、台湾少数民族运动、老兵返乡运动、反核运动、教师人权运动、农民运动、政治受刑人人权运动、残障弱势团体请愿运动和无住屋者团结运动等等。“社会运动是以组织和行动来达成集体和公共目标的一种社会现象。它的基本目标就消极而言，是在排除权益受损的现状或使受损的权益能够得到补偿；而就积极面而言，则是改变现有的制度规范和社会秩序，以追求更为公平、合理和健全的新世界”①。社会运动虽以社会问题为重点，不像政党或政治运作那样，以追求权力分享或以夺取政权为目标，但各种社会运动不断冲击的结果，使社会的不合理现象日益暴露，引起社会广泛的重视。而 80 年代台湾政治体制的开放和根本变革，也在一定程度上得益于当时蓬勃兴起的各种社会运动。在各种社会力量的齐声呐喊中，妇女群体的声音不再缺席，台湾现代意义上妇女运动于这一时期出现。这一运动的兴起缘于一群留学欧美的女性知识分子，她们把西方的女性主义思潮带入岛内，关注女性自身，并结合台湾的社会现实，为争取妇女的平等待遇而发出自己的声音。

第二节 女性主义思潮下的妇女运动

一般来说，台湾妇女运动的小规模兴起是指 80 年代妇女新知等妇女团体，但是 70 年代吕秀莲发起的新女性主义运动，却是台湾现代意义上的妇女运动的先锋。而新女性主义运动只进行了短短几年，就因吕秀莲政治原因

① 徐正夫，《社会运动的理性运作》，（台湾）《中国时报》1990 年 8 月 15 日。

入狱而告终，归于沉寂。几年之后，才有李元贞等人发起成立妇女新知，继续推介女性主义思潮并积极争取女性的平等权益，两个阶段的运动在议题路线和策略选择以及社会影响上都有明显的不同。所以，本章对于这一时期妇女运动的讨论，以时间进行阶段划分，先谈70年代的新女性主义运动，再来观察在此基础上的80年代蓬勃兴起的妇女运动。至于国民党主导下的妇女工作或妇女运动，其围绕党政方针的妇女论述在这一时期逐渐被边缘化。虽然国民党妇女工作到后来也积极调整策略，但无论在议题及活动方式上，都无法摆脱政党的色彩，更不具备民间自发妇女运动所拥有的感召力，除了论述过程中对比需要偶尔提及之外，本章将不再专文赘述。

一、新女性主义运动

本世纪60年代末期，在美国又掀起了第二波世界妇女运动，和19世纪后期争取妇女投票权的第一波世界妇女运动相比，其内涵已经从呼唤妇女摆脱家庭樊笼发展到鼓吹妇女走向社会，争取经济上的独立，并随着女性自我意识的觉醒，开始对人生及妇女自身价值的思考。70年代，美国新一轮女性主义运动如火如荼展开之时，台湾的女性知识分子才刚开始接受西方女性主义思潮的洗礼。1970年美国妇女界热烈庆祝妇女取得参政权50周年，通过各大报刊和杂志发表文章，宣扬妇运理念，掀起妇运又一高潮。正在美国写硕士论文的吕秀莲，有感于此，发表《传统的男女角色》一文，开始思考中国传统的两性关系。1971年吕秀莲回台工作，适逢“防止大专女生招生名额过多”正成为社会热门话题，吕感到台湾女性受教育权被剥夺，再将《传统的男女角色》一文修改后，发表于《联合报》副刊，开始批判中国传统社会的男女角色，引起很大反响。与此同时，还有其他女性知识分子如杨美惠和洪智惠等翻译介绍西方女性主义代表作①，只是她们旅居在外，无法举办各种活动，因此影响并不是很大。但台湾妇女界女性意识的萌芽期于此开始了。

① 杨美惠，笔名南珊，曾译介西蒙娜·德·波伏娃著作《第二性（第二卷）：处境》，台北，晨钟出版社，1973年；并编译《妇女问题新论（第二册）》，晨钟出版，1975年。洪智惠，笔名欧阳子，曾与南珊等译介德·波伏娃著作《女人，女人：第二性——女人之一》，晨钟出版，1979年。

1. 新女性主义活动概况

《传统的男女角色》一文发表后，吕秀莲陆续发表其它文章，1972 年 1 月又在《联合报》副刊发表《两性社会的风向》，读者反映热烈，演讲、座谈不断。1973 年，在台湾大学法学院的演讲中，吕正式提出“新女性主义”，倡导其承自美国加以修改的女性主义思潮，提出“先做人，再做男人或女人”的中心思想，挑战“无才是德”、“贤妻良母”的传统论调，极力反对限制女性的发展，呼吁男性负起家庭责任，也一再鼓励女性充分发挥聪明才智。此后，络绎不绝的求访者求助者使吕意识到，“台湾的妇女问题，绝不止于受过高等教育的这一层面而已，更严重的是中下层社会，为了号召更多有才学、有识见、有能力的姐妹们，一齐来共襄盛举，乃着手筹备‘时代女性协会’”①，拟下设法律顾问、疑难协助和交谊活动各组。在“戒严法”限制下，人民团体成立困难重重，协会申请在 9 个月后遭到台北市社会局拒绝，理由是“其宗旨与妇女会颇多雷同”。1972 年 6 月，留美学生钟肇满杀死妻子后回台投案自首，舆论轰动。吕于《中国时报》发表《从钟肇满弑妻谈起》，严厉抨击夫权思想，再次引起极大争议。同年 10 月，吕邀集妇运人士，在台大法学院左侧开设供应餐饮及会议场所的“拓荒者之家”，以期筹措经费供推广新女性主义思想之用，但因用人不善、经营不当及政治干扰，8 个月之后歇业②。1973 年初，国际妇女组织工会（International Federation of Business and Professional）拟在台北成立分会，邀请吕参与筹备事宜。随后，新成立的“国际职业妇女协会台北市第一分会”在吕的主持下设立“职业妇女信箱”，为职业妇女解答疑难，但吕关于妇女解放的思想一再遭到其他会员质疑，而吕对于她们摆阔应酬的“官太太俱乐部”经营思路更不以为然，双方冲突难免。期间，吕筹组“时代女性协会”的设想屡屡碰壁，心灰意冷下，吕于 1975 年初赴美、日、韩等国考察募款并反思台湾妇女运动的得失与困扰，年底返台后利用所得款项分别在台北、高雄推行新女性主义，新女性主义运动进入另一个阶段。

1976 年，吕联合一批女性学者在台北成立了“拓荒者出版社”，由王中

① 吕秀莲，《新女性主义》，台北，敦理出版社，1986 年，228－229 页。
② 李文，《纵横五十年——吕秀莲前传》，台北，时报文化出版社，1996 年，88 页。

平任发行人，施叔青任总编辑，后来曹又方、罗珞珈和邓佩瑜等人相继加入。她们积极出版发行提升女性意识的书籍，一年内出版15本书和两本小册子，包括“女作家方块选辑”、“美国妇运著作翻译”与“国内妇女问题探讨”三大主题，这类书籍与国民党主导下的妇女工作会偏重女德或家庭教育的出版品显然有天壤之别。但因藏书过多，人员流动率大，财务困难，半年后出版社即因经费短缺及当局情治单位介入等原因宣告解散。与出版社出师不利相反，新女性主义开展的一系列活动都不同程度地受到社会的关注和欢迎。1976年3月8日，由“拓荒者”策划，举办“男士烹饪大赛”和“厨房外的茶话会”，以挑战“男主外、女主内”的分工形态的妇女节主题活动，部分男士踊跃参与，吸引上千观众，媒介争相报道，轰动一时。同年，在台北市举行大规模的“家庭主妇现况调查”，使家庭主妇的生活现状和思想情况第一次得到社会大众的关注。在高雄，新女性主义运动也在热闹进行中。吕除了举办妇女口才训练班及“爱、婚姻、性”讲座之外，还创设“保护你”电话专线，专门针对妇女安全，替被遗弃或强暴的妇女提供法律、医疗和安全服务。但这后来受到泛政治化攻击，被认为“着重强暴问题易导致不良国际视听，成为对岸统战工具”①，把功能扩大为处理所有妇女问题。半年之内，受理个案961件，可见其受欢迎的程度。1979年，吕秀莲因为“美丽岛事件”入狱，其发起的新女性主义运动无疾而终，台湾妇女界归于沉寂，几年之后，才在妇女新知杂志社的带领下，继续为女性权益发声。

基本上，新女性主义的种种活动都是尝试从妇女的立场出发，针对妇女的需求，发掘妇女的问题，提出与妇女利益息息相关的议题，以保护妇女的权益。新女性主义运动对当时台湾的妇女问题的论述主要围绕以下几个方面②：

法律方面，从法律人格权、婚姻关系、离婚制度、收养子女和财产继承来看，认为现行法律在男女平等上较之以前有所进步，但仍有不足，仍需以男女平等的眼光与思路，对各种法规的内容做全盘性的检讨、研究，提出一

---

① 吕秀莲，《新女性主义》，台北，敦理出版社，1986年，232页。

② 吕秀莲，《新女性主义》，台北，敦理出版社，1986年，82－104页。

套可供立法机构采用的修订办法；

政治方面，就社团、政党的参加，投票权的行使和竞选的参加而言，女性的参与率远远落后于男性，这是社会化的结果，与传统教育有密切关系，新女性主义鼓励更多的妇女参与政治活动；

经济方面，从就业市场来看，女性就业人员年轻且就业率与年龄成反比例，所做工作多属于非技术性劳动，工作待遇偏低，就业范围狭窄，待开发的人力资源相当丰富，社会应从观念、教育和机制方面为女性提供全面发展的机会；

教育方面，妇女未受教育的人数与年龄成正比例，年龄越大，文盲人数越多；受教育程度高低与年龄成反比例，年龄越高，受高等教育人数越少；受高等教育的男女人数差异与年龄成正比例，年龄越大，受高等教育的男女人数越悬殊，社会应对这一现象予以正视。

在对这一社会现实认知的基础上，新女性主义有针对性地提出系列建议，其特点是：发挥“女才”不争“女权”；肯定“本分”与“天职”；要平等不要保护；持守贞操与妇道，并辅之以必要的宣传活动，期望在社会认可和政府支持的基础上推行其“先做人，再做男人或女人”的核心观念，以便渐进地实现其向传统社会的挑战。

2. 新女性主义的特征

吕秀莲在《新女性主义》一书中，系统提出了她的新女性主义思想，从传统文化中的性别观念、性别分工以及性别关系等方面论证台湾社会的夫权父权制度并加以批判，鼓吹观念开通，追求女性自我完善，努力构建一个两性和谐的社会。

对传统观念的批判是新女性主义的理论基点。这也是新女性主义遭受攻击之处。当然，新女性主义并不是全部沿袭西方偏激的反传统思想，而是基于对新旧观念交汇压力下台湾妇女命运的了解而发出的不平之鸣。新女性主义认为传统观念是对女性作为“人”的权利和尊严的扼杀，以“三纲”、“五伦”为核心的伦理关系将人与人的关系紧扣在严格的等级关系和贵贱有别的宗法锁链上，并从“传宗接代衍生出重男轻女的思想；从三从四德衍生出男尊女卑的地位；从片面贞操衍生出双重道德标准；从男主外女主内衍生出性别差异角色”①。这样，通过对传统文化中的性别观念、性别分工以及性别关系等方面的分析，论证台湾社会依然是男性中心的社会。在此基础上，新女性主义试图从人道主义出发，坚持女人为人，为独立、自由、平等的人，以此对抗儒家道统的宗法束缚，对抗千百年来一直牢牢钳制人们思想的儒家伦理观念，追求女性作为“人”的最基本的权利。较早关注新女性主义的部分学者也认为，“新女性主义从资产阶级的人道主义出发，开展对封建传统的批判，以唤起对妇女命运的同情，同时也是对社会时弊的抨击，有其特定的内涵”②。

通过女性的自我完善实现“先做人，再做女人或男人”，是新女性主义的核心内容。基于对台湾社会现状的认识，考虑到长期以来儒家思想根深蒂固的影响，以及多数人对传统观念的认同，新女性主义在批判传统、要求女性的平等身份地位的同时，不忘强调对传统女性美德的继承，并提倡女性的自我完善，以建立现代社会的男女平等观。这主要通过两个层次来实现。首先，“先做人”，每一个人，无论男人或女人，不管富贵或贫贱，都平等地拥有或承担其所以为人的权利和义务、尊严与能力、自由与责任。在此基础上，“再做男人或女人”，对性别角色予以关注，提出“是什么像什么”，要求女性在追求平等权利的同时不要忘记女性应有的特质，在追求事业发展的同时，应兼顾其在家庭中母职或人妻的义务，“为人妻而不知料理家务，烹调三餐，为人母而不懂养育子女，这是她的耻辱”。通过对传统女性美德的强调，来纠正人们对缘自美国的妇女运动者粗线条、男性化、不事家务和性格乖张的不良评价，努力在现代与传统之间寻求一条适合台湾的妇女运动道路。

建立两性和谐的理想社会，是新女性主义的最终目标。在一个由男女两性构成的社会中，旧观念的破除，新观念的建立，不但需要女性的自我觉悟和自强奋斗，还需要有男性的积极响应和支持。千百年男性中心的父权制度，造就了男子的优越地位，并赋予男性诸多特权，要实现两性平等，必须让男性认识到传统社会中的不合理之处，从而放弃对女性的偏见，建立新的

① 吕秀莲，《新女性主义》，台北，敦理出版社，1986 年，87 页。

② 吕秀莲，《台湾新女性主义的特征及其影响》，《台湾研究集刊》，1988 年第 2 期。

社会性别意识，以适应两性平等的社会发展趋势。因此，两性和谐社会的建立，需要男女双方的协调与让步，而非在对立中压倒对方。具体说来，在工作上，双方是伙伴，要相互理解和真诚相待，男性需抛开偏见，懂得尊重和欣赏女性的才华，女性则应自求完善，摆脱对他人的依赖；在家庭中，女性应尽其母亲妻子的责任，而男子则应协助料理家务，共同承担养育子女的责任，以此建立一个“以男女互敬互爱，相辅相成为基础的甜美两性社会”。可见，“新女性主义追求的就是这样一种讲求协调和谐的中庸之道，以创立一个理想社会的模式”①。

3. 新女性主义运动述评

吕秀莲发起组织的新女性主义运动，在运动的发起主体与关怀议题上，一别以往妇女运动服务于党政工作需要的局面，虽然受限于当时的社会环境，运动中革命性与妥协性并存，但这丝毫不影响它在台湾现代妇女运动中的开拓先锋的历史地位以及它在启蒙社会性别意识上的积极意义。

与国民党主导下的妇女运动相比，新女性主义最明显的特色在于其发起组织者的非国民党身份与该运动对妇女自身的关注。吕秀莲和一批参加运动的发起组织者，大部分都是留学回台的女性知识分子。她们受西方女性主义思潮的影响，有感于台湾社会的男女不平等以及社会大众尤其广大女性对这一现象的懵懂不觉，希冀用自身的努力来引起社会对女性问题的关注，唤醒广大女性的性别意识，争取妇女的平等权益。由于运动发起者来自民间，从一开始就注定这场运动不但无法得到国民党当局的物质支持，而威权尚未瓦解的政治环境更使其言论稍有偏差即受到国民党当局的严密监控。一方面，运动的发起组织无法像妇联会、妇工会那样得到国民党当局的资金资助。另一方面，在戒严法的限制下，民间活动的动员方式更受到严格限制，只能通过简单的演讲、座谈来传递女性主义的理念，稍有逾越则受到种种处置，拓荒者出版社的出师未捷就有当时政府情治机关介入的因素。尽管面临种种困难，新女性主义运动对女性自身的关怀还是反映了当时妇女界的新动向，受到社会大众的关注，并成功地主导了妇女论述的议题，使得妇工会在1976年推行的“齐家报国运动”相形失色，其“以修身齐家为起点，以伦理教

① 吕秀莲，《台湾新女性主义的特征及其影响》，《台湾研究集刊》，1988年第2期。

育为重心，以社会建设为基础，促进家庭幸福、端正社会风气、巩固国家建设为目标”① 的家国论调似乎已经渐渐不合时宜。此后，妇工会的工作内涵也逐渐由原来军事上的动员转为注重教化、维护固有道德伦理以安定社会的辅助性功能。

严格说来，20 世纪 70 年代的新女性主义的主张其实相当温和，非但没有什么惊世骇俗之举，甚至其策略性论述有时给人一种妥协性大于革命性的感觉。当然，这主要受制于当时台湾的社会风气和尚未松动的政治气氛以及人们对美国部分女性主义运动者的片面印象。在当时的社会风气下，卫道人士对于“女人走出厨房”的主张反应激烈，甚至写信辱骂吕秀莲，其中以男性居多。吕秀莲称，“台湾社会对于新女性主义污蔑或误解，比如认为新女性是男人的仇视者、婚姻的否定者，以为新女性懒怠于家务、厌恶于庖厨，某些别有用心的人甚至还给我扣上‘主张性开放、提倡杂交群婚’的黄帽子，这些莫须有的罪名……”②，表现其对于新女性主义无法得到大多数人理解和台湾社会父权心态的无奈。因此，我们不难理解在这样的社会氛围下新女性主义的一些温和的甚至充满妥协意味的策略性论述。比如，“女人不能忘了自己永远是女人，应该把自己的性别所持有的本质发挥无遗，于言行举止，于装束打点，于职责本分，莫不皆然……而妻子之于丈夫，若花瓶馨冽爱巢，若领带增饰仪表，若情侣妩媚爱娇，若益友切磋得道，若慈母呵护照料，而这些，在在需要你发挥女性的特质，温柔、妩媚、细心等，是保障你幸福的恩物”③，这在社会一向认同的女性基本特质基点上进行新的塑造，充实现代思想内涵，主张“做什么像什么”，在发展和完善自我的过程中强调女性的基本特质和传统美德，这种妥协态度和温和的方式为新女性主义在保守的社会赢得了立足点。当时知名人士徐佳士、顾献良、柴松林和薇薇夫人等人，在发现新女性主义不偏激，而且吕秀莲等人也不是想象中的剪短发、穿长裤和“拟男性”化时予以支持和声援。这场源于美国的女性主义运动，至此改头换面，以新的温和的方式在台湾缓慢渐进，开启了台湾

① （台湾）《中央日报》，1977 年 3 月 8 日，社论。
② 吕秀莲，《新女性主义》，台北，敦理出版社，1986 年，239 页。
③ 吕秀莲，《新女性主义》，台北，敦理出版社，1986 年，148－151 页。

现代女性意识的萌芽时期。

20 世纪 70 年代的台湾当局处于政治经济的巨大困难与政策调整时期，而在民间，经过 60 年代的经济起飞之后，在接受西方现代文明冲击的年轻一代知识分子中正兴起对自由主义的向往，受过高等教育、在都市工作的年轻女性向往两性平等的风尚，尽管关于平等的实质内容以及达成平等的有效手段尚未有人深入探究。当时，国民党当局的“反共复国”计划似乎正逐渐成为幻影，但反共抗俄的呼声依然不绝于耳，妇女舆论主流中“齐家报国”的论述依然甚嚣尘上，新女性主义运动的发起传出了妇女界的另类声音，拉开了台湾现代女性主义运动的帷幕。

这场新女性主义运动显然深受西方自由主义女性主义的影响。自由主义崇尚自由、理性与平等，女性主义沿袭自由主义的理念，将之推广到女性身上，提出妇女首先是人，具有理性，理性是妇女及所有人类的共通本质，而妇女的性别是次要的，乃至于偶然的属性。自由主义女性主义者认为，在历史上，女性没有享受到与男性同等的权利，也没有从属于同样的法治，因而没有成为政府契约中的一方代表，无法在真正意义上享受与男性同样的平等。向社会大众揭示女性身上固有的理性，成为自由主义女性主义者的首要任务。在新女性主义运动中，“先做人，再做男人或女人”，这句众所周知的口号，在戒严时代的社会情境下，其实也具备了一定的挑战性。因为，在传统文化上，不论东方或西方，女性向来被视为具有丰富的情感与细腻的直觉，而在理性方面就无法与男性同日而语了。因此，自由主义女性主义必须先宣称，女人也具有理性，如此才能进一步要求平等权利。新女性主义提出“先做人”、“人尽其才”、“做什么像什么”，温和的立场和策略性论述为新女性主义赢得了立足之地，其啼声初试的积极探索为日后妇女运动的发展累积了宝贵的经验。因此，“在形式上标榜平等，在实质上不超脱自由主义，不挑战女人‘本分’的新女性主义便在由男性主导、求新求变的年代具有市场价值，甚至受到国民党内改革派的青睐”①。虽然受限于当时的政治气候和社会条件，新女性主义运动的活动范围仅限于都市里的知识分子阶层，

① 顾燕翎，《检讨台湾女性主义论述——三十年来妇运的理论、路线与策略》，荒林等主编，《中国女性文化》No. 2，中国文联出版社，2001 年，172 页。

影响有限，更多的是起到一种思想启蒙的作用。但它打破了以往女性话题一元化的话语空间，一定程度上颠覆了传统威权体制下妇女运动的家国论述主题，奠定了台湾现代妇女运动发展的思想基础，并为日后台湾现代妇女运动的发展进行了积极有益的探索。台湾妇女运动者及部分学者都称许吕秀莲的开创之举，肯定新女性主义运动在台湾妇女运动史上的重要地位，将1971年称为“台湾妇运元年”，认为新女性主义运动敲响了台湾妇女运动的晨钟①；吕秀莲则是“为台湾妇女运动注入女性意识的第一人”②；胡藹若也对之给予高度评价，“吕秀莲所倡导的‘新女性主义运动’，已经为台湾妇女开启另一个视野，关怀女权的声音日益增加”③。

二、妇女新知杂志社等团体

与20世纪70年代相比，十年之间台湾社会经历了相当的变化，政治经济的调整初显成效，中产阶级继续扩大，社会多元化趋势日益明显。1981年3月国民党第十二次全代会决议正式放弃“反攻大陆”的政策宣示，代之以“三民主义统一中国”的象征性口号，政策主轴由军事动员转向岛内经济建设，威权体制继续松动，国民党当局逐步采取较为开放和民主化的政策，为社会民主运动的开展提供了相对宽松的政治环境。而过去三十年里戒严体制下发展经济所衍生的各种社会问题逐渐突现，劳资关系矛盾激化、环境污染日益严重，引发了政治、经济和社会等各个不同领域的集体反弹和社会风潮。这些社会抗议运动以团体陈情、游行示威、街头请愿等方式向威权体制挑战，其频率与规模较之70年代均有大幅提升。这一切为妇女运动的再次出发提供了一个更为宽松的社会环境。

1. 妇女团体的成立与活动

1982年，李元贞等人发起成立“妇女新知杂志社”（1987年改为“财团法人妇女新知基金会”，简称“妇女新知”）。妇女新知杂志社的创办者，

① 李元贞，《妇女开步走》，台北，妇女新知基金会，1990年，序言。

② 周碧娥、姜兰虹，《现阶段台湾妇女运动的经验》，徐正光等主编《台湾新兴社会运动》，台北，巨流出版社，1989年。

③ 胡藹若，《从资源动员理论的观点看台湾妇女体制外的政治参与》，台北，《复兴岗学报》第83期，2005年12月。

如李元贞、曹爱兰、郑至慧、刘毓秀、尤美女等人，她们年龄相近，受过高等教育且有留学经验，除了受到美国第二波妇女运动思潮的影响及吕秀莲新女性主义的启发之外，也看到台湾女性生活的困境，体认到台湾社会生活中的性别歧视，因而决定“坚守女性立场”，成立以“唤醒女性自觉，建立平等和谐的两性社会”为宗旨的“妇女新知杂志社”①，成为这一时期妇女运动的代表。随后，其他妇女团体相继成立，到解除戒严前共有七个，分别是：1984年成立的妇女展业中心（主要帮助妇女解决就业问题，简称“妇展”）和拉一把协会（主要协助妇女解决婚姻中的各种困扰，1986年改名为“晚晴知性协会”，简称“晚晴”），1985年成立的台湾大学人口研究中心妇女研究室（1999年改名为“台湾人口与性别研究中心妇女与性别研究组”，简称“台大妇研”）和彩虹妇女事工中心（为沦落色情地狱的台湾少数民族或乡村少女提供帮助，简称“彩虹专案”），1987年新环境主妇联盟和进步主妇联盟（都以家庭妇女为活动对象），现代妇女基金会（以性侵害妇女为工作对象）。

总体上，这段时期的妇女运动仍以妇女新知为活动主体，几乎所有妇女团体的成立，都直接或间接与妇女新知有关。这些妇女团体的成立，其创办人或主要干部，或和妇女新知有密切的关系或有些原来就是妇女新知的成员，而活动组织上几乎都参考了妇女新知的活动模式，只是活动主题相对比较单一，或协助妇女就业，或帮助妇女处理婚姻问题，或救援雏妓，或保护环境，帮助妇女成长，等等。一般情况下，这些妇女团体仍遵循妇女自我发展的道路，通过成员之间相互沟通，获得精神支持，在进行心理辅导与技能训练的同时，开设了许多知识性课程或演讲，为妇女充实自己提供机会。同时，她们也关注不同阶层妇女的具体需求，针对她们的切身问题展开活动，并因活动需要而相互声援或共同行动。在这些妇女组织中，妇女新知因其规模、组织与主题的相对多元居于这一时期台湾妇女运动的领导地位，正如王雅各所言，“妇女新知几乎成为台湾戒严时期民间妇女运动的唯一品牌”②。

妇女新知在解严前的活动较为低调，主要是吸收新成员以强化组织和出

---

① 王雅各，《台湾妇女解放运动史》，台北，巨流图书公司，1999年，63页。

② 王雅各，《台湾妇女解放运动史》，台北，巨流图书公司，1999年，69页。

版刊物，其活动主要包括以下几个方面[1]：（一）译介西方女性主义经典著作和重要讨论，如约翰·密尔（John S. Mill）《论女人的附属地位》，玛丽·沃尔斯登考莱夫特（Mary Wollstonecraft）《女权的辩护》，伍尔芙（Virginia Woolf）《论女性的发展机会》，珍·密勒（Jean B. Miller）《女性新心理学》，爱丽丝·史卡瓦兹（Alice Schwarzer）的西蒙·波伏娃访问记《拒绝做第二性的女人》，等等。（二）发表文章以女性主义观点讨论中外文学和电影作品，也讨论相关法律的修改，如"优生保健法"、"民法亲属篇"和"男女工作平等法"等。（三）报导岛内外妇女新闻、妇女运动的动态。（四）由新知成员组成的成长团体，探讨其他与性别有关的社会议题，如托儿、就业、家务分工、健康、老年等等，并于每年的3月8日，以妇女节名义举办年度主题活动和举行相关讨论。考虑到社会的接受程度，"妇女新知"在议题选择上十分谨慎，活动主题从早期温和中性的自我成长、妇女保护和两性对话，渐进到挑战性别歧视，积极争取女性的工作权。随着妇女运动的开展，策略选择上也开始由个人成长面逐渐转向体制内的制度改革、进而发起零星的街头运动，希望由此影响当局政策或法律制定的方向，成为妇女团体在政治参与上的啼声初试。1984年6月20日，"优生保健法"在"立法院"讨论期间，"妇女新知"发动了七个妇女团体联合签署堕胎合法化的"妇女意见书"送进"立法院"[2]；1985年提出"民法亲属编"修正草案。1987年1月妇女新知与彩虹专案联合31个妇女、台湾少数民族、人权、教会等团体，在台北市举行声势浩大的"反对贩卖人口——关怀雏妓"示威游行。随后，妇女新知和彩虹持续发起一系列活动，包括举办座谈会、组织万人签名运动、到政府部门陈情等。持续而密集的行动终于促使台湾"警正署"成立"正风专案"，严格命令各县市警察局加强检肃贩卖人口活动，取缔不法色情行业，若有警察包庇色情，将予以记过免职，主管并受严重连带处分。总体上，80年代的妇女运动仍然遵循温和的策略，但无论是体制内还是体制外，都已经开始小心谨慎地进行一些试探性的政治参与。

---

① 顾燕翎，《检讨台湾女性主义论述——三十年来妇运的理论、路线与策略》，荒林等主编《中国女性文化》No.2，中国文联出版社，2001年。

② （台湾）《联合报》，1984年6月21日。

2. 值得关注的几个特征：

延续新女性主义的温和路线，保持策略性的低姿态，并加以发挥，以退为进，是这一时期妇女运动的最明显之处。相较于当时其他具有一定规模的社会运动，如消费者运动、环保运动以及党外反对运动等，妇女运动几乎谈不上什么规模，甚至根本还处于争取社会认同的阶段。在这种情况下，妇女运动必须继续以其策略性的低姿态和妥协温和的性格来维持妇女运动在某种程度上的弹性空间，"面临强势文化的高压时，认同强势文化的价值，隐没自己的文化，以主流的'语言'，即强势者的游戏规则，进入强势文化主导下的历史舞台"①。

活动方式上，她们透过合法杂志社来推行活动，并以各种"开发妇女人力资源"、"激发妇女潜能"等较平和中性的词语来避免社会的负面评价，吸引更多的妇女来参加。甚至，她们采取以退为进的策略，将女性塑造成特别需要同情和帮助的对象，以争取女性权益相关法案的通过。如，在"优生保健法"在"立法院"讨论期间，妇女新知一方面发动妇女团体联合签署堕胎合法化的"妇女意见书"送进"立法院"。另一方面通过媒体制造舆论，将女性描述成"被迫的"、"不幸的"、"可怜的""无知少女"，刻意强调她们年轻、纯洁无知和易受伤害的一面，争取社会的同情②；同时，一一列举非法人工流产引起的疾病和伤害，以及由此造成的个人不幸和单亲家庭、贫穷、少年犯罪、低生活品质等潜在的社会问题，从而导出"需要我们伸出温暖的双手"予以救助保护的结论。自然，这其中的"我们"既指具有保护弱者的能力与权力的国民党当局，也指"立法院"里握有"立法"大权的衮衮诸公。甚至，妇女团体刻意避而不谈妇女的身心健康，而肯定优生保健的意义在于控制人口增长，以及减少因人口品质不佳而带来的社会成本，以迎合执政当局的人口政策。虽然台湾堕胎合法化根本原因在于当局为经济发展而节制人口的需要，但妇女团体巧妙运用心理战术成功推动妇女权益法案，这表明她们在掌握议题争取权益上较之新女性主义运动前进了一大步。

---

① 子宛玉编，《风起云涌的女性主义批评》（台湾篇），台北，谷风出版社，1988 年，6 页。
② 子宛玉编，《台湾新女性主义的特征及其影响》，《台湾研究集刊》，1988 年第 2 期。

与政治保持一定的距离，但又尝试与政治体制对话以改善女性的集体处境，这种与政治的微妙关系是这一时期妇女运动的又一特征。1979 年，“美丽岛事件”发生，吕秀莲被捕入狱，新女性主义运动遭受重大挫折。这一事件使妇女新知的成员引以为戒。为了在威权体制的控制下保持妇女运动的生存空间，妇女团体决定强化妇女运动的“非政治”色彩。在妇女新知的各项活动中，妇女新知一再强调“性别议题超越政治”，声称“与所有政党保持等距”，尽量不卷入政治运动中。在妇女新知成立后的五年间，除了与法律有关的活动必须牵涉到“立法院”之外，大部分的活动都不会将选举（如 1985 年台北市议员选举）和政治抗议事件列入相关的合作范围。但是，另一方面，妇女团体的社会关怀本身注定了她们的活动无法与政治绝缘，各项与妇女权益相关的法案的修改，需要执政的国民党首肯，还需要“立法院”的立案审议。因此，如上所述，我们看到，妇女团体对执政党妇女政策的迎合，以及“无知少女”的女性形象塑造，所有这一切，都是为了淡化妇女团体推动“优生保健法”这一活动过程的政治对抗色彩，顺利达成妇女团体的目标。这既是妇女团体的策略性低姿态，也是妇女团体面对强权政治不得已而为之的权宜之计。1985 年妇女团体呼吁社会关心雏妓问题、1987 年“反对贩卖人口”行动促成当局设立“正风专案”，都沿用了这一策略。可以说，从 1979 年“美丽岛事件”到 1987 年解除戒严期间，妇女运动一方面强调自己的“非政治”色彩，一方面小心翼翼地进行了一些试探性的政治参与，并取得了与体制对话的初步成效。一些符合主流社会价值观的议题，如雏妓问题和色情问题，或顺应执政当局政策走向的诉求，如“优生保健法”的推动等，都得到了国民党当局选择性的积极回应。而这也使妇女团体看到体制内力量的重要，转而鼓励更多的女性通过公职人员选举进入政治体制。

此外，妇女研究开始出现，并以另一种方式参与和推动妇女运动，成为这个时期妇女运动发展的一个新动向。80 年代台湾的高等院校开始出现以妇女为主体的女性研究机构，1985 年 9 月 1 日成立的台湾大学人口研究中心妇女研究室（1999 年改名为“台湾人口与性别研究中心妇女与性别研究组”，简称“台大妇研”）代表了这种发展方向。它主要通过广泛收集和整理资料，加强同国外学者的合作与交流，对妇女问题进行系统研究；通过举办学术研讨会，邀请不同学科的专家学者就妇女面临的问题如“妇女在国家发展过程中的角色”、“变迁中的性别角色”等进行探讨①。通过对女性议题的讨论，唤起社会对妇女问题的重视，并针对妇女面临的具体困境，提出各种解决方案，以达到提升妇女地位与保障妇女权益的目的。传统学科中的心理学、社会学、生理学等学者，也开始以女性主义的视角，从事跨越传统学科领域的妇女研究工作、出版著作、编辑目录、举办相关研讨会等。此外，妇女研究学者还进一步反省台湾妇女运动的经验，探索妇女运动未来的发展模式，以及女性价值对社会产生的影响，并以她们所具有的知识，对妇女运动给予指导和推动。这样一来，代表“运动型”妇女运动路线的妇女新知，以及代表学院派妇女运动路线的台大妇女研究室，开拓了台湾妇女运动朝向“运动翼”与“学院翼”的双向发展②。至此，社会实践层面的妇女运动和理论研究层面的女性研究共同构成了台湾女性主义运动的规模队伍。而这两种不同方向的妇女运动路线之间不可避免地存在一些路线之争和观念的分歧，为此她们之间进行了长期的辩论。主张运动路线的妇女运动者认为，妇女运动、妇女研究和女性意识是不可分割的，批判学院派标榜客观中立的学术立场，指责她们撇清与妇女运动的关系是在掩饰父权意识形态，主张妇女运动者应该回归妇女运动本身，不应自外于妇女团体；而妇女研究者则强调学术研究过程中保持客观中立的态度与方法的必要性和重要性，认为妇女运动与学术研究必须保持一定的距离，甚至还有人否认妇女研究机构为妇女运动团体。这样的辩论造成了妇女运动队伍内部的观念分歧，但也丰富了妇女运动的理念，促成妇女运动的多元思考方向。

3. 运动成果与社会影响

这一时期的妇女运动，较之 70 年代的新女性主义运动，在运动规模和社会影响方面，都取得了很大的进展，得益于社会环境的改善。这一时期的妇女运动团体数目增多，妇女队伍组织扩大，运动议题逐渐多元，妇女运动的理念得到进一步充实和丰富。除了妇女新知，其他团体相继成立，妇女运

---

① （台湾）《联合报》，1985 年 9 月 2 日。

② 顾燕翎，《从移植到生根：妇女研究在台湾（1985－1995）》，台湾，《近代中国妇女史研究》，第 4 期，1996 年 8 月。

动的自主性力量增强。但是，妇女运动仍不敢急躁冒进，仍遵循了 70 年代的温和策略，运动议题在小心谨慎的选择中逐渐多元化，主要围绕温和中性的自我成长、妇女保护和两性对话来展开，后期缓慢渐进到挑战性别歧视，争取女性的工作权，但仍着重于抽象的社会公平，不敢有过分挑战传统价值观的言辞与举动。策略选择上也开始由个人成长逐渐转向体制内的制度改革，并通过街头运动和“立院”陈情以及塑造女性的弱者形象等策略性手段，进行一些试探性的政治参与。事实证明，只要议题的选择和推动方式顺应当局的政策走向，或符合主流社会的价值，妇女团体的诉求就可能得到执政当局的积极回应。同时，女性主义研究的出现，从另一侧面推动了台湾女性主义运动的发展。如果说，妇女新知等团体以各种活动维护了妇女的切身利益，那么，妇女研究的出现，则致力于从思想意识上扭转人们对于性别的刻板印象。两者相辅相成，共同丰富了台湾女性主义运动的内涵。可以说，80 年代前期为台湾妇女运动的力量集结期，妇女新知等其他妇女团体在各种妇女运动中共同成长，为解除戒严以后妇女运动的蓬勃发展蓄积了必要的能量和丰富的经验。

80 年代的台湾，政治气氛相对宽松，政治体制的逐渐开放和经济现代化使人们对威权的敬畏减轻，自主意识和批判意识逐渐增强，人们对不同价值的容忍程度有所提高。在这样的社会土壤中，女性主义思潮顺利扎根成长，含苞待放。人们对女性话题的态度有所调整，无论在家庭、学校或社会，两性的话题都有了更广阔的讨论空间，尽管这未必代表人们对于女性主义思潮的全盘认可和接受。部分台湾学者如姚李恕信于 1979 至 1984 年之间的实证调查研究显示，即使在都市工作的中产阶级妇女之间，女性主义仍深受怀疑，受访的“高成就职业妇女”们就告诉她，女性应以无懈可击的工作成绩来争取平等，而不是口头的抗争，她们以为女性有卓越的表现便可以赢得尊重和平等地位，却并未在意大部分女性在工作上所遭受的性别歧视和工作与家务的双重负担①。显然，女性主义虽然广为人知但并未为人们，尤其广大女性所理解和接受，性别批判意识的唤起与普及仍是妇女团体面前的

① 顾燕翎，《检讨台湾女性主义论述——三十年来妇运的理论、路线与策略》，荒林等主编，《中国女性文化》No. 2，中国文联出版社，2001 年，174 页。

漫漫长路。同时，国民党当局的政策制定仍是以“国家”为思考的中心，比如“优生保健法”的讨论过程中关注的是生育与经济的关系而非妇女的健康问题，与五十年代关于人口政策的辩论如出一辙。国民党当局在政策思考过程中仍会忽略女性的主体性，妇女问题仍是个人问题而未能成为当局思考范围内的社会问题。但有所不同的是，妇女团体不再沉默，她们以较之新女性主义更加策略的手段为女性的处境发声并争取到一些切实的利益，开创了女性走进体制参与政治过程的先河，更以此激励了部分女性走出家庭进入正在开放的政治体制。而政治体制的日渐开放，其他社会运动的蓬勃兴起并和女性主义运动互相支援滋养，诸多因素交互作用，为妇女运动推动下妇女个人的自主性参政营造了适当的空间。

第三节 非国民党籍妇女主动参政的初步尝试

70年代的“外交危机”促成了蒋经国进行的政策调整，他开始实施“革新保台”路线，大力提拔“青年才俊”和推行“本土化”政策，促成了以大陆籍传统官僚势力为主的国民党政权同亲国民党台湾地方势力的结合，扩大了国民党在台湾的统治基础，部分化解了人们对于其统治正当性的质疑。另一个客观上的积极意义，就是给包括妇女在内的广大民众提供了参与政治的多种有效渠道。

一、威权松动与政治空间增长

提拔“青年才俊”并非蒋经国的发明，而是国民党的一贯主张。早在60年代初，蒋介石就不断强调“中兴以人才为本”，明确提出“今后党从小组起，一直到中央委员、中央常务委员，以及中央各处、组、会主管同志，都要……随时发现人才、考核人才、培植人才，至少每一年应举荐一人，其他军政主管同志，亦皆望共体此意，切实注重”①，要求各级组织注意培养和举荐年轻人以给国民党充实新鲜血液。但总体上，当时的提拔

① 《十九世纪以来亚洲的形势和我们复国建国的要道》，载于《先总统蒋公言论选集》，台北，中央文物供应社编著，1978年，244页。

“青年才俊”仍停留在政策宣示层面，那段时间内党政系统里青年人崭露头角的例子屈指可数。直到蒋经国担任“行政院长”之后，这项工作才有了真正意义上的突破，从而实现政治权力的逐步开放和国民党政权的“本土化”。

1. 提拔“青年才俊”与“本土化”

1972 年，蒋经国出任“行政院长”后并迅速掌握实权，台湾进入蒋经国时代。蒋经国出任“阁揆”后，面对台湾社会矛盾发展、国民党出现政治危机的局面。为了应变求存，他开始调整权力结构，实行“革新保台”路线，推行年轻化、本土化政策，大量起用和提拔台籍青年才俊和有“地方基础”的台籍官僚，扩大国民党的统治基础，以部分化解因“外交危机”而带来的对国民党统治正当性的质疑，也有效地疏解了台湾民众要求参政的压力。

初任“阁揆”的蒋经国，为显现出新人新政，首先在“组阁”时进行大胆改组，起用了不少台籍新人，其中，有“行政院副院长”徐庆钟、“内政部长”林金生、“交通部长”高玉树和七名“政务委员”中的三名台籍人士：李登辉、连震东、李连春。同年，台籍人士刘阔才被国民党推选为“立法院副院长”，戴炎辉被推为“司法院副院长”，谢东闵被任命为台湾省省主席。无疑，这一人事上的大调整，获得了台湾民众的交口称赞。当时的《联合报》评论道：

> “第一是如我们所期望的，这次的人事调整幅度较大，而同时及于台湾省政府及台北市政府，有力地象征了我们所说的新阶段的行政院的意义；第二是进一步起用与征召了本省籍俊彦，担任国家重要政务。如副院长、内政部长、交通部长、台湾省主席、台北市政府，都是当前国家行政的重要据点。现概由本省籍人士出任，固是恢弘地方志士之气，共赴国难之道……台湾省政府由省籍人士首任主席，尤可激发本省同胞为桑梓服务，提供贡献；第三是新阁人士不少由地方出任中央要职者，如高玉树、林金生、李登辉、张丰绪氏都是政府拔擢长才的行动。尤其张丰绪氏由一县之长而跃任台北市市长，更见政府破格起用人才的至意，也反映了蒋院长的求新求行决心与魄力。”①

① （台湾）《联合报》，1972 年 5 月 3 日。

1973年，台籍人士周百炼又被国民党推选为“监察院副院长”。这样，在一年多的时间里，国民党的“中央”政权向台籍人士敞开了大门，“行政”、“立法”、“司法”、“监察”四院的“副院长”，和“内政部长”、“交通部长”以及将近一半名额的“政务委员”，还有台湾地方最高行政长官台湾省省长的职务，都由台籍人士出任。此后，在蒋经国的主导下，这一政策继续畅行无阻。1978年，蒋经国提名谢东闵为“副总统”，1984年，台籍人士施启扬出任“法务部长”，1987年，台湾人黄尊秋和林洋港分别出任“监察院长”和“司法院长”，原来由台籍人士出任的两院“副院长”仍然由台籍人士担任。至此，国民党的政务系统基本实现本土化，高层职位基本上全部向台湾地方人士开放。

在党务系统方面，蒋经国于1975年当上党主席后，加快了提拔台籍人士进入国民党决策中枢的中央常务委员会的节奏。1976年11月，国民党十一届一中全会增选林金生、蔡鸿文（台湾省议会议长）为中央常委，台湾籍中常委名额增至5名。1979年12月，十一届四中全会又增选林洋港、李登辉、邱创焕和洪寿南为中央常委，台籍名额达到9名。1984年，国民党召开十二届二中全会，又增加许水德、高育仁、张建邦、连战、黄尊秋等5人为中央常委（林金生、蔡鸿文退出，徐庆钟退休，空缺名额由辜振甫担任），使台籍中常委名额上升为12名。1986年，国民党十二届三中全会又选出吴伯雄（前桃园县长吴鸿麟之子）、施启扬为中央常委，台籍名额增至14名，占中央常委总数31名的46%①。除了国民党决策中枢中央常委外，台北市、高雄市的党部主任及绝大多数地方县市的党工负责人，都陆续由台籍的“青年才俊”出任。至此，“本土化”完成了初期象征性到后期实质性的飞跃，国民党政权开始由大陆籍官僚资产阶级为主转为同台湾地方实力人物的联合政权。

权力的开放与共享，使国民党赢得了一批台籍政治精英的合作，也使大批台籍青年看到了前程和希望——虽然真正能在政坛平步青云者毕竟少数，但因此激励而跃跃欲试者却不乏其人，无形中也巩固了国民党的统治基础。这批有幸获得蒋经国垂青的台籍政治新秀，根据他们攀升的途径和资历，大

① 黄嘉树，《国民党在台湾1945－1988》，南海出版公司，1991年，549页

致可做如下分类：

一类是具备高学历和技术专长，从党政基层做起，凭着工作中的出色表现，依循技术官僚系统的台阶攀升，如李登辉（美国康乃尔大学农学博士，在“农复会”工作出色引起蒋经国注意）、邱创焕（台湾政治大学硕士，从台湾省政府的“社会处长”做起）、许水德（台湾政治大学教育硕士，先后任职于高雄市教育局、省政府和台北市等）。

另一类是具有显赫的家世背景和傲人的高学历，他们最容易成为“空降部队”，如连战（党内台籍元老连震东的儿子，一代大儒连横的孙子，美国芝加哥大学政治学博士，一踏入政坛就出任台湾当局驻“‘联大’代表团顾问”）。

还有一类是纯粹的学者型政治人物，如施启扬（西德海德堡大学法学博士）、林清江（留英博士）等，他们与国民党没有任何渊源，也没有什么显赫背景，但有过人的学识，在承认国民党统治合法性的前提下，辛辣尖锐地抨击时弊，多因其改革的理念被国民党延揽提拔。

最后一类是通过“民选”渠道参政，竞选上县市长、省议员之后，因拥有民意基础和政绩，受到国民党当局赏识而得以提拔。如林洋港（1967年当选“十大杰出青年”，后被国民党征召参选南投县长成功，成绩突出，后历任台湾省建设厅长、台北市市长、台湾省主席，“行政院副院长”、“司法院长”等职）、高育仁（1973 年代表国民党参选台南县长成功，1979 年升任国民党中央秘书处主任，1982 年当选省议长，1984 年当选国民党中常委）、吴伯雄（1968 年作为国民党候选人当选台湾省议员，时年 29 岁，1972 年代表国民党竞选桃园县长成功，1982 年出任国民党中央秘书处主任，1984 年当上“内政部长”，1986 年当选国民党中常委员）、张丰绪（1964年代表国民党竞选屏东县长成功，1972 年被蒋经国提拔为台北市长，后任“内政部长”、“行政院政务委员”等职）等，这批人学历一般是大学毕业，地方上或许有些微的人脉资源，但扎实的群众基础和基层经验是他们仕途畅通的资本，他们最容易成为有志于从政的台籍青年的模仿对象。

不可否认，这批政坛新秀的崛起，对国民党和台湾政治的民主化起到了深远的影响作用。舆论界普遍认为蒋经国提拔“青年才俊”的做法是其政治革新的主要成就，蒋经国本人则表示他在台湾的所作所为，有两件事

“略可安慰”，“一是和一般民众建立了深厚的、诚挚的感情，互相理解，互相体会；二是培养了很多优秀青年”①。

2. “法统”纷扰与“国会”输血工程

蒋经国主导的“本土化”方针在国民党的党、政系统都得到了顺利地进行，军队系统也在大量吸纳外省籍第二代中逐渐向本省籍人才开放，但有一个问题——“中央民意代表”的选举问题，也就是国民党政权的“法统”问题，却无法解决，它成了“本土化”无法逾越的鸿沟。

国民党制定“法统”时的社会环境注定了“法统”日后面临的各种问题。从“法统”的内容来看，国民党视为神圣的“法统”的主要构件为《中华民国宪法》和《动员戡乱时期临时条款》。《中华民国宪法》体现了孙中山“权能区分”、“五权分立”的思想，并以此确立了包括最高政权机关“国民代表大会”和行使治权的五院（“行政院”、“立法院”、“监察院”、“司法院”和“考试院”）在内的“中央政府体制”，也就是日后国民党据以统治台湾的“宪政体制”。根据颁布《中华民国宪法》时的规定，“宪法”自1947年12月25日正式实施，也就是说，开始正式进入“行宪”时期。适逢国内战争中国民党军队节节败退之时，于是，“国民政府”以“行宪和戡乱并行不悖”为由提请“国民大会”制定《动员戡乱时期临时条款》并于1948年4月18日通过。

1949年，国民党政权匆匆迁移台湾，以“中国唯一合法政府”的名义统治台湾。其政权传承合法性的法律依据（也就是“法统”）则是《中华民国宪法》和凌驾其上的《动员戡乱时期临时条款》，以及作为“法统”象征的三个由大陆去台的“中央民意代表机构”即“国民代表大会”、“立法院”和“监察院”。但是，仅从一般的宪法学概念来理解这个问题是不够的，台湾的“法统”自有其特殊性所在。国民党政权从到台那天起其统治台湾的“合法性”就一直受到国人包括台湾民众的质疑。事实上，“中华民国宪法”以包括大陆、台湾在内的整个“中华民国”为法域，而败退台湾的国民党政权，其实际统治权仅及于占全国领土面积1/267、人口1/55的

① 蒋经国1983年2月12日电视讲话，转引自黄嘉树《国民党在台湾1945－1988》，南海出版公司，1991年，546－547页。

台、澎、金、马地区。以“中华民国”之名行使对其中一省台湾的统治，自始就缺乏法理依据，造成“法统”的社会基础与现实严重不符。而国民党历来把台湾的“宪政体制”视为其作为“中国政府”对台湾行使统治权的正统法理传承，借以证实其统治的“合法性”。因此，“台湾的‘宪政体制’极为特殊，包含有‘象征性’和‘实用性’两个方面，而且前者重于后者”①。而“法统”的象征性正是影响台湾民众认同“中华民国”的重要因素，因此成了国民党当局不可碰触的禁忌。延续“法统”的需要要求确保“中央民意代表机构”中大陆各地代表的绝对多数，而“本土化”的方向则与此相反，由此埋下了“法统”和“本土化”之间不可调和的矛盾种子。

“法统”的象征机构，三个由大陆去台的“中央民意代表机构”即“国民代表大会”、“立法院”、“监察院”，是带来“法统”困扰的直接根源。所谓的“中央民意代表”，去台人数严重不足，据统计，“国大代表”法定名额为3045人，1947年实际选出2953人，1950年到台的“国民代表”共1090名，仅占法定名额3045人的35.8%，“立法委员”479名，占总额773名的61.9%②，到1952年，去台“监察委员”共158人，占全部223名的70.8%③，“法统”残缺不全，根本不具有“全民”的代表性。按照“国民大会组织法”第8条规定，“国民大会”需要过半数的代表出席才能开会，并有过半数的同意才能通过决议，这样，去台代表人数根本达不到开会人数要求。为了凑足开会人数，“立法院”在1953年9月紧急制定“第一届国民大会代表出缺递补补充条例”，陆续将各省原本落选或经政党协调而退出者予以递补，在1954年第一届“国大”第二次会议召开（选举第二届“总统”）时，凑够出席人数1578人。但出缺递补有时仍不足以解决人数名额不足问题，后来，“立法院”在1953年将这条款修正为“国民大会非有代表三分之一以上人数之出席不得开议”④，直接将议事人数门槛由二分之一

① 范希周，《1990年以来国民党的“宪政改革”及对其大陆政策的影响》，《台湾研究集刊》，1992年第4期。

② 《“中华民国”年鉴》（1950年）“宪政”部分，台湾，中正书局，1951年。

③ 《“中华民国”年鉴》（1952年）“宪政”部分，台湾，中正书局，1953年。

④ 郎裕宪等，《“中华民国”选举史》，台北，“中央选举委员会”，1987年，260页。

改为三分之一。

与此同时，因国民党当局偏安台湾，造成“中央民意代表”无法进行定期改选，“法统”危机之一由此而生。按1947年“宪法”规定，“国大代表”、“立法委员”和“监察委员”的任期分别是6年、3年、6年。1951年，第一届“立法委员”任期届满，却无法进行改选。国民党当局采取“行政院”会议通过、提请“总统”核可，使第一届“立委”得以暂行“立法权”一年，第二、第三年如法炮制，补救了“立委”任期危机。1954年，“监察委员”任期届满，为避免年年延长、年年补救的窘况，国民党当局搬出具有“宪法”解释权的“司法院大法官会议”，以“释字第三十一号解释”称：“国家发生重大变故，事实上不能依法办理次届选举时，若听任立法、监察两院职权之行使陷于停顿，则显得与宪法树立五院制度之本旨相违，故在第二届委员未能依法选出、集会与召集以前，自应仍由第一届立法委员和监察委员继续行使职权”①，“国大代表”问题已在此前依此思路予以实际操作。经过这一曲解，“中央民意代表”成为终身职务，这就是台湾“万年国会”和“资深代表”的由来。国民党当局通过赋予“万年国会”以法源及降低“国会”议事人数门槛等手段，一劳永逸地解决了“法统”人数不足、无法改选的难题。而台湾的“万年国会”也因此成了创世界纪录的“宪政怪兽”，“台湾的‘宪政’不仅患有先天性的发育不良——制宪和行宪的‘国代’都由国民党包选产生，不仅受制于‘临时条款’而‘高位截瘫’，而且还患有致命的‘血癌’——无法进行‘中央民意代表’的新陈代谢”②。

随着时间的流逝，台湾的“万年国代”日渐老迈凋零，“国会”减员不断，后继乏人，实际议事功能严重下降。在不触动“法统”的前提下，国民党当局开始在“宪政”框架之内有限度地充实“中央民意代表”，这就是“国会”输血工程，即通过“补选”或“增选”的办法充实“国会”成员。1969年国民党当局制定了“中央民意代表”的增补选办法，当年从台湾地区补选出颜钦贤等15名“国大代表”，黄信介、刘阔才、郭国基等11名增

① “释字第三十一号解释”，载《月旦六法全书》，台北，元照出版有限公司，2001年，2826页。

② 黄嘉树，《国民党在台湾1945－1988》，南海出版公司，1991年，75页。

额“立法委员”，周百炼、蔡章麟两名“监察委员”。他们和 1947 年选出的“中央民意代表”一样不必改选，而被融入“法统”成为“万年国会”的一员。但少量增补的修补措施，不能令台湾民众满意。因此，当国民党政权在 70 年代遇到“外交”危机需要岛内民众支持时，封闭的“国会”体制被迫再继续开放。1972 年蒋经国任“行政院院长”后，制定“增额中央民意代表”选举办法，并将这一定期改选制度化、固定化，既暂时缓解“法统”危机，也为其新政增色不少。从 1972 年到 1986 年，逐次扩大“增额代表”的选举名额，“增额代表”选举名额为“国代”由 53 人扩至 84 人，“立委”由 36 人扩至 100 人，“监委”名额由 15 人增至 32 人①。“万年国会”的逐渐开放，虽然也在同时侵蚀“法统”体制根基，但显然有助于平息批评并提高岛内的政治和谐度，减轻来自台湾社会的压力。“国会”输血工程使一向为大陆籍官僚集团所把持的“中央”政权机构有了些微的松动，加上台北市和高雄市分别于 1967 年和 1979 年升格为“直辖市”后举行的市议员选举，共同为台籍人士开辟了更为广阔的参政渠道。在日益增长的政治空间里，各种党外势力开始活跃于种类增多级别渐高的选举中。在妇女运动推动下和党外反对势力的带动下，一部分女性开始走向社会，登上政治舞台，女性在政治参与上开始迈向主动参政时期。

二、各级公职人员选举和妇女参政情况

70、80 年代的内外社会变迁使台湾封闭的政治体制开始松动，国民党当局的威权性格逐渐削弱，相应地，这段时间成了台湾民众社会力快速积聚的时期。从 1969 年开放“中央民意代表”增、补选举开始，期间台北市和高雄市相继升格后举行市议员选举，到 1987 年解除戒严，彻底解除党禁、报禁，这段时间内大量增加的各种公职人员选举成为台湾民众试探性挑战威权体制的竞技场。女性参政在数量上有所增加，级别上有所提升，开始由早期的消极被动转向主动参政。

1. “中央民意代表”选举女性参选情况

从表 2－1 和 2－2 可以看出，无论是“国大代表”选举还是“立法委

① 刘国深，《台湾“国会”改革运动研究》，《台湾研究集刊》，1990 年第 2、3 期合刊。

员”选举，妇女的参与人数、当选人数都在逐渐增多，尤其值得关注的是超过妇女保障名额的数目在增多，显示开始有妇女具备了与男性同等竞争的实力，虽然这样的女性人数仍然极少。

表2－1　增额“国大”代表选举女性参选概况（1969－1987）

年别	候选人数			妇女保障名额	当选人数		
	总数	女	%		总数	女	%
1969年	29	2	6.9	2	15	2	13.3
1972年	78	10	12.8	5	53	8	15.1
1980年	185	17	9.2	7	76	12	15.8
1986年	169	25	14.8	8	84	16	19.0

资料来源：1.“中央选举委员会”编印《“中华民国”选举简介》，1990年；

2.《“中华民国”统计年鉴》“中华民国”七十四年，“行政院”主计处编印，1986年；

3.“中央选举委员会”编印《增额中央民意代表选举记要》第四辑，1990年；

4.黄秀政《战后台湾妇女参政问题的检讨——以妇女保障名额制度为例》，《台湾文献》第56卷第1期，2005年6月。关于选举的补充说明，见注释①。

表2－2　增额“立法委员”选举女性参选概况（1969－1987）

年别	候选人数			妇女保障名额	当选人数		
	总数	女	%		总数	女	%
1969年	25	4	16	0	11	0	
1972年	55	6	10.9	3	36	4	11.1
1975年	61	4	6.6	3	37	4	10.8
1980年	218	17	7.8	5	70	7	10
1983年	171	22	12.9	5	71	8	11.3
1986年	137	12	8.8	6	73	7	9.6

资料来源：同上。

1969年10月，台湾当局宣布补选“国大代表”15名，增选“立法委

① 按“宪法”规定，“国大代表”和“监察委员”每届任期六年，“立法委员”任期三年。台湾当局于1969年举办了临时性的“国大代表”补选和“立法委员”增选，1972年“增额中央民意代表选举办法”将这一选举固定化，“中央民意代表机构”从此开始定期增选。1978年为因应中美建交美台断交，台湾当局宣布暂停选举，“国大代表”和“立法委员”的增额选举都推迟至1980年举行。

员”11名，共26名。当年只有“国大代表”人数达到设立妇女保障名额，故“国代”当选人数中有2名女性，11名增额“立法委员”全是男性，直接选举出来的增额26名“中央民意代表”新成员中也就只有2名女性，妇女在“中央民意代表机构”的参与还没摆脱依赖保障名额而得以提名当选的情况。

1972年，这种情况有所改变。在1972年的增额选举中，选举名额大幅度增长，许多在地方基层已经培植实力的地方政治人物得以向“中央”机构进军，妇女在“中央民意代表”的参选与当选人数都呈现逐届提高，“国大代表”选举尤其明显，这应该与当时的“宪政”设计中“国大”地位居三个“中央民意代表机构”之首有关。而无论是“国大代表”还是“立法委员”，这一年的女性当选人数都超过了妇女保障名额，具有重要的指标意义。这一年的总当选名额为119人，扣除国民党遴选名额如侨选代表等21名，只剩下98名由国民党和党外人士竞争，结果妇女当选13人，保障名额总数为8名，显示妇女初步具备和男性平等竞争的实力。台湾学者刘铁铮的研究表明，自1972年至1986年这段时间内的增额选举，“所有当选之女性立法委员均系依赖自身实力，与男性候选人立于平等之基础上，以较多数之票数，击败众多之男性候选人，且当选之人数更超越保障名额之人数”①。如1972年当选的增额女性“立委”有张淑贞、许世贤、张瑞研、周文玑4人，不仅比保障名额多1人，其中张瑞研获得所在选区第一高票，而许世贤则以全台第一高票当选；三年后这四人继续参选成功②。原为嘉义市长、素有嘉义“妈祖婆”之称的许世贤，以65岁高龄转战增额“立法委员”选举而以全台湾第一高票当选，成为基层民选首长进军“中央民意代表机构”的成功例子，其耕耘多年的嘉义市政后为其女张博雅顺利接手，而嘉义“许家班”也从此成为台湾政坛上举足轻重的地方派系。

1980年的增额“立法委员”选举中，妇女保障名额5名，实际上则有7名女性当选，分别为温锦兰、古胡玉美、许张爱簾、许荣淑、黄余秀鸳、

① 刘铁铮，《妇女团体及法定当选名额之选举制度》，载于梁双莲等著《妇女与政治参与》，台北，妇女新知基金会，1989年，101页。

② 董翔飞编著，《“中华民国”选举概况》，台北，“中央选举委员会”，1984年，614－616页。

纪政和于树洁，其中纪政和于树洁分别获得台北市和高雄市最高票数，而温锦兰、古胡玉美及许张爱帘、许荣淑则都是同一选区双双当选①，表明部分女性的竞选实力，已足可与男性比肩。而这一年的选举中，“立法委员”的遴选名额为20名②，在20名的遴选名额中竟然没有一名女性获得国民党提名，显见，执政的国民党在提名遴选人时基本上没有考虑女性代表的问题。当然，这些当选的女性“立法委员”并非从天而降，她们或是凭着自己在基层多年经营的政绩，如前述许世贤；或依靠国民党提名助选，如温锦兰；或出身地方派系，得到派系的支持而当选，如彰化红派的许张爱帘；还有因运动业绩而成名的，如纪政，因短跑打破世界纪录而成为70年代的台湾名人。她们的积极参选与获得提名应该得益于当时日见开放的社会风气下女性日渐增长的参政意识与社会对女性参政的认可，而这则应归功于妇女运动多年的工作。

同时，值得注意的是，70年代逐渐成形的政治反对势力也在选举中得到反映，成为这一时期影响选举的又一个重要因素。1979年“高雄事件”爆发，次年的“军法大审”全岛瞩目，造就一批“民主英雄”，促成此后的各项公职人员选举中，非国民党籍势力的竞选成绩有所突破，这一现象同样体现在女性参选中。如托庇于政治反对运动而当选“立法委员”的许荣淑和黄余秀鸳，以及当选“国大代表”的周清玉。许荣淑于70年代起协助其原夫张俊宏从事政治反对运动，1979年张俊宏因“高雄事件”被捕而成“民主英雄”，随后许荣淑转接了张俊宏的政治资源，以“美丽岛受刑人家属”身份参选“立法委员”增选成功。黄余秀鸳是台湾地方知名人士余登发的女儿，余登发因“匪谍罪”于1979年初被捕入狱，黄余秀鸳“代父出征”参选“立法委员”成功，其长媳余陈月瑛也在其它的地方公职中竞选成功。周清玉为前民进党主席姚嘉文之妻，1979年“高雄事件”后开始参与政治活动，1980年以“美丽岛受刑人家属”身份参选“国大代表”增选成功。此后的1986年，坐在轮椅上的吴淑珍代替狱中的陈水扁参选增额

① 董翔飞编著，《“中华民国”选举概况》，台北，“中央选举委员会”，1984年，766－777页。

② 《“中华民国”67、69年增额“立法委员会”选举概况》，台北，“中央选举委员会”编印，1990年，231页。

“立法委员”选举成功。基本上，这一时期“政治事件受刑人”家属的悲情诉求几乎无一例外地得到了民众的支持，“代夫出征”或“代父出征”成为这一时期台湾女性参政的一个显著特点。

2. 地方选举女性参选情况

首先需要说明的是，这一时期，由于“中央民意代表机构”的逐步开放和台北、高雄市升格后举办的市议员选举，女性在公职人员选举上的参与机会大为增多，地方选举方面女性参政的级别增多，层级也在提高。为了便于论述，对于这一时期女性参与地方公职人员选举的描述，将集中在省、市议员以及县市议员这一层级，对于乡镇层级的民意代表选举将不再关注。

在地方各级民意代表的选举中，从表2－3到表2－6的统计资料显示，女性参选与当选的情况都有所改变。1972年举行的第五届省议员选举中，依法应选出女性省议员10名，结果却产生12名，其中仅有4人依靠保障名额当选①，其余8位都依靠自身实力竞选成功。1977年第六届省议员选举，女性当选13名，超出妇女保障名额3名，其中托庇于妇女保障名额的仍只有4名②，依靠自身力量竞选成功的有9位女性候选人。在妇女保障名额（5名）不变的前提下，在1981年的选举中女性当选人为7名，比前一届少了一名，到1985年又有所突破，当选9名，女性省议员所占比率达到17.9%。

表2－3　历届台湾省议会议员选举女性参选概况（1969－1987）

届别	候选人数			妇女保障名额	当选人数		
	总数	女	%		总数	女	%
（1972年）第五届省议员	121	21	17.4	10	73	12	16.4
（1977年）第六届省议员	125	23	18.4	10	77	13	16.9
（1981年）第七届省议员	199	34	17.1	9	77	10	13.0
（1985年）第八届省议员	158	28	17.7	9	77	13	16.9

资料来源：同上。

① 董翔飞编著，《“中华民国”选举概况》，台北，“中央选举委员会”，1984年，83页。

② 转引自刘铁铮，《妇女团体及法定当选名额之选举制度》，载于梁双莲等著《妇女与政治参与》，台北，妇女新知基金会，1989年，101页。

表 2－4　历届台北市议会议员选举女性参选情况（1969－1987）

届别	候选人数			妇女保障名额	当选人数		
	总数	女	%		总数	女	%
（1969 年）第一届	77	8	10.4	4	48	6	12.5
（1973 年）第二届	63	8	12.7	5	49	6	12.24
（1977 年）第三届	61	8	13.1	5	51	8	15.7
（1981 年）第四届	83	11	13.3	5	51	7	13.7
（1985 年）第五届	74	10	13.5	5	51	9	17.6

资料来源：同上。

表 2－5　第一、二届高雄市议会议员选举女性参选概况

届别	候选人数			妇女保障名额	当选人数		
	总数	女	%		总数	女	%
（1981 年）第一届	81	15	18.5	5	42	6	14.3
（1985 年）第二届	71	13	18.3	5	42	6	14.3

资料来源：同上。

表 2－6　台湾省历届县市议员选举概况（1969－1987）

届别	候选人数			妇女保障名额	当选人数		
	总数	女	%		总数	女	%
（1973 年）第八届	1480	206	13.91	99	850	119	14
（1977 年）第九届	1271	190	14.94	93	857	121	14.11
（1982 年）第十届	1714	229	13.36	89	799	115	14.39
（1986 年）第十一届	1918	268	13.97	97	837	127	15.17

资料来源：同上。

台北市和高雄市的议员选举中，当选女性所占的比例一直在 13% 到 18% 之间徘徊。高雄市议员选举进行了两次，在 42 个席位中，女性稳定地占有 6 个名额，比保障名额多 1 名。台北市共进行了五届市议员的选举，从 1969 年第一届到 1985 年第五届，各届女性当选人数都略高于妇女保障名额 1 到 4 名不等。显而易见，这些女性市议员中不乏确有实力竞选成功者。限于资料，本文尚无法详细列出所有当选女性代表中享受保障名额优惠的人数，而台湾学者的研究表明，这些当选的女性市议员中，同样不乏依靠自身的能力竞选上任者："台北市改制后民国六十二年之第二届市议员选举时，当选之女性市议员仍较妇女保障名额（5人）多一人，其中半数系'自食其力'；民国六十六年之第三届市议员选举时，竞选出八位女性市议员，其中仍仅有三人系保障名额之受惠者"①。这一现象在基层的县市议员选举方面同样得到体现。同一时期的县市议员选举共进行了四次，当选的女性议员所占比例已经稳定在14%以上，且当选人数较之保障名额分别多出20、28、26和30名，显示出依靠自身能力竞选成功者在增多。虽然更详细确切的依靠保障名额当选的人数尚待资料的进一步印证，但这并不影响此处得出女性参选意愿与参选能力同步提高的结论，这较之前期也是一个明显的进步。

3. 同期女性参政述评

20世纪70、80年代的台湾社会，正处于农业社会向都市化发展的过程中，连带地促成政治生态的若干改变。由于都市经济的迅速发展，外来人口急速膨胀，大都会郊区快速发展，大都市边缘的传统家族或派系，也因房地产与建筑业的发展而更为扩张，与新兴财团相互扶持，政商勾结更加紧密。选举变得更商业化，大量金钱投入竞选中，造成买票政治，使贿选问题更为普遍化、大量化。在这一阶段中，地方家族和派系在经济利益扩张与当局特权支持下，仍然把持地方政治，但因新兴财团及黑道势力的介入，使得原来以情感、个别单纯利益与社会关系为取向的地方派系与家族、山头政治面临转型与重组压力。另一方面，随着经济的发展和教育的普及，社会逐渐多元化，中产阶级兴起，社会结构和选民结构发生变化，独立选民快速增加；加之包括妇女运动在内的社会运动出现，党外势力在聚集，这些都共同营造了一个关心政治、批判政治与参与政治的社会环境。台湾学者赵永茂将这一时期的政治文化特征称为"一个由臣属型政治文化（subjective political culture）转向参与型政治文化（participant political culture）的重叠文化性格"，并认为因职业技术精英如律师、会计师等投入地方选举中而开启了多元精英政治的时代②。

---

① 刘铁铮，《妇女团体及法定当选名额之选举制度》，载于梁双莲等著《妇女与政治参与》，台北，妇女新知基金会，1989年，102页。

② 赵永茂，《台湾地方政治的变迁与特质》，台北，翰芦图书有限公司，1997年，258－259页。

女性在政治上的参与情况与社会政治经济发展变迁有大体一致的表现。民间妇女运动的出现，结束了国民党主导妇女工作时期女性在社会生活中集体失语的状况，历时不长的新女性主义运动开启了台湾现代妇女运动的新时代，妇女新知及其他妇女团体的活动以新的技巧策略出发，使源于欧美因应台湾社会实际而加以剪裁的女性主义思想得以在台岛传播开来。以上妇女团体共同为改善台湾女性的集体处境开始与政治体制对话，试图影响当局的政策制定，并取得一些实质性的成果。虽然影响仍然极其有限，但妇女已经不再是政治生活中疏离的“他者”，妇女团体成为社会运动中一支活跃的队伍。同时，随着经济发展和教育普及，女性独立自主意识增强，社会参与程度有所提高。影响所及，部分妇女开始关心政治，转而主动参与政治。

这一时期的各项公职选举中，女性参选人数与当选人数同步增长，显示在妇女运动推动社会风气开放以及教育普及之下女性的参政意愿与参政能力有所提高。女性参政由前期消极被动转向这一时期的主动，也在很大程度上得益于政治体制的逐步开放。在“革新保台”方针下国民党当局的部分开放，给包括妇女在内的广大民众提供了更广阔的参政渠道。除了原有的地方选举，这一时期增加了“中央民意代表”的增额选举和台北、高雄市民意代表的选举，非国民党的党外人士活跃于各种公职选举中，妇女参选与当选人数也在逐渐增多。除了原有的地方派系或家族的代言人，各种新兴的社会运动也在其中得到折射，如托庇于政治反对运动的许荣淑、周清玉、方素敏和吴淑珍等的“代夫出征”都具有鲜明的政治受难者色彩，也有先参与社会民主运动而累积了政治资源的女性如陈婉真、陈菊和范异绿等，也有因体育运动出名转而投身社会运动和政治运动者如纪政，更不乏先参加女性运动转而投身政治者如吕秀莲、彭婉如等。但总体上，与前期相比，这时期的女性参政，只能说得益于女性主义运动和社会发展变迁下的妇女参政意愿与参政能力有所提高，但这些女性代表在真正的政治生活中的影响作用尚远远不及妇女运动的影响来得实际和有效，严格意义上，妇女参政只能说还处于起步阶段。

第四章　解除戒严以来妇女积极参政（1987－2008）

20 世纪 80 年代中期之后，国际潮流发生重大变化，和平与发展、民主与改革成为国际政治发展的主流，专制独裁政治日益不得人心。国民党“一党专政”的政治体制却与国际潮流的这种发展趋势背道而驰，显然不能适应国际形势发展的新趋势，也越来越难以得到国际社会包括美国的认同与支持。同时，祖国大陆的发展和中共调整对台工作方针也造成了国民党的外在压力。20 世纪 80 年代以来，祖国大陆在改革开放的政策下，经济建设取得惊人进展，党和国家领导人相继提出了和平解决两岸问题的设想，以“和平统一”取代武力解放，并主动采取降低敌意、缓和对峙的措施，使海峡两岸紧张情势逐渐趋于缓和。“这些中共的改变，也要求国民党在专注于军事防卫之外，必须思虑政治上、经济上可能受到的冲击”①，两岸关系的新变化给国民党当局造成了强大的压力，导致台湾当局借口非常时期而制定实施的“戒严法”、“动员戡乱时期临时条款”等众多法规的根基发生动摇，迫使国民党当局在无意谈判统一却又无能反攻大陆的情况下，寻求新的对策以摆脱被动地位。为此，它必须改变其一党集权的专制统治，实行以多党竞争和制衡为主要内容的民主型政党政治，以强化国民党政权的正当性和合法性。

岛内民众要求民主反对专制的呼声形成国民党当局的另一股压力。1987 年，蒋经国宣布解除“戒严”，打破了统治台湾长达 38 年之久的“戒严体制”。随着党禁报禁的解除和各种限制人民基本言论集会权利法令的修改，国民党的控制系统松动，政治活动空间急剧扩大，社会中因戒严体制而被高度压抑的各种不满情绪如山洪般爆发，社会团体大量涌现，各种社会运动频

---

① 张忠栋，《国民党台湾执政 40 年》，（台湾）《中国论坛》第 319 期，1989 年 1 月。

发，群众动辄上街游行、示威抗议，造成“社会运动在80年代中后期后，已是日常生活中常见之事”①，使国民党意识到，通过“一党专政”操控一切的旧统治方式难以奏效，“势必要和这些力量妥协，也就是必须不断调整自己，慢慢变成一个比较民主的政党”②。1988年，蒋经国逝世后，李登辉接任“总统”，经过一番权力角逐之后当选为国民党党主席，进一步掌握了党政大权，台湾进入李登辉时代。90年代，在国民党主导下，“法统”不可碰触的禁忌打破，“国会”全面改革，政权全部开放，“本土化”方针得到质的飞跃。早在1986年抢滩成立的民进党，在解除党禁后，其政治反对运动得以公开化、合法化，更在“国会”改选等各项选举中积极布局与国民党争夺政治资源，政党政治初步形成。在2000年的领导人选举中，民进党因国民党的分裂而渔翁得利，取得政权，实现了第一次政党轮替，始于蒋经国时期的本土化经过李登辉的刻意操弄到了民进党时期成了“去中国化”，省籍、族群成为这个时期政治争斗中可资利用的口号并延伸到社会生活的各个角落。20世纪70、80年代的经济政策调整和此前的经济建设已经结下硕果，台湾成为“亚洲四小龙”之一。90年代以来的台湾经济仍在调整发展中，但对前期成果的安享使这一时期经济的发展成为社会生活中的次要话题，让位于诸如“国会”改选等重大政治议题。

与此同时，世界范围内的第三波女性主义思潮席卷全球，共同催生了将引领21世纪人类文化风向的社会性别主流化世界潮流。在这一世界潮流推动下，搭乘岛内政治大解禁的顺风车，90年代台湾的女性主义运动获得了蓬勃发展，“政治机会的增加与动员能力的提升使得妇女运动更具发展的条件和基础，一改之前的温和、妥协与小心翼翼。台湾的妇女运动随着国家统治体制的转型而变得较为自信与勇敢，也愈显强悍与理直气壮”。③ 与西方女性主义运动曾经和种族运动等弱势族群结合一样，台湾妇女运动的发展也借助了与其它社会运动如环保、人权等社会运动尤其政治反对运动的结合，既能在彼此的滋养中壮大能量，更以此获得道德诉求上的正当性，而由此衍

① 王振环，《诡谲的九十年代社会图景》，（台湾）《中国论坛》第343期，1990年1月。

② 南民编著，《国民党无望论》，台湾，文艺出版社，1987年，18页。

③ 张静伦，《台湾的妇运议题与国家的性别政策：诉求与回应》，萧新煌主编《台湾的社会福利运动》，台北，巨流图书有限公司，2001年，368页。

生的问题也一一显现。正如事物在不同的发展阶段有不同的特征，社会运动在不同的历史时代也各有其鲜明的时代特色。第三波女性主义思潮中，后结构主义的影响成为嵌入式存在，差异与多元成为主要的理论关注点。相应地，90年代台湾的女性主义运动则出现了政治认同、性别认同等新元素的纠葛，呈现更加丰富多元的面貌。影响所及，女性参政在政治解禁环境下取得大突破的同时，意识形态之争等问题也如影随形，大批参政的女性面临身份与主体认同的迷思，女性参政甚至有沦为政党斗争工具之虞。

第一节　解除戒严以来的社会转型

1986年3月，国民党召开十二届三中全会，在蒋经国的强力主导下，国民党提出“政治革新”的设想，并成立“政治革新12人小组”，负责制定具体的内容。6月，“政治革新小组”提出“政治革新六项议题”：第一，充实“中央民意机构”；第二，地方自治法制化；第三，制定“国家安全法”；第四，制定民间团体组织法；第五，强化社会治安；第六，党务革新。10月，国民党中常会确定了“政治革新”将立刻实施的两项方案：停止“戒严令”；修改“人民团体组织法”，解除党禁。“政治革新”的实施，使台湾的政治体系和政治结构发生了明显而深刻的变化，大陆学者刘国深认为，“‘政治革新’是战后台湾政治发展的历史性转折点……具有划时代的意义”①。另一大陆学者金泓汎则将80年代中期称为台湾政治转型期，认为“这是在10余年酝酿政治转型的基础上出现的实质性转型阶段……在转型期的实施阶段，台湾的政治将从‘极权型’专制政治变为‘开明型’专制政治”②。无论何种表述，可以肯定的是，此后国民党的一些将从根本上改变台湾政治生活的一系列重大决策，都肇始于其“政治革新”设想。“政治革新”不仅改变了政治生活的风向，其影响深深渗透到社会生活的各个领域、各个方面，包括民众的文化性格等等，它成为80年代末以来推动台湾

① 刘国深，《当代台湾政治分析》，九州出版社，2002年，4－5页。

② 金泓汎，《台湾的政治转型——从蒋经国体制到李登辉体制》，香港，社会科学出版社，1998年，17页。

威权体制瓦解和社会整体转型的主要动力。

一、威权瓦解与政权本土化

国民党实施“政治革新”，台湾的政治转型在一些重要方面开始见诸行动。1987 年 7 月 15 日，蒋经国宣布取消“戒严令”，意味着国民党当局终于正面两岸关系发展改变的现实，不再以具有浓厚军事意味的“戡乱复国”为目标。虽然威权体制的真正终结仍需等到“动员戡乱时期临时条款”的结束，但“戒严令”的取消犹如一把钥匙，把专制体制多年禁闭的大门打开了，展现在人们面前的是一片广阔的政治参与新空间。随后，国民党修改“人民团体组织法”，解除党禁，默认了民进党的成立。在此之前，国民党的“一党专政”是台湾专制统治的核心，蒋家父子藉此维持了几十年的专制统治。在国民党的“一党专政”下，台湾的政治体系均在国民党的控制下运转：各级政权组织在国民党的施政方针和直接控制下运行，军队在国民党的领导下执行戒严及镇压任务，其他政党如青年党和民社党则是粉饰民主的“花瓶党”。党禁的解除使国民党一党专权的盛况不再，其党政不分、以党领政的政治体制将面临反对党的挑战。而长期以来国民党垄断岛内政治资源的局面也将宣告结束，台湾的政治参与因民进党的加入将转变为竞争型的政治参与。另外一项同样具有重要意义的“革新”措施是 1988 年的开放报禁。大众传播媒介强大的政治社会化功能使国民党长期禁止言论和出版自由，有限的几份党外人士主办的政论性杂志常遭受停刊或查办的命运。70 年代起，《大学杂志》、《夏潮》、《美丽岛》和《八十年代》等党外杂志在逐渐松动的体制下不断冲破国民党的禁令，批评国民党的“一党专政”，鼓动民众要求民主、反对国民党专政，对国民党形成极大的压力。解除报禁为台湾的民主进程注入了“催化剂”，新闻自由度骤然提升，媒体生态截然改观，各种本土色彩浓厚的报纸纷纷成立。如何应对人们思想意识形态方面的多元声音及夹杂其中的“台独”论调，成为解除报禁带给国民党的一大挑战。

除了解开威权体制加之于公众身上的层层束缚之外，“政治革新”还带来了国民党高层权力结构的重新组合。1988 年 1 月 13 日，蒋经国病逝，给变化中的台湾政坛留下了最高权力空白，“副总统”李登辉依法继任。经过一番明争暗斗，李登辉在新一轮的权力角逐中取得胜利，在同年召开的国民党十三大及其中央全会上，当选为国民党主席，完成了台湾最高领导人的接班工作，这一结果表明："以蒋家父子的专制统治为代表的台湾'强人政治'宣告结束，逐步转向'精英政治'"①。成为名实相符的台湾最高领导人之后，李登辉逐步清除国民党内代表大陆籍官僚集团利益的元老派势力。党内，李登辉领导的"主流派"与郝伯村为首的"非主流派"之间的政治斗争一度白热化，更在国民党十三届三中全会上围绕"总统"选举方式公开剧烈冲突，使三中全会成为"国民党迁台以来斗争最激烈的一次"②。"非主流派"主张"总统选举"应委托给"法统"的象征机构之一"国民大会"进行，以示"中华民国总统"的"全国"代表性，"主流派"则力主"总统"由台湾地区公民直接选举，称既符合民意又简便可行。一番政治角力之后，"非主流派"最终不敌，1993 年郝伯村辞去"行政院长"职务，黯然下台，这场政治较量以"主流派"大获全胜告终。本质上，"主流派"和"非主流派"的斗争是权力和利益之争，但其中也掺杂了微妙的意识形态分歧，"主流派"的胜利预示了李登辉时代本土势力的高涨和本土意识的张扬。除去"非主流派"的诸多掣肘后，李登辉得以放开手脚大力提拔台籍青年进入高层领导机构：到十三届四中全会时，国民党 180 名中央委员中，台籍人士多达 70 多人，占 40% 以上；31 名中央常务委员中有 16 名台籍人士，占 52%，首次超过半数③。始于蒋经国时期的"本土化"政策至此有了质的飞跃，台湾的高层权力机构格局由以大陆籍政要为主转向以台籍精英为主，并成为主导 90 年代"宪政改革"走向的领导核心。

在新旧体制交替和权力重新分配的过程中，族群矛盾不可避免地被政治化。1986 年成立的民进党，在 1987 年"解严"后国民党的一系列"还政与民"的政治民主化进程中，挟"台湾人出头天"的民意支持，刻意制造出"中国人—台湾人"的省籍对立，以撕裂族群的意识形态动员民众制造冲突

① 金泓钒，《台湾的政治转型——从蒋经国体制到李登辉体制》，香港，社会科学出版社，1998 年，18 页。

② 黄毓民，《百年政党沦落如斯——国民党三中全会的乱象》，香港《星岛日报》，1992 年 3 月 17 日。

③ 黄嘉树，《国民党在台湾 1945 - 1988》，南海出版公司，1991 年，368 页。

谋求政治利益。台湾学者王昌甫运用政治学上“共识动员”的概念来比较台湾政治反对运动在1979年和1986年之后形成的两波反对运动，认为第一波挑战风潮中，反对运动仅以民主化作为主要诉求，是因为在当时的环境下，“本土化”很容易就被国民党以民族主义式的意识形态有效地加以反制，因而当时的政治反对运动并未挑战国民党意识形态的根本元素——“动员戡乱时期的中国法统”；一直到1986年以后的第二波挑战风潮中，反对运动的主要诉求转向较激进的“本土化”，诉诸台湾民众的集体经验，使反对运动更具有道德上的正当性，也更能引起群众的共鸣”①。1989年的选举成功证实了这一动员方式的能量。此后，这一撕裂族群制造对立的动员方式在历次选举中一一奏效，使民进党政治版图逐步扩大，逐渐累积执政资源。2000年的台湾地区领导人选举中，国民党分裂，民进党渔翁得利，取得执政权，实现了第一轮政党轮替。执政后的民进党，为了遂行其各项“去中国化”政策，更把这一撕裂族群动员方式的功能发挥到极致，制造了台湾政治生活中的蓝绿对立，形成岛内独有的“只问蓝绿，不问是非”的恶质政治文化，妇女参政也概莫能外，政党认同与意识形态之争进入到90年代以来的女性参政话题中来。

二、现代化完成与经济停滞

80年代中期，在美国的贸易保护主义压力下，台湾新台币开始被迫大幅升值，接着，工资迅速上涨，土地价格飙升，台湾经济发展环境发生重要变化。在这种背景下，台湾开始寻求新的经济发展模式与道路。1986年3月，国民党十二届三中全会正式通过“自由化、国际化与制度化”的经济发展战略，其核心是开放市场，减少干预，实现经济自由化，从此台湾经济开始走向更加开放的自由经济体系。随后，台湾当局又进了一系列的经济改革，包括解除外汇管制，逐渐实行利率自由化，逐步开放内部市场，大幅降低进口关税与减少非关税壁垒，推动公营企业民营化，开放民营银行的设立，等等。这些措施减少了经济运行中不必要的行政干预，对于健全市场调

① 王昌甫，《台湾反对运动的共识动员：一九七九至一九八九年两次挑战高峰的比较》，《台湾政治学刊》，1997年7月，创刊号。

节机制、合理配置经济资源、提高经济效益和竞争力起到了积极的作用。但是，变动的经济环境继续给台湾经济发展带来挑战，夕阳产业或传统产业在新台币大幅升值、工资与土地等生产成本迅速上升的情况下，面临生存困难。于是，从80年代后期起，台湾传统产业迅速向大陆、东南亚转移，对外投资成为台湾经济发展的一大趋势与特征。经济的自由化与国际化，传统产业的外移，都为岛内高科技产业的发展提供了空间，产业升级速度加快，第三产业发展迅速，台湾经济也得以迅速转型。到2000年，第三产业产值已占到GDP的65%以上，成为台湾经济的主体。在制造业内部，以信息半导体产业为主的高科技产业则成为台湾支柱性产业，技术密集性产品也成为新的出口主力。

90年代以后，台湾当局在经济发展上先后提出许多重大发展计划，主要包括了“六年建设计划”、“亚太营运中心计划”、“全球运筹中心计划”与“六年发展重点计划”等。其中，最早实施的“六年建设计划”（1991－1996）推动了台湾经济的继续增长，但在实施后期却因为岛内的政治斗争而半途而废。随后实施的以大陆为腹地的“亚太营运中心计划”（1995－2005）执行不久就受到李登辉质疑，并以“戒急用忍，行稳致远”政策予以阻挠。执政后的民进党当局高层认为，“亚太营运中心”以大陆为腹地有很多盲点，限制影响台湾成为“亚太营运中心”的优势，因此主张应将其修正为把台湾建成为“绿色硅岛”与全球高科技制造及服务中心即所谓的“全球运筹中心”，这样可以避免台湾经济的“大陆化”，从而增强与欧美高科技国家的经济联系。2000年10月，台湾正式推动“全球运筹发展计划”，到2001年底共完成包括电子商务、物流与基础设施及法律修订等32项具体措施的执行，其中包括了通过优惠税收鼓励设立营运总部与研发中心等，发挥了吸引岛内外企业在台设立物流中心或运筹中心的功效。2002年5月，台湾当局提出并通过“挑战2008——六年发展重点计划”（2002－2007），再次强调加速发展台湾成为“绿色矽岛”建设远景。

因意识形态歧异而导致政治对经济的阻碍成为90年代后期以来台湾经济生活中的一大变数，但90年代的台湾经济在波折中仍保持了相对平稳的发展，现代化目标基本达成。1999年在李登辉“两国论”冲击两岸经贸关系的情况下，台湾经济仍保持了5.48%的增长率①；2000年台湾“国民生产总值”突破3000亿美元，“人均国民生产总值”近14000美元，对外贸易进出口额双双突破1400亿美元，总额达2800亿美元，外汇储备达1067亿美元②。但这一发展态势在政党轮替后有所改变，而政治对经济的阻碍作用也愈加明显。民进党执政之后，由于台湾政坛的政治斗争激烈，主持经济建设的官员变换频繁，许多重大计划未能真正推动或执行，甚至遭到放弃，影响了台湾经济的平稳发展。2001年，台湾经济甚至出现50年来的首次负增长，随后进入3%的低增长期，居于“亚洲四小龙”之末。

三、文化领域的多元声音

随着台湾经济社会的变迁和本土化、自由化的发展，思想文化领域里的多元声音开始出现。早在解除戒严前的1983－1984年，岛内知识界围绕“台湾意识”和“中国意识”问题曾发生过一场思想论战，表明岛内思想界在文化主体认知上存在着矛盾和对立③。1988年解除报禁之后，新闻和言论自由度骤然增加，一时间，报纸、杂志、出版社纷纷开张，广播、有线电视台、无线电视台也以惊人的速度增长，文化领域顿时热闹起来，进而百家争鸣，乃至众声喧哗。在传媒带动下，以商业为取向的大众消费文化兴起，各种口味的文化商品充斥市场，其通俗性和消费性满足了现代生活节奏下人们的娱乐需求，但仿效美日以制造娱乐为目的的创作倾向又使其创造精神大大削弱，艺术价值大打折扣，助长了社会上享乐主义、功利主义等价值混乱的作风，充分反映了后工业时代都市文化的窒碍。台湾学者卢非易这样评价当代都市青年的精神状态：“那种从过去通往未来的传承感，在新人类身上已经断然崩裂，新的时间体验只集中在‘现时’上，除了‘现时’之外，什么也没有……追随自我感觉，没有政治、社会、道德的窠臼包袱，他们抛弃怀旧情调，拒绝观照历史苦难，只注意现时的感觉”④。

在中西文化的激荡中，传统与现代的对峙、本土化与国际化的折冲成为

---

① 林小芳，《台湾经济1999年回顾与2000年展望》，《亚太经济》，2000年第2期。

② http：//www.china.com.cn/zhuanti2005/txt/2005－12/31/content_5439177.htm。

③ 陈孔立主编，《台湾历史纲要》，九州出版社，1996年，492页。

④ 卢非易，《台湾电影：政治、经济、美学》，台北，远流出版社，1998年，346页。

世纪之交台湾文化界的关注点。其中，本土意识的上扬乃至异化，成为90年代以来政治生活中的意识形态之争在文化领域的延伸。在蒋氏父子的威权统治时期，为了维护“法统”的正统性合法性，国民党当局牢牢控制着“台湾”及与之相关的各种政治符号，任何有关“台湾”、“台湾历史”的言谈都为当局所不容。90年代起，随着“宪政改革”的进行，国民党的“全面行宪”工作必须围绕台湾来展开，这一事实迫使国民党当局放开了对“台湾”政治符号的层层束缚，体现为公共政策方面，增设学校教育中的乡土教育题材，推动社区重建工作以凝聚新的社区意识。对此，台湾学者赵建民认为，“台湾政经转型所引起的本土化运动涉及层面广泛，使得执政的国民党不仅在权力结构方面与台湾的人文发展密切结合，社会与政治的主流意识，也更能反映民间社会的脉动，对台湾文化、历史、文字、语言都有了新的肯定与诠释，可以说一个以台湾为主体的意识形态于焉形成”①。在执政当局的导引下，一股回归本土的乡土情怀开始上扬，曾经一度为国民党当局禁谈的“台湾史”一时贵为显学，闽南语也开始公然出现在“立法院”这一庄严的“庙堂”里。民间，继70年代的乡土文学运动后，掀起了新一轮的“台湾寻根热”。应该说，上述现象，从国民党对台湾主体性的重视到民间的“台湾寻根热”，都有其合理性的一面。台湾学者韦正通也认为，“回归台湾本土的感情，与大中华的民族意识是融会不分的。既是台湾的，也是中国的，其间并无矛盾”②。但是，这一回归乡土的情怀同样被泛政治化。在分离势力的利用下，这一正当的乡土情怀被上升到政治认同的高度，成为与“中国意识”相对立的“台湾意识”，为“中国人－台湾人”的族群对立添加新的注脚。

另外一个同样值得注意的现象是社会上美式思想文化的泛滥。由于长期的东西方两大阵营的对立，台湾在政治上、经济上、军事上和文化上依附美国，造成美国文化的大举传入，岛内“崇美”成风，其中大批台湾留美学生在这一过程中扮演了重要的传播载体角色。台湾前《中国论坛》编辑林

---

① 赵建民，《台湾主体意识与中国大陆民族主义的对抗：面向二十一世纪的两岸关系》，（台湾）《中国大陆研究》，第41卷第1期，1998年1月。

② 韦政通，《立足台湾关怀大陆》，台湾，东大图书出版社，1991年，第61页。

端对这一现象有过深入的分析，他指出："台湾在政治、经济等方面长期倚赖美、日等工业国家，连带在学术上亦复如此，留学美国成了台湾新兴知识分子领袖群体必须经过的'通过仪式'"，"重要大学的教授，其硕士、博士阶段主要是在美国所养成，更是不争的事实，他们在许多看法及思考方式上，受美国的影响较深"，美式思想文化"对于战后台湾的支配，举凡政治、军事、文化、教育等，无不有深巨的宰制影响"①。而本文前述在蒋经国时期得到重用的政治人物如李登辉、连战、宋楚瑜、马英九等堪称这批留美学生的代表。从80年代中后期开始，留美学成回台人士基本掌控了台湾政界、学界、舆论界，台湾社会形成了唯美国是尊的氛围，台湾政治文化开始进入异化嬗变期，国民党的威权文化体系开始无奈地接受西方政治文化的挑战，政治文化结构出现多元化趋势，尽管仍勉强地维持着国民党传统政治文化的特征，但美国式自由、民主、公平、正义等价值体系逐渐占领了台湾政治文化的制高点。② 女性主义运动自然也不例外，运动领导者的学历、女性主义的思潮与理念，无不带着明显的美国印记，所不同者是其因应台湾的社会现实而对妇女运动的方法、策略、路线和目标做了一定的调适。

第二节　全球化时代的女性主义运动

20世纪80年代晚期到90年代见证了一种新型的女性主义——第三波女性主义的出现。第三波女性主义的核心是解构前期建立的理论框架，其起点是差异性、身份认同和特殊性，主张用联系的方法最终沟通"此人"和"他者"。这一思潮激荡了整个西方文化领域，延伸到流行文化中，如"辣妹"女子偶像团体的兴起，酷儿理论的出现，以及充斥于女性书写和女性电影中颠覆传统的解构手法，等等。"在音乐界，不论是主流还是非主流音乐，都充斥着年轻女性的歌曲……在新生代年轻女性歌唱家愤怒的、个性化

① （台湾）《中国论坛》第361期，1990年10月，转引自范希周主编《台湾政局与两岸关系》，九州出版社，2004年，83页。

② 刘国深等，《影响台湾地区政治文化变迁的外部因素分析》，《台湾研究集刊》2007年第3期。

的世界中，我们听到追求拥有权力的声音”①。但第三波女性主义更为人们所知的，是带来了世界范围内女性主义学术研究的蓬勃发展，并催生了迄今仍在行进中的性别主流化国际潮流。1995 年，在北京举行的联合国第四届世界妇女问题国际会议中，联合国正式确认性别主流化（gender mainstreaming）为各国政府政策行动纲领，参与签署的各国，有义务在一定的时间内，建立国内实现性别主流化的机制；而联合国本身，也必须在其行政组织系统中建立相应机制，将所有的政策和计划纳入性别思考。至此，“性别主流化”成为各国政府组织改造的一项重要原则。很明显，性别平等是一种攸关全社会、全人类幸福的价值，而不是特定人口的福利，更不只是妇女福利。作为一种策略方法，它要求政府全盘检讨当前劳动、福利、教育、环保、医疗、经济等所有领域的政策里，隐含的性别不平等，进而修改相关法律政策，以最终打造一个符合性别正义原则的社会。

在这一世界潮流下，女性主义作为一门专门的学科建设正逐步进入欧美高校教育体系的主流：到 2000 年美国已有 250 多个妇女和社会性别研究中心，700 所大学建立了妇女学系，每年设 3 万多门课程，1995 年授予 10786 人次妇女学博士学位；欧盟在 1995 年有 1500 所大学开设 600 多门妇女学课程②，原来只在妇女运动者和研究者之间流传的女性主义观点，经过教育体系的课程规划，进入高校课堂传播给年轻一代。作为第三波女性主义标志性的概念，差异性也在女性研究和教学中得到体现：90 年代美国妇女学的课程设计、教材选用及教育人员的聘用都以兼容并蓄和多样化为原则，性别研究也朝向具体、多元发展，不再以白人妇女的标准作为衡量标准，而是强调妇女的多重身份，并探讨不同种族、阶级、文化妇女的差异，以寻求不同背景出身妇女的合作。

同时，作为全球化时代全球女性主义运动的重要一环，每三年一次、在世界五大洲轮流举办、素有“妇女学的奥林匹克”之称的世界跨学科妇女大会，既强化了妇女运动的跨国网络联系，又在各国妇女学者的成果分享和

---

① ［加］巴巴拉·阿内尔（Babara Arneil）著，郭夏娟译，《政治学与女性主义》，东方出版社，2005 年，284 页。

② 2005 年 10 月天津师范大学妇女研究中心秋季“社会性别课程”高级培训班教材。

经验交流中共同丰富了全球女性主义运动的内容，壮大了女性主义的力量。在全球女性主义运动的跨国对话与串联中，有色人种踊跃参与，亚洲妇女异军突起，打破了妇女界中白人妇女独领风骚的局面。1995 年亚洲妇女学中心成立，并创办了相应期刊“亚洲妇女学”，从 2004 年起每年一届的亚洲女性论坛在北京、香港等地轮流召开，2005 年 6 月第九届全球跨学科妇女大会（简称“WW05”）第一次在亚洲（韩国）举行，并发行“亚洲妇女学系列丛书”，2005 年底“近二十年华人社会之性别研究：回顾与前瞻”国际学术研讨会在香港举行，妇女与性别学者共聚一堂，交流经验，并探讨未来研究路径及学术上、策略上的合作计划等。在这样的时代背景下，作为全球女性主义运动的一环，台湾的女性主义运动也进入了一个新的发展里程，表现为妇女队伍力量的壮大，团体数量增多，议题更加丰富，并开始主动出击，社会公共政策的讨论过程中开始传出女性的声音，父权思想下的各种法律受到女性主义的质疑与挑战，女性主义开始以平等主体的身份追求女性处境的改善和女性地位的提升。但同时妇女运动的路线歧异、理念之争更加明显，差异与多元并存，并随着政治民主化的进程与政治认同结下剪不断理还乱的关系。

一、女性主义运动概述：团体、活动、议题、成果

解除戒严给妇女运动提供了更宽广的活动空间，而第三波全球女性主义运动则成为全球化时代推动各国女性主义运动发展的强大动力，两者共同作用，使这一时期台湾的女性主义运动进入一个新的发展阶段。

解除戒严后的妇女运动，因政治转型所带来的政治机会而获得了更大的活动空间；同时，民间财富的积累、教育及就业能力的普遍提高，使女性的经济状况有所改善，独立自主意识有所增加，加上美国人权思想的盛行和国际女性主义思潮的激荡，都大大强化了妇女运动的能量，妇女团体的数量大幅增长，功能也跟着多样化。除了原有的妇女新知等组织外，各种单一议题维护妇女各种权益的妇女团体相继成立，如 1987 年的台北市妇女救援基金会（关心雏妓和少女权益）和女性主义研究社（辅导女学生批判实际社会中的父权思想）；1988 年的台北市励馨基金会（辅导性侵害受害者）以及女性工会（为女性劳工代言）等。90 年代是台湾妇女运动蓬勃发展的时期，

各种单一议题或专业性妇女团体数量继续增多，先后成立了台北市新女性联合会、终止童妓运动协会、女工团结生产线、女性权益促进会、社区妇女才能发展协会、上班族协会、粉丝联盟，还有参与社区推动妇女二度就业的彭婉如文教基金会，为保护妓女权益而成立的日日春协会，关怀同志权益的性别人权协会，另外还有北高两市的妇女新知协会、北中南的晚情协会、台湾女人连线、台湾妇女团体全台联合会、性别平等教育协会，以及正在聚集中的台湾少数民族妇女会等。

在妇女研究机构方面，继 1985 年台湾大学成立“台大妇女研究室”之后，1989 年台湾清华大学人文社会学院成立“两性与社会研究室”，1992 年，高雄医学院两性研究中心成立，1995 年台湾大学成立性别与空间研究室（隶属于城乡与建筑研究所），2000 年高雄师范大学成立性别教育研究所，显示妇女研究已成趋势。这些妇女或两性研究机构在对女性议题的研究和讨论中，侧重从性别角度切入，即在女性共同利益的基础上，以男性作为参照，敦促政府和社会全体成员改变不利于女性发展的思想文化观念和社会环境，以最终达到提升妇女地位与保障妇女权益的目的。

学校社团方面，台湾大学于 1987 年组织“女性主义研究室”（以下简称“女研社”），以举办活动及出版《新女声》杂志的方式，针对女学生日常面临的父权文化提出尖锐批判并进行一些实际挑战，成为妇女团体内部的新生力量。台湾大学女研社的成立，代表新一代女性主义者的出现。女研社的成员多为年轻的女大学生，受到解严后资讯多元化、言论自由化的影响，思想比较开放，对于 20 世纪 70 至 80 年代的妇女运动者经过发行刊物唤醒女性意识的温和做法不以为然，甚至提出批判，促使妇女团体开始对之前一连串的妇女运动进行反思，进而不断修正往后妇女运动努力的目标，也使妇女团体因新生力量的加入而更充满生机与活力。1993 年 9 月，以全台大专院校女教授为主要成员的女性学学会成立。女学会的前身是妇女新知“女性学研究中心”每月举办的书报讨论会，与妇女新知关系密切，也是 1994 年成立的以出版女性研究相关出版物为宗旨的女书店的基本支持者。女学会的活动宗旨为：建立女性学研究者之间情感与资讯的支援网络；发展校园妇女运动，使女性意识在校园扎根。通过积极参与，针对社会议题发言并积极寻求妇女权益的保障。作为一个联结学术研究与妇女运动的跨校组织，女学会汇聚了全台高校各个学科领域的女性高级知识分子，并因其学术能力为当时的妇女运动提供了最新的研究发展成果与理论支持，同时也引介了不少新回台的年轻女性主义者进入妇女运动界，很快成为“妇运团体里面最精英的妇女团体”①。学生社团性质的女研社和女教授组成的女学会，表明女性主义已经走进校园，预示了学术领域与校园将成为女性主义的重要战场。在许多女学生组成女性主义研究社后，女学者与大学女教授更进一步地组成了全台性的女性学研究团体，假以时日，台湾的女性主义将拥有一支强大的生力军。

这些新兴的妇女团体，有少部分和早期的妇女新知有着人脉上的重叠关系，但大部分的新兴团体彼此之间并没有任何的层级关系。“这些新兴的妇女团体有各自的功能及诉求领域，因而在女性的人身安全、雏妓问题、女性历史与文化的创造与维护、女性的社会参与、女性在婚姻与财产的权益、女性及两性问题的学术研究、女性的工作辅导与工作权益的维护、两性教育、女性自觉或女性意识的推广、女性的健康与身体、女性的性与情欲等方面都有所行动及推展。这些新兴妇女团体的共同特点是具有两性平权意识，活动力强，并善用媒体”②。90 年代的妇女团体有清晰的自我定位，各有明确的运动目标、策略、行动方针，各个妇女团体也通过充分展示自己的特色、运动理念来吸引会员，先后针对雏妓问题、妇女工作、选美及色情、政治改革与家内平权等提出诉求，有的妇女团体甚至还企图将情欲一类的私人问题转化为公共政治论述。在政治解压的大环境下，妇女运动与政治反对运动、环保运动、学生运动等民间社会运动一起蓬勃发展，既在其中吸取养分，更藉此与其它社运团体结成同盟关系以开拓资源，为后期的妇女团体联合作战累积实力。因此，“混合了世代、政党、性偏好、国家认同与运动理念差异的意识形态，就交织成了分辨不同妇女团体的一个重要因素，并使台湾的妇女运动展现出前所未有的、丰富且异质的多元性风貌”③。同时，随着妇女团

---

① 李元贞，《女学会十年，妇运万水千山》，（台湾）《历史月刊》2003 年 9 月号。

② 梁双莲语，转引自张静伦《台湾的妇运议题与国家的性别政策：诉求与回应》，萧新煌主编《台湾的社会福利运动》，台北，巨流图书有限公司，2001 年，370 页。

③ 周碧娥，《女人 \ 性别，台湾 \ 1995（一）》，《妇女与两性研究通讯》1996 年，37 期，13 页。

体的增多，妇女运动的战线逐渐拉长，妇女新知协会、主妇联盟、女工团结生产线、女性权益促进会等团体纷纷在台北以外的县市设立据点，中南部的妇女组织渐次成立，少数妇女团体的骨干穿梭其间，各地妇女团体之间联系日益密切，逐渐形成以台北为中心向周边地区辐射并延伸至全台的妇运网络。各个妇女团体视议题需要，或单独作战，或联合出击，在相互支援合作中共同壮大了妇女运动的力量。随着女性主义整体实力的增强，妇女运动呈现出专业化趋势，“虽然维持联合妇女团体的传统，却不再与非女性团体联合行动，换言之，以女性作为性别政治的主要和唯一合法发言人和行动者，并透过与媒体密切互动以发挥以小博大的效力，透过各种座谈会和法案的草案主导性别政治与女性公民身份的论述”①。

众多妇女团体的成立，使妇女议题更加多样化、激进化的同时，也蓄积了更多的主体性和能动力，连带地使妇女运动过程中的方法技巧发生相应变化。1982 年到 1986 年间，妇女新知透过温和渐进的演讲、座谈和调查报告提出妇女共同的议题。1987 年 1 月，虽然台湾还处于戒严状态中，但威权体制的松动已然在进行，政府机制的转化也成为必然。在整体环境松绑的条件下，台湾的妇女运动迈出了重要的一大步，即前述 1987 年初“关怀雏妓”的街头联合大游行，并成功引起社会舆论及当局的重视，使这一动员方式成为解严后妇女运动的常规动员模式。例如，1987 年 8 月，新知声援“国父纪念馆”女性员工抗议该馆年满三十岁或怀孕就必须辞职之规定；1988 年和妇女救援基金会发起“救援雏妓”华西街千人大游行。

除了街头游行请愿，妇女团体的活动方式逐渐多样化，并因年轻一代女性主义者的加入而更加异质多元。1988 年，妇女新知评析中小学教科书中性别刻板角色，呼吁修订教科书内容，建立两性平等教育。1989 年，妇女新知完成“男女工作平等法”草案，选举期间联合其他妇女团体发表“十大妇女联合政见”，推动四分之一妇女保障名额落实，积极开拓妇女参政空间。1994 年新知和晚晴协会推出了“民法亲属编”的修订版，对女性集体

① 周碧娥，《解严后台湾的女性主义与性别政治：民主化与女性政治身份》，“行政院国家科学委员会”专题研究计划成果报告，2004 年 5 月 31 日，http：//www. apecgender. org/Research _ Show. asp？Type _ ID = 8。

在父权家庭中的共同劣势的讨论唤起了妇女的忧患意识，而一些突发事件则成了导火线，使这一年的妇女运动更加激进化。同年，美国爆发了举世震惊的性骚扰案“希尔教授指控汤马士大法官提名人”，台湾岛内，则陆续传出航空医科大学、台湾师范大学等校园性骚扰案，更有因不堪忍受暴力虐待愤而杀夫的“邓如雯杀夫案”。妇女新知和女学会共同发起了声势浩大的女人连线反性骚扰大游行，声援邓如雯（后邓如雯得以减刑），将过去被视为个人隐私的问题推入公共政治论述，当做社会问题来谋求解决之道。1995 年，台湾大学女生看 A 片事件在社会上引起轩然大波，而女研社学生当上学生会会长后，以校园为基地发展“同志人权欢乐日”，加上女学会多场相关学术讨论会引发的热烈讨论，使同志议题成为新时期妇女运动不可避免的话题。1996 年，妇女新知和其它妇女团体共同发起“女人一百”大游行，游说“立法院”三读通过“民法亲属编”部分条文修正案，12 月 21 日为遇难的彭婉如举行“女权火照夜路”夜间大游行。1997－1998 年的“公娼存废”争议使妇女运动内部的路线之争表面化、公开化，先后造成了妇女新知和女学会内部的人事变动，再次给妇女运动增添了新的不稳定因素。1999 年妇女新知出版“男女工作平等法催生手册”，并发起万人连署“男女工作平等法”街头活动。2000 年，妇女新知成立台湾少数民族妇女组，订定年度主题为台湾少数民族妇运，组织台湾少数民族妇女读书会，出版“工作场所性骚扰完全杜绝手册”，筹拍反性骚扰纪录片——《玫瑰的战争》。2002 年，妇女团体将年度活动主题定为“落实两性工作平等法年”，并相继展开对选举制度改革的一系列讨论。2003 年，妇女新知联合劳动人权协会、学生反帝组织等 38 个社团举行反战游行，发起“女人反战，女人要和平”行动，抗议美国对伊拉克动武的霸权行为；在岛内蓝绿对决的政治恶斗中发起加入公平正义（泛紫）联盟的活动①，与政党保持距离并坚守了民间妇女团体对体制的监督功能。同一年，女学会在“非典”风暴中为医疗系统的

---

① 泛紫联盟于 2003 年 8 月 11 日成立，发起者为岛内九大社会福利和社会运动团体，包括妇女新知、全台教师会、台湾劳工阵线、银行员工会全台联合会、伊甸基金会、智障者家长总会、台湾促进和平基金会、老人福利联盟、残障福利联盟，简锡𡒊为召集人，该联盟提出恢复富人税、通过普及式“国民”年金、减轻薪资所得者负担等主张，呼吁以公平正义的社会诉求超越蓝绿阵营的统独纷争。

护士维权，成功为她们争取到了和男性医护人员同等的待遇。2004 年，妇女新知的活动年度主题为“推动成立行政院性别平等委员会”，持续关注工作场所中性别歧视现象、提出具体改进办法，并举办了“全球年代中的在地妇运/性别争议”系列讲座。2006 年母亲节前后，妇女新知基金会回顾了“两性工作平等法”实施四周年的情形并提出相关建议。

总体上，这一时期的妇女运动策略有所调整，议题更加多元，并且战绩斐然。在行动策略和手段方面，包括演讲、座谈会、签名连署、请愿、抗议游行、陈情、记者会、对民意代表的问政观察及评估、发表共同声明、公布调查报告、提出妇女政见、举办文艺活动、拜访政党、公听会、研拟法案、“立法院”旁听及游说监督、声请“释宪”等等，都成了妇女团体采取的方式，可谓“软硬兼施”、“刚柔并济”。从女性思想的推广，到实际服务的提供，再到理论建构中的学术研究，温和的文字呼吁与激情的街头抗争交互运用，妇女运动以更灵活多变的方式来追求现有性别体制的改造。在妇女团体的各种诉求中，争取和保障妇女在就业市场、政治参与、婚姻财产、人身安全等方面的合法权益，都取得了丰硕的成果。

妇女运动的斐然战绩，既表现在政府新成立的专职机关增多，也表现为相关法案的通过。如，1988 年通过“妇女福利法草案”；1994 年 7 月，台湾当局通过“宪法增修条文”，保障妇女人身安全及人格尊严。1995 年通过旨在保护雏妓的“儿童及少年性交易防治条例”。1996 年，彭婉如遇害事件促成在“立法院”搁置多时的“性侵害犯罪防治法”获得快速通过，妇女团体争取修改却多年未果的“刑法”妨害风化部分亦随之修改，从此性侵害被视为是对被害人性自主权的侵犯，而非传统观念的侵犯贞操、妨害风化，女性的性自主权得到进一步保护。同时，与妇女婚姻家庭密切相关的“民法亲属编”部分条文在 1996 年被加以修正，通过分开财产制，给已婚女性在法律上独立拥有和处分自己财产的权利；2002 年，正式完成“修法”过程，落实了体现性别平等原则的婚姻权和亲权，妇女在婚姻权益和子女亲权的行使方面获得了法律上的保障。期间，1997 年 5 月“行政院”妇女权益促进会和“内政部”性侵害防治委员会成立，8 月“教育部”两性平等教育委员会成立。此外，“家庭暴力防治法”于 1998 年 6 月公布，1999 年全面实施，而延宕多年的“两性工作平等法”也终于在 2001 年获得“立法院”正式通过。2002年12月，妇女新知、女学会和台湾妇女团体全台联合会（简称“全妇会”）发动其他妇女团体①，共同要求在政府组织下成立性别平等专职专责一级机构，以落实性别平等主流化的价值。经过一番拜会游说及公听会之后，这一诉求在2003年得到回应，台湾当局公开宣示将性别平等委员会纳入“政府再造”的议案之中。2004年6月，“性别平等教育法”获得通过，台当局决定用立法手段强制推行中小学的性别平等教育和大学妇女学的学科发展，教育领域的性别主流化已然在实行。② 2005年，“性骚扰防治法”在“立法院”三读通过，并于2006年开始实施。

无疑，这一时期既是台湾妇女运动的成长期，也是收获期。无论是草根式的街头游行与请愿或是体制内的“立法”游说与监督，妇女运动的预期效果基本上都达到了，妇女在政治权、社会权（包括工作权、财产权与婚姻相关职权）和民权（以人身安全和性自主权为核心）方面的法律保障得到切实落实，台湾社会在往两性和谐平等发展方面迈出了一大步。同时，女性主义思想深入人心，并正透过教育体制中的课程规划系统地传播给下一代，多年的父权社会的基层将面临逐步的瓦解。在战果辉煌的同时，台湾的女性主义运动也不可避免地要面对随新时代而来的各种考验与挑战。

二、90年代台湾妇女运动的处境

与80年代相比，90年代的台湾最明显的社会特征是缘于1987年解除戒严而来的政治生活大变动，由此带来的政治机会惠及每一个社会运动组织，女性主义终于敢理直气壮地喊出各种诉求，把一向婆婆妈妈的猫狗琐事推动为公共政治论述中的焦点议题，新生代女性主义运动者更喊出性解放的口号，同志组织也开始质疑传统妇女运动的路线，性别认同的差异和边缘路线的抗争都成为这一时期女性主义运动的张力。同时，在政治剧变中受益最大的政治反对运动从此合法化，标榜草根利益、打着所谓“民主先锋”的旗号，民进党在解严后的各项公职人员选举中一路攻城略地，在1994年的

---

① 其他参加连署的妇女团体包括：台北市妇女救援基金会、高雄妇女新知、台北市晚晴妇女协会、主妇联盟、台湾21世纪妇女协会等。

② 这部分的材料来源，包括妇女新知基金会的网站：http：//www. awakening. org. tw 以及《历史月刊》2003年9月号上的“女学会系列”——阮若缺等人的文章。

台北市长选举中实现了政党轮替，更在2000年的台湾地区领导人选举中坐收国民党分裂的渔人之利取得执政权，实现台湾的“蓝天变绿地”。政治领域的意识形态之争延伸到女性主义运动中，便成为妇女团体内部的颜色之争。因此，90年代的妇女运动表面声势浩大战果辉煌，但内部却也面临许多复杂的问题，世代之间的差异带来妇女运动的多元与异质，对待政治的不同态度导致妇女组织队伍内部一度龃龉不断，主流与边缘路线的抗争直接造成妇女团体的分裂，世代、政党、性偏好与运动理念差异等诸多因素相互纠结，共同作用，交织成90年代妇女运动纷繁复杂的画面特征。虽然这些新元素基本上是在交互作用中共同影响着90年代台湾妇女运动的发展，但为了便于论述，本文试图从以下几个方面来描述这一时期台湾妇女运动所面临的处境与阶段特征。

1. 代际差异与多元身份认同

80年代后期是台湾妇女运动的重要转折点，解严以后，勃兴的民间社会自主力强化了妇女运动的动员能力，带来了妇女议题的多元化，如雏妓问题、妇女工作权、选美及色情问题、教育改革及家内平权等，显示妇女问题的复杂与多元。随着妇女运动整体力量的壮大，在妇女团体数量增多的情况下，妇女组织队伍内部的缝隙开始出现。根据台湾学者张茂桂的研究，当政治压力减轻之后，政治机会增加，动员成本降低，资源来源扩大，原来内部联盟的细缝因此扩大，进而发生社会运动组织异质化的现象，体现为：原有组织分裂或新的对抗组织出现；原有运动团体的分化，形成既联盟又分工的关系；多元化，即不相关也不联合的运动组织孤立出现①。解除戒严以前，因为人力单薄、资源有限，台湾妇女运动以符合社会主流价值观念的妇女议题如救援雏妓等为发展重点，较少注意内部差异。到90年代初，经过妇女新知及其他妇女团体10多年的打拼奠基，妇女运动的力量壮大，新生力量加入，队伍日见庞大，声音趋于多元，主流的妇女运动理念受到挑战与质疑，各种激进议题渐渐抬头，关于妇女身份认同的不同看法一度成为妇女团体内部辩论的焦点。

妇女队伍内部对于身份认同的不同看法，很大程度上与妇女运动者成员

① 张茂桂，《社会运动与政治转化》，台北，业强出版社，1994年，275－280页。

结构变动有关。以90年代初为界，比较两个时期妇女运动成员的组成特质，可以从中发现30多年来台湾女性主义运动的变动轨迹。回顾台湾妇女运动发展的历史，不难发现，从70年代吕秀莲新女性主义运动“撒播种子”，到80年代妇女新知依靠少数女性精英的坚持完成了妇女运动的薪火相传，这一时期妇女运动处于起步阶段，其成员结构相对单纯，大部分是留学回台的女性高级知识分子，职业包括律师、教授、经理或文化界的精英，属于社会的中上阶层，大多分布在都会区如台北市等。这样的背景决定她们没有采取劳工、环保等社会运动常用的草根动员方式，而更注重于体制内的社会服务、文化宣传与女性思潮的传播、“立法”游说与监督，将她们的精力、专业知识，与公众教育相结合，同时采取党派中立的政治策略，创造了一种新的压力团体——她们亲自草拟法案并到“立法院”游说让法案生效。

最能反映妇女运动成员结构特质的当为与之相应的运动组织模式，因为这既与妇女运动者的身份、背景和生活经历相关，又体现了她们身上固有的文化基因。在运动的组织模式上，妇女新知杂志社以及其他妇女团体选择不需要群众动员并与她们高等教育背景相谐的组织形式，如早期的杂志社和解除戒严以后的基金会，而不是如同一时期的劳工及环保运动团体所采取的类似协会等会员制的草根组织模式。台湾学者范云在研究妇女新知由杂志社转型为基金会时指出，“基金会的组织模式在‘文化角度’上最符合那些都会、上层阶级、专业、具国际观的运动者，她们偏好提倡文化及温和理性的运动策略更甚于动员大众的草根组织方向”①。从成员来看，妇女新知的主办者或拥护者普遍来自中上阶层，生活经历局限在都市地区，在资源有限的情况下，杂志社和基金会的模式可以最大限度地发挥少量人力和资金的价值来达成运动的目标，而这一特质也使80年代的妇女新知受到了“脱离社会、都市化、精英化”的质疑。到了90年代，随着政治形势的转变，在妇女运动成员结构变动的情况下，基金会这一组织形式面临新的困境。一位台湾的妇女运动者在反省基金会组织模式的限制时说：

“一般团体十分困难立案的时候，改组成财团法人基金会是比较方

① 范云，《政治转型过程中的妇女运动：以运动者及其生命传记背景为核心的分析取向》，《台湾社会学》第5期，2003年6月，133－194页。

便的方式。但是基金会的组织规模使得有志于参加妇运的新人没有参与的管道，同时也使得决策的民主化不可能，基金会的组织形态让妇运团体从文化宣传走向社会的过程倍加艰辛，也让妇运团体的动员力量十分薄弱”。①

可见，到了90年代以后，这个适合少数精英分子的基金会运作模式已不适应新人辈出的妇女运动新形势。同时，基金会一贯温和理性的渐进式体制内改革既受到新一代女性主义者的质疑，也面临制度性的障碍，如生存募款的压力和制度的各种规范。台湾妇女运动者顾燕翎指出：

“以基金会的形态来推动妇运的确有其局限性，因为运动的推展仰赖全体成员自动自发的热忱奉献，以及对社会情势灵活机动的反应；然而基金会本身也有存活的基本需求，因此需要募款、承担风险、留存历史，这两种不同的需求之间难免会有冲突，特别是当外在的环境复杂化，组织目标多元化之后，各目标之间以及个人的欲望之间如何协调，而不至于相互抵消，更有赖于成员之间充分沟通，而沟通除了需要大量时间和耐心，尚需要以互相信任和共同价值观、以及对等的权利与义务关系为基础……不论是新的基金会或协会，仍将是体制内的组织，受到现行的法律的规范，也仍然会有生存和募款的压力，这是体制内团体从事体制改革无法逃脱的困境”②。

基金会的去留与其它妇女运动形式的可能性探讨，成为台湾妇女运动界面临的新课题。然而，我们发现，传统知识分子崇尚的温和理性的社会改良态度已然发生改变，基金会一向秉持的体制内改革态度受到挑战甚至发生变化，这突出地表现在1994年的反性骚扰大游行中（后文将详细分析），新生一代的大量加入使得那次的街头游行充满激情与活力，口号更加多元，甚至激进，新旧两代女性主义者对女性诸多议题甚至包括女性自我身份认同的不同看法自此浮上台面。早期的女性主义者宣扬女性主义思潮，致力于认清女性所面对的共同问题，拒绝传统女性形象，在两性平等基础上为女性重新

① 转引自曹爱兰《走过一九九八：妇运篇·新芽方露绿叶》，（台湾）《自立早报》，1988年12月19日，14版。

② 顾燕翎，《检讨台湾女性主义论述——三十年来妇运的理论、路线与策略》，载于荒林等主编的《中国女性文化》，No. 2，中国文联出版社，2001年9月，180页。

定位。但是这种简单的认同政治在90年代以后受到挑战。本来个人的社会身份就不单纯限制于性别，90年代后，年龄、族群、阶层、性倾向等因素都逐渐浮现，进一步分割女人的身份与处境，也建构起不同的人生经验与价值观，从而在不同的情境之中形成相异的社会身份，进而导致不同的发言立场。对于早期妇女运动先驱和新生代女性主义者之间的代际差异和身份认同上的迥然相异，曾有台湾学者做过更为全面深入细致的调查研究，并得出结论：

> 1994年之前加入的运动者，有相当高比例为上层阶级、较年长、并且具外省籍背景的比例非常高；相对的，1994年以后加入的运动者较少为上层阶级、且比较年轻，外省籍的比例降低许多，同时，客家籍的比例增高。这两群人在参与运动前的政治涉入程度也很类似，两者在参与妇女运动前政治经验的程度都很低，但有趣的是，这两群在不同阶段加入妇运的人在政治理念上却相当不同……这两群参与者间的关怀、生活方式、生命型态和意识型态不只是不同而已，有时候她们的价值观和信念甚至是相冲突的，例如对于什么构成女性（what constitute womanhood）这个最根本的想象。①

由于该文的作者曾为此研究进行过多次深度访谈，并以一系列的数据和定量分析来佐证，其结论的说服力毋庸置疑。而这个结论正好印证了本文前段的论述，足见代际差异和身份认同的歧异对90年代后的妇女运动影响之深之巨。几乎可以说，90年代后台湾妇女运动面临的一系列问题，包括妇女运动路线之争、颜色之辩，都与此密切相关，本文将继续就此进行深入探讨。

2. 性别认同与路线之争

妇女运动发展到一定阶段，一些潜藏的问题如性倾向问题会浮现出来，形成妇女队伍内部的冲突，如同性恋女性主义（简称“同女”）和异性恋女性主义（简称“异女”）之间性欲取向和身份认同的差异，以及异性恋社会根深蒂固的同性恋歧视，曾经在欧美妇女运动团体内部形成极大的张力和冲

---

① 范云，《政治转型过程中的妇女运动：以运动者及其生命传记背景为核心的分析取向》，《台湾社会学》第5期，2003年6月，133－194页。

突。90 年代以前，台湾妇女运动致力于妇女在政治、经济、社会层面等公领域地位的提升，较少涉及性欲论述，即使有，也是以零星的、个别的形式浮现。如 1992 年妇女新知举办“我爱女人”游园会，首次公开展示女性性欲，但呈现的方式仍十分暧昧，基本上是在宣示姐妹情谊（女人爱女人），反抗性别歧视。显然，这种犹抱琵琶半遮面的宣示恰好表明在 90 年代初期性欲论述仍处于妇女议题中的灰色地带。

随着妇女运动队伍继续壮大，这种情况有所改变。当妇女运动蓄积了足够的运动能量和政治影响力，将性骚扰、性侵犯等过去被视为个人的、隐私的问题推入公共政治论述，当成社会问题来谋求解决之道时，其它更为隐晦的话题，如女人的情欲，也得到了日渐宽广的论述空间。言论的开放使一些潜藏的议题不再甘于沉默，欧美妇女运动中激进女性主义的影响在年轻一代的女性主义者身上引起共鸣，并由校园性骚扰案引发了台湾妇女运动团体内部的路线大争论。1994 年，美国妇女界为性骚扰案“希尔教授指控汤马士大法官提名人”联合抗争之时，台湾师范大学爆发了校园性侵害案件，一名女学生控诉遭到系里男老师强暴，航空医科大学也传出了性骚扰事件。这些事件使长久以来校园中潜在性暴力、性侵害、性骚扰威胁的问题浮上台面。妇女新知积极串联其它妇女团体，女学会则通过一群女研社的学生与被害者接触①，举办了一系列的讲座，接连几次“揭开校园性暴力的真相”、“揭开校园性侵犯的共犯结构”、“落实校园两性平等教育”的“立法院”公听会，将校园的性别议题热烈搬上台面。

面对女性主义的挑战，社会上各种反对势力开始大肆反扑，或以师生恋模糊焦点，或质疑女学生的用心，连“教育部”都抱怨这一连串的社会争议是女性主义在骚扰校园，弄得大家鸡犬不宁。社会反对势力的反击激发了女性主义者的斗志，校园反性骚扰运动变成了一场女人大动员的斗争，妇女新知和其他妇女团体积极参与，女学会与女研社、全女连的女学生并肩作战，女性“立委”（叶菊兰等）大力支持，女性媒体工作者大篇幅报道……妇女新知和女学会举办的“五・二二女人连线反性骚扰大游行”，成了这场

① 80 年代末台湾各大专院校相继成立女性主义研究社，积极展开各项活动，推动校园性别意识的提升，并顺利成立跨校的全台大专女生行动联盟，简称“全女连”。

运动的高潮，却也是运动变异的开始。

在这场大游行中，站在宣传车上的何春蕤出其不意地振臂高呼“我要性高潮，不要性骚扰”，得到一群年轻女学生的热情呼应，成为媒体争相报道的焦点。随后何春蕤推出更具宣示意义的《豪爽女人》一书①，再度成为新闻话题。此后不久，面对媒体关于这一话题的狂热炒作，女学会发表了“性自主不等于性解放”的声明。与此同时，何春蕤退出女学会，并于1995年成立了性/别研究室，而妇女运动队伍里的路线之争却也就此拉开了序幕。对于这两条不同的路线，台湾的妇女运动者和其他学者各有不同的称呼，顾燕翎把这两条路线称之为“性别政治”和“性欲政治”②；林芳玫借用顾燕翎的分类框架，把致力于分析并从事结构面改革性别不平等的性别政治称为“性批判派”，把强调性、情欲和身体等议题的性欲政治称为“性解放派”③；卡维波则认为“妇权派”和“性权派”的称呼更准确贴切也更客观中立④。在此，本文将借用卡维波的划分来指称这两条路线。基本上，早期妇女运动先驱大多归属前者，致力于谋求女性集体处境的改善；而主张积极介入情欲论述的何春蕤则成了第二条路线的代表，其中也包括了前述的女同志群体，并得到相当一部分女大学生的支持，在新生代女性主义者中有很多的拥护者和支持者。当然，这样的划分难免粗糙，也有不少的人对这两条路线的态度是游移的、折中的、观望的或无所谓的，等等。但另一方面，但凡对台湾妇女运动稍有了解的人都知道90年代以后的女性主义内部有这两条路线之争，也清楚其具体所指。

1994年开始，性权派掀起了台湾性革命与性别骚动的运动。继何春蕤一喊成名一书轰动之后，1995年，台湾大学女生看A片事件在社会上再次

---

① 何春蕤《豪爽女人》，台北，皇冠文化出版有限公司1994年出版，何在此书中宣扬女性性解放，并把女性解放和性解放划上等号，该书的中心词是“情欲自主”，认为两性关系应走出通行的“赚赔逻辑”，建立新的男女互动模式。

② 顾燕翎，《性别政治与性欲政治：台湾妇运策略之选择》，“行政院国家科学委员会”专题研究计划成果报告，1999年，http：//www. apecgender. org/Research _ Show. asp? Type _ ID =8。

③ 林芳玫，《当代台湾妇运的认同政治：以公娼存废争议为例》，（台湾）《中外文学》，27卷第1期，1998年6月。

④ 卡维波，《“妇权派”与“性权派”的两条女性主义路线在台湾》，http：//www. smth. edu. cn/bbsanc. php。

掀起轩然大波，针对此举，各式各样的劝阻乃至声嘶力竭的声讨，铺天盖地而来。而女研社学生当上学生会会长后，以校园为基地发展“同志人权欢乐日”，再次使同志议题从妇女议题的灰色地带中走了出来，成为边缘路线抗争中的又一支力量。不可否认，何春蕤在年轻女大学生中具有相当的感召力。1996 年底，妇女团体发起纪念彭婉如、要求保障妇女人身安全的夜间大游行，针对一些批评女性夜间出行打扮出众并认为此举易招致伤害的言论，何春蕤鼓励女生要穿得漂亮来游行，“最好有点骚，最好有点艳”，得到了大学女生的热烈响应，在游行队伍中，她们举的牌子是“夜行无罪，妖娆有理”。两条路线的歧异暗潮汹涌，持续发酵，终于在 1997 年的公娼事件中引爆。在 80 年代，整个台湾社会，包括妇女团体，对娼妓的看法基本相同，都体认到娼妓被迫卖身这样的事实，因而认可和支持妇女团体于 1987 和 1988 年在华西街举办的“救援雏妓”大游行。90 年代，多元的妇女运动观点中开始浮出性工作权（妓权）的观点。1997 年，当时的台北市长陈水扁宣布实施废除台北市的公娼，台北的公娼集体走上街头，争取她们的工作权，并且实施“娼影行动”，在陈水扁出现的每一个公开场合举牌抗议。以何春蕤为代表的性权派加入了反对废娼政策支持公娼的队伍：

> “这个时候，你就会看到‘扫黄’的阶级性，公娼正是台北市最底层的性工作者，因此也是最轻易被扫除的一批人。再加上这个废娼政策竟然有着许多主流女性主义策士撑腰，要把台北市打造成一个有着中产阶级伪善面貌的‘良妇城市’，这些发展都令我不得不加入反对这种政策、支持公娼的队伍……我认识到，女人有着那么不同的面貌和人生，也活着那么不同的价值观和身体情欲观。这些接触都让我更清楚的认知到某些女性主义理论的阶级和情欲盲点”①。

性权派的举动促成了妇女队伍内部对于女性主义相关方面如身体、欲望等议题的重新反省与大检讨。很显然，性权派的主张无法得到主流的妇权派的认可，两派之间围绕公娼存废以及情欲论述甚至包括性倾向、性产业的争论渐渐激烈。妇权派不否认女性性欲也是女性争取自主权不可忽视的目标，同意娼妓也有人权，主张改善她们的工作环境和提升工作待遇，但在持续批

① 何春蕤语，见 http：//www. douban. com/group/topic/1140186/。

判并试图瓦解性产业上，她们主张必须针对娼妓、娼妓制度和色情产业提出不同的政策，以使其逐渐瓦解，同时认为情欲论述应策略性运用借以增强而非削弱妇女运动的能量：

> “当性工作权一再被肯定时，我们是否要将性工作放在社会、文化的脉络中来谈，以了解当前在台湾从事此业妇女的真实处境来作为决策的基础，因为跨文化的娼妓史研究告诉我们，性工作在不同的时空之内，有着极为相异的社会意义和内涵。因此边缘路线并不因边缘而必然具有道德的优越性，路线的选择应建立在女性主义者之间更坦诚的对话和更多的研究之上”①。

另一位妇权派代表林芳玫则由公娼争议加以延伸并继续深入，直接质疑性权派的情欲论述，“为性而性，抽离社会的人性脉络……豪爽女人的性解放彻底地被架空，与政治、经济、心理、感情毫无关系”②，称之为不食人间烟火的“唯性派”，并认为性解放论述是强调差异的认同政治，具有后现代的特色，但也暗藏脱离群众的危险，“性解放派拒绝直接面对社会大众，使得认同政治成为顾影自怜的心理治疗，认同政治若是过度强调差异与分化，其危机就是与较宽广、范围较大的社群脱节，在不断衍异、不断分化的小团体中进行……后现代部落政治，缺乏普遍同一性（universal）的共同目标与价值规范，众多碎裂的小部落自说自话、众声喧哗、杂音此起彼落，却没有深入的对话（dialogue）与相互了解，也难以形成共识”③。

公娼事件发展的结果，是台北市的废除公娼政策被紧急叫停，暂缓废娼两年。但妇女运动队伍里的路线之争却愈演愈烈，并先后造成了妇女新知的部分成员去职（又称“妇女新知家变”）和女学会的部分人员出走，而留下的成员被整体指责为“主流、中产、欧巴桑”，发生在媒体上的争执甚至相互讨伐既造成两派之间彼此的伤害，更使妇女队伍的分裂为社会所瞩目而被

---

① 顾燕翎，《检讨台湾女性主义论述——三十年来妇运的理论、路线与策略》，载于荒林主编的《中国女性文化》，No. 2，中国文联出版社，2001 年 9 月，179 页。

② 转引自顾燕翎《性别政治与性欲政治：台湾妇运策略之选择》，“行政院国家科学委员会”专题研究计划成果报告，1999 年，http：//www. apecgender. org/Research _ Show. asp？Type _ ID = 8。

③ 林芳玫，《当代台湾妇运的认同政治：以公娼存废争议为例》，（台湾）《中外文学》，27 卷第 1 期，1998 年 6 月。

媒体一再炒作。后来，为了息事宁人，林芳玫在报纸上刊发了一个“和平共存”的说法来向社会大众解释说明当时妇女运动的路线分裂：

> 妇运将形成边缘战斗与体制内改革的双轨现象。……妇运也是大众与分众路线同时进行。大众路线着重托育、老人安养、人身安全、就业机会等福利政策的全盘规划，超越男女两性的对立，设计出符合儿童、老人、妇女等社会大众需求的公共政策。分众路线则以差异政治（the politics of difference）为基调，循着族群、阶级、性倾向、情欲偏好等诸多轴线，不断地增殖衍异各种新兴主体认同，增加了当代多元社会的多元性与丰富性。①

这段描写，一方面将性权派的路线主张定义为分众路线，另一方面写出了当时妇权派女性主义早已做出的方向选择，也就是朝向所谓的“大众/体制内改革”，其具体途径便是参与政党政治与选举，与政治势力形成更紧密的联盟关系。也有其他女性主义学者从学术与运动的角度来看待妇女队伍的分裂，“公娼事件让我更加肯定，学术与运动不同，运动需要激情投入、简单的口号（如：我要性高潮，不要性骚扰），而学术需要距离、冷静及复杂深刻的思考。基本上，我相信妇运如果没有学术及理论的支持，到了某个阶段，就会出现瓶颈”②。而被归类为台湾激进女性主义代表的卡维波则认为这是妇权派继1994年将何春蕤从女学会除名之后对性权派的第二波放逐③。两条路线之间的分裂是木已成舟，其间的是非恩怨可谓仁者见仁，智者见智。不论各人如何诠释，路线之争模糊了妇女运动的焦点，导致了妇女队伍的分裂，削弱了女性主义的整体力量，却是不争的事实。女性主义整体力量如何有效整合，将成为当代台湾女性主义面临的又一个重大课题。

3. 政治化与颜色之辩

与80年代妇女运动力图与政治保持距离相比，90年代，由于政治转型和妇女动员能量的积累以及妇女运动形势的发展，妇女运动与政治的互动关系日益密切。这既表现为妇女运动的策略选择更多地与政治运作相联系，如

---

① 林芳玫，《从边缘战斗到体制内改革》，（台湾）《中国时报》副刊，1997年12月1日。

② 刘仲冬，《路线之争与行动转折》，（台湾）《历史月刊》，2003年9月号。

③ 卡维波，《“妇权派”与“性权派”的两条女性主义路线在台湾》，http：//www. smth. edu. cn/bbsanc. php。

政党、政府、政治体制等，与此前的“去政治化”宣称迥然相异，也表现为政党乃至政府的政策规划中性别政策的调整。妇女运动政治化的结果衍生了另一个问题，即台湾政治中特有的族群政治问题及纠结其中的“统”、“独”之争。以“民主、进步”自诩的民进党，从成立的第一天起，就将国民党反向定义为“专制与落后”。在国民党政权本土化过程中，民进党发挥其草根特性，挟“台湾人出头天”的悲情意识，利用台湾政治中独有的族群矛盾进行政治动员，并将之上升到国家认同的高度，形成台湾政治中特有的蓝绿之争。随着妇女运动与政治关系的渐趋密切，政党政治中的颜色之争如影随形，成为妇女运动中挥之不去的阴影。

妇女运动的政治化，首先得益于台湾社会转型所提供的契机。继1987年解除戒严，修改相关限制人民基本权利的法规之后，90年代，台湾当局陆续创建了一系列“宪政改革”工程，政治民主化与本土化有了质的飞跃，“中央民意代表”和“总统”先后开放直接选举，地方自治法制化，国民党对政治资源的垄断局面彻底被打破。民进党活跃在各层级的各项公职人员选举中，政党政治逐渐形成。在经济发展、教育提升及政治转型这样的社会变迁背景下，加上妇女团体几十年的持续努力，性别平等意识深入人心，广大妇女不再是政治生活中冷漠疏离的“她者”、听命于人的“投票大军”，她们不但学会利用手中的选票争取自身的权益，更积极投身各项选举中，努力跻身于决策体系，成为台湾政治生活中不容忽视的重要力量。再观诸妇女团体，当年，她们资金人力有限，还要面临政治压力，通过营造女性“无知少女需要帮助”的弱小形象来赢取社会大众的同情理解与支持。90年代后，她们开始理直气壮地争取女性在政治、经济、人身安全等方面的平等权益。女性不再以弱者自居，她们以平等公民的身份，要求对社会中现存的不平等的性别结构制度进行改革，实现了妇女在政治生活等公共领域中由“他者”到主体的身份飞跃。“就女性参政权本质的发展，女性公民身份由过去特殊身份和现实政治保护的思考模式逐渐倾向于普遍主义之下的机会平等的思考，这样的改变似乎显示女性参政权作为性别政治的场域，在民主化过程中，台湾女性一方面似乎摆脱了作为男性‘他者’的特殊公民身份，即以差异身份而得到不同待遇——当选保障，从而进入与男性相同的公民身份"①。

同时，妇女队伍逐渐壮大，议题日见多元，路线之争浮上台面，形势的发展要求妇女团体有必要对外界说明妇女运动往后的主要发展方向。如前所述，在公娼事件前后，妇权派就已经酝酿了要走大众改革路线的宣示，即关注儿童托育、老人安养、人身安全、就业机会等福利政策的全盘规划，超越男女两性的对立，设计出符合儿童、老人、妇女等社会大众需求的公共政策。期间，部分妇女运动者提出了"妇运体制化"的说法，即妇女运动如何进入体制，面对选民、选举与社会大众的要求。她们认为，新形势下，妇女运动要面对的民众，不只是妇女运动同行或前来申述、求助的特定妇女，还有不分性别、年龄、阶级，具有选票的社会大众。林芳玫指出，如果妇女运动无法对选民（constituency）提出交代（accountability），那么使妇女运动进入体制的政党或政客也可能会连任失败，连带地也使妇女运动体制化或参政失败。因此，新妇运所提出的妇女政策必须同时能够吸引大众选民，也就是"如何将妇女议题研发成选票市场中可吸引众多选民青睐的好产品"，林芳玫认为这已经成为新妇运的中心问题，"这个问题使得妇运目标与策略跳出了以女性主义理论为中心的框架，转变成以社会大众及选民为中心，思索如何使妇运理念变成与一般人民日常生活息息相关的政府施政。由这样的立场出发，托育、老人安养、社区治安与妇女人身安全、健保给付与妇女健康等女性主义长期以来就十分关注的议题，都可被转化为吸引市民的政策以及选举时吸引选民的政见"②。另一妇女运动者刘毓秀（女学会第二、四届理事长）则提出了在内涵上与此相近的照顾福利服务制度，期望通过这一制度实现政府对女性传统工作的分担，从而实现女人的解放和全面发展③。不论是大众路线还是照顾福利服务制度，这样的思考方向都意味着妇女团体

---

① 周碧娥，《解严后台湾的女性主义与性别政治：民主化与女性政治身份》，"行政院国家科学委员会"专题研究计划成果报告，2004 年 5 月 31 日，http://www.apecgender.org/Research_Show.asp?Type_ID=8。

② 林芳玫，《当代台湾妇运的认同政治：以公娼存废争议为例》，（台湾）《中外文学》，27 卷第 1 期，1998 年 6 月。

③ 刘毓秀，《女性主义国家/社会蓝图的绘制》，（台湾）《历史月刊》，2003 年 9 月号。

开始以性别政治主体的身份和其它力量、团体平等对话，甚至结盟，以达到更深层次的制度改革。在此，林芳玫引用了刘毓秀的说法：

陈水扁当选前，几位主打妇女权益诉求的台北市议员女性参选人一一落选，给了我很大的刺激，并促使我思考，妇运要如何研发更好的产品卖出去，换取选票。早期，我走的是所谓纯粹妇女运动的路线，如今我开始思考妇运基础扩大的可能性，这可能性包括，与和我们不太一样，但还可以合作的各方结盟。在这个层次上，我认为“普及主义的结盟路线”是很值得尝试的。所谓“普及主义”，是我们所研究开发的解决方案要能够尽量惠及所有的人，如此，任何一个政党或候选人都会想要将我们纳入，妇运的理想也才可能利用政治资源逐一落实；至于结盟对象，劳工、中产阶级以及政治、环保等社会运动组织是必然的，甚至，连资本家我都不觉得要排除。个人觉得，从寻找共识的角度（以代替过去冲突的角度）去思考运动的实践问题，是满必要的。①

这种政治化的趋势和积极介入选举政治的思考体现在90年代妇女运动的一系列行动中。在舆论影响上，妇女新知和女学会举办多场学术研讨会提出“宪政改革”声明，批评现存妇女政策，制造舆论，引起社会对女性这一政治主体的关注，也给政党和政府造成无形压力。在选举实务上，从1989年开始，妇女团体便在增额“立法委员”选举中，提出“妇女十大政见”，在该政见中，对许多现存的妇女政策及法律条文有所批评并提出妇女团体的改革建议。在妇女团体的带动下，隶属执政党的妇工会首次提出了相应的“八大妇女政策”；而国民党的女性候选人也联合提出了“十二大妇女政策”。1992年第二届“立法委员”选举期间，妇女团体与民进党联合组成“妇女选民政见连线”，提出女性“立委”候选人的“妇女联合政见”，提出要提升妇女在财产、工作、婚姻等方面的权利，并得到了国民党籍女性候选人的支持，实现了女性政治人物的跨党派联合发言。② 随后，妇女团体将这一行动扩大到所有的公职人员选举中。妇女团体通过公职人员选举，推出

① 转引自卡维波《“妇权派”与“性权派”的两条女性主义路线在台湾》，http://www.smth.edu.cn/bbsanc.php。

② （台湾）《联合报》，1992年11月7日。

各种政见给候选人尤其女性候选人，利用公职人员尤其民意代表的政治影响力，推动政策制定或改革的可能性。这表明妇女团体已经意识到妇女参政权乃至决策权对于根本改善妇女地位的重要作用，开始积极寻求与政治体制的政策对话。此外，妇女团体也与体制或政党合作，协助政党制定妇女相关政策，将妇女议题主张纳入执政者的政策或施政纲领当中，如 1994 年成立的台北市妇女权益促进会，就曾直接推动民进党执政下台北市相关妇女政策的施行。妇女团体与政治的互动关系日益密切，手法愈加娴熟，但问题也接踵而来。问题的出现始于妇女团体与台北市妇权会的合作，表面上是一些理念的歧异，实质上却是台湾政治中独有的蓝绿之争在妇女运动领域的延伸和体现。

在反对运动中崛起的民进党，一定程度上代表了台湾民众要求民主和改革的草根利益，比坐拥执政资源高高在上的国民党更能体会到民间社会的各项诉求。在戒严期间，正值妇女运动的初创期，妇女团体与政治保持等距，无论是执政党还是反对势力，都与妇女团体处于相互排斥中，作为另类教材的吕秀莲个案更强化了妇女团体与政治保持距离的心态。80 年代末，政治转型，妇女团体以平等主体的身份进入政治领域参与各项公共政策改革的讨论，当需要寻求合作伙伴时，标榜草根利益的民进党相对而言更容易得到妇女团体的信任。如前文所提及，范云的实证研究也表明，在妇女运动团体的世代交替中，90 年代以后的一代有着与早期妇女运动先驱迥然相异的生命形态，包括出身阶级、教育背景、族群构成以及政治认同，其中，1994 年以后加入妇女运动行列的人中有 68.8% 认同民进党，认同本土政权也维持同样高的比例①。

1994 年，陈水扁当选台北市长后，妇女团体与其合作推动台北市相关妇女政策的执行，成立了台北市妇女权益促进会。妇权会由台北市长担任主席，委员包括：六位市政府官员、六位妇女团体代表、六位专家学者，共十八人，每三个月开一次会，会中的提案与决议事项以市政府的名义送请有关机关处理或执行。在台北市社会局的配合下，妇权会的确做了一些事情，如

① 范云，《政治转型过程中的妇女运动：以运动者及其生命传记背景为核心的分析取向》，《台湾社会学》第 5 期，2003 年 6 月。

推动儿童托育联盟、参与“台北市工作就业歧视评议委员会”、“三党候选人政见评鉴会”等。但因台北市为民进党执政，妇权会不可避免地带有明显的本土色彩，由此开启了台湾妇女运动本土化中的意识形态之争。妇权会在定位上强调本身为一个“认同本土”的妇女团体，在各项妇女政策的推行上力求体现“台湾优先”的精神①，意识形态上明显有别于其他妇女团体。虽然妇权会一直期许自己要保持一个既争取资源又要监督政府的立场，即“在体制内做体制外的事情”，并声称“要强调民主意识、避免与政党挂钩，也就是不要将来选举的时候变成某人的后援会”②，但其“台湾优先”的政治宣示引来了妇女团体内部的纷争。有部分人认为，与政党过度密切的关系将使妇女团体失去主体性，面临被政党或政治人物收编的命运，持这种观点者有顾燕翎等③。但也有不少人认为，走向体制内改革，依附政党或政治领袖，提倡由上而下的“国家女性主义”，可以节省资源，更有利于妇女运动的目标实现。自称于民进党前妇女部主任彭婉如（也是一名妇女运动者）遇难后颜色转绿的林芳玫④认为，女性可以更积极地去参与政府或政党：

> “希望未来看到更多的姐妹加入各种不同的政党，让性别议题在校园、媒体、政府机构、政党等不同的场域开花结果。如果说大部分人对政党没兴趣，其实这也是全世界各国普遍的现象；但至少我们可以做到不要对政党反应过度，以致于把它看作是妇运纯粹的污染源，这样就太焦虑了。我很希望更多女性加入各种政党，在政党内部提出妇女政策，这样就可以形成不同政党的良性竞争，选民也有较多比较与选择的机会。目前民进党相较于其他政党较注重妇女权益，结果反而引来妇女团体更多的密切注意与检验，其他政党反倒不必接受检验”⑤。

---

① 王雅各，《台湾妇女解放运动史》，台北，巨流图书公司，1999年，232页。

② 女权会理事长黄淑英的话，转引自王雅各，《台湾妇女解放运动史》，台北，巨流图书公司，1999年，245页。

③ 顾燕翎，《检讨台湾女性主义论述——三十年来妇运的理论、路线与策略》，载于荒林主编的《中国女性文化》，No. 2，中国文联出版社，2001年9月；同样的辩论记录见于张晋芬《制度化之下的女性主义实践》，载于（台湾）《历史月刊》，2003年9月号。

④ 林芳玫是女学会第三届理事长（1995－1996年），2000年后出任“行政院青辅会主委”，2004年底去职。

⑤ 林芳玫，《彩色与无色：女性主义者多重身份的冲突与对话》，（台湾）《历史月刊》，2003年9月号。

妇女团体和政党或体制保持什么样的关系是个复杂的问题。在政府和政党为适应性别主流化而不断调整其妇女政策时，妇女团体如何做到在坚持监督政府的前提下，审时度势，发挥政治资源的最佳效用，成为新形势对妇女运动的又一考验。继妇女新知基金会转型之后，2002 年 9 月，女学会正式向台“内政部”登记，和妇女新知一样成为体制内的团体。一方面，“更有效地集结和发挥女人的集体性、批判性和创造性的力量”①；另一方面，和妇女新知一样，接受制度的相关规范，努力探讨制度化体制下妇女运动的有效途径。而政党政治的影响，不仅波及妇女运动，实际参与政治运作的女性政治人物更难以避免，形成当前台湾女性参政的一大困惑，这些将在后文加以探讨。

第三节　威权瓦解时期的妇女参政

国民党于 1986 年提出的“政治革新”及随后一系列政治解禁的措施，成为当代台湾政治发展的一个里程碑，对台湾社会的影响广泛而深远。“政治发展从来就不是自生自灭的，而是在一定的社会力量推动下产生的一种要求”②。虽然，国民党的政治革新乃至后来的解除戒严、“宪政改革”等一系列政治民主化的举措都是为了适应其在台统治的发展才不得已而为之，但它在客观上解开了威权体制加诸于人们身上的层层束缚，“中央民意代表”全面定期改选、“总统直选”为人们提供了用选票表达政见争取利益的机会，使人们在政治参与上狭窄逼仄的空间一下子开阔起来。同时，经过妇女运动多年的努力，性别平等意识已深入人心，妇女的工作权、参政权得到认可受到重视，女性开始以平等主体的身份进入政治生活等公共领域，更多的年轻一代活跃在各种公职人员选举中甚至跻身于“行政院”、“立法院”等权力机构。由此，我们看到，90 年代的台湾女性，在政治参与上爆发前所未有的热情，在公职人员、媒体政论中形成队伍逐日壮大的娘子军，成为影

① 张晋芬（女学会第九届理事长，2001—2002 年）语，见其《制度化之下的女性主义实践》，载于（台湾）《历史月刊》，2003 年 9 月号。

② 王沪宁，《比较政治分析》，上海人民出版社，1987 年，235 页。

响台湾政治运作的一支重要力量，女性参政进入了一个新的阶段。

一、威权瓦解下的政治机会

1987年国民党当局解除戒严放开党禁、报禁之后，国民党实施的“政治革新”并未结束，而是刚刚开始。解除戒严意味着国民党当局终于正面两岸关系发展改变的现实，不再以具有浓厚军事意味的“戡乱复国”为目标。但随着“戒严令”的解除，与此相应的一系列政策和制度都需要修改以适应解严后的新局势。“动员戡乱体制”的终结和回归“宪政”常态、“中央民意代表的全面改选”等问题接踵而来，“法统”不可碰触的禁忌已难以为继，种种问题迫使国民党由此开始了艰巨复杂的“宪政改革”工程。

1. “法统危机”

如本文第二章所述，早在蒋经国实行“本土化”过程中，“法统”和“本土化”之间不可调和的矛盾就已经显现。当时，国民党仍可以“战时”状况为名，在不触动“法统”完整性的前提下，对“中央民意代表”进行有限度的补充，既疏解台湾民众的不满，也为日渐老迈凋零的“国会”补充新鲜血液。但随着时间的流逝，这一保全“法统”完整性的补救方法面临着种种严峻的挑战。

首先，“资深民意代表”的老迈凋零让国民党当局回天无力。资深代表的任期虽然可以通过法律延长，但他们的寿命却终归有限。30多年的时光过去，当年选出的第一届“中央民意代表”已是垂垂老去，日渐凋零，讣闻见报的频率越来越高。1984年“国大代表”去世人数40名①，1989年又有59名“国大代表”辞世②，1988年逝世49人③，代表总数一再下降。定期增额选举的结果，仅仅是给国民党的“万年国会”注入一线生机而已，并不能挽救其老化衰朽的局面。据统计，到1986年12月，包括“增额代

① 《“中华民国”年鉴》（1984年），“国民大会”部分，“中华民国年鉴社”编印，1984年12月，113页。

② 《“中华民国”年鉴》（1988年），“国民大会”部分，“中华民国年鉴社”编印，1988年12月，147页。

③ 《“中华民国”年鉴》（1989年），“国民大会”部分，“中华民国年鉴社”编印，1989年12月，144页。

表”在内的“国大代表”平均年龄达74岁，“立委”71岁，“监委”70岁；70岁以上代表占“国代”的76.4%，占“立委”的68.6%，占“监委”的61.5%①。到80年代，这批在1947－1948年间选出的第一届“中央民意代表”，都已经有70岁以上。其中，1988年时，“国大代表”平均年龄为78岁，“立法委员”平均年龄为82岁，其中85岁以上者占半数；“监察委员”平均年龄为83岁（见表3－1）。80年代末，这批已届耄耋之年的代表，多是在家人搀扶下拄着拐杖或坐着轮椅出席会议，其议事效率可想而知。

老迈凋谢带来的问题，从“国民大会”选举“总统”的投票数、“立法委员”的质询次数、“监察委员”对公务人员的弹劾案中可见一斑。1978年蒋经国第一任“总统”选举时，有近1200名“国大代表”投票，六年后第二任选举时约为1000人，到了1990年李登辉选“总统”时，只剩下668人；“立法院”方面，在1981－1987年间，216位“资深立委”中，有158位连一次口头质询都没有，这从一个侧面印证了民众称“立法院”为国民党当局“橡皮图章”的讥讽；而“监察院”的弹劾案则由五六十年代的每年13件下降到七八十年代的每年二三件②，“监察委员”的无所作为由此可见。国民党当局高薪奉养的“资深代表”，因年老体迈，且长期不改选而致民意基础渐失，其主控下的“民意机构”渐成当局的“表决机器”和“民主摆设”，议事功能每况愈下，更遑论发挥监督制衡功能了。若任其发展，这些“国粹”终有一日会全部凋谢，那将使国民党视之神圣的“法统”立告终结，后果不堪设想。

表3－1　第一届“国会”名额变化表

	“国大代表”	“立法委员”	“监察委员”
法定名额	3045	774	223
1947－1948年间选出名额	2953	757	180
1950年来台名额	1578（a）	479（b）	138
1966年来台名额	1381	436	79

① 转引自杨立宪《台湾“法统”问题研究》，载于《台湾研究》，1993年第1期。

② 以上三组数据均出自孙代尧《台湾威权体制及其转型研究》，中国社会科学出版社，2003年，113页。

续表

	“国大代表”	“立法委员”	“监察委员”
1969 年增补选名额	15	11	2
1988 年时人数	922	312	67
1947－1948 年间选出者 1988 年时平均年龄	78	82	83

说明：（a）为出席 1954 年“国大”第二次会议的人数，其中已包括递补代表。

（b）包括“立法院”迁台前递补名额在内。1951 年 4 月后停止递补。

资料来源：1. 第 1－2 栏出自《“中华民国”选举史》，台北，“中央选举委员会”编印，1987 年 6 月，第 331、357－358、382－383 页。

2. 第 3－5 栏出自郑牧心《台湾议会政治 40 年》，台北自立晚报社，1987 年，118－122 页。

3. 第 6－7 栏出自《中国时报》、《中央日报》，1988 年 2 月 4 日。

另一方面，“宪政体制”的静止僵硬和社会变迁之间的矛盾日益激化，迫使国民党当局不得不进行相关政策的大调整。根据马克思主义宪法学基本原理，宪法是国家根本大法，又是一定社会经济基础的上层建筑，因此，既要保持一定的稳定性，又必须随社会发展变化而变化。宪法的发展变化一般通过修改宪法而达成。宪法修改的必然性源于宪法自身的两个基本矛盾：

第一，社会实践的变动性和宪法条文的僵硬性。宪法是特定历史时期阶级斗争的结果和总结，是统治阶级意志的集中表现。在敌对阶级已经消失的国家里，它也是不同阶层、集团力量对比关系的表现。随着社会的发展，各阶级阶层力量的强弱程度总会发生变化。相较于社会的发展变动，宪法条文的静止性终会导致它规范现实能力的滞后性，以至其不能在既有宪法的架构内容纳新兴的社会势力，或给予社会权力的新分配以及时恰当的反映，这是宪法修改的根本原因。

第二，根本法的完整性和具体条文的不完备性。宪法作为国家根本大法，对于国家性质、国家根本制度、政府和人民间权利义务关系、政权机构间分权制约等方面都有明确规定。但这些规定起的是纲领性作用，有些条文则有待于依法制定、颁行细则后才能付诸实施。这是决定宪法修改的又一个重要原因。

而作为宪法内容体现的政治形态、政治过程（或称“政治体制”），宪政体制也因宪法的静止而日渐僵硬。作为国民党当局“法统”载体的“宪政体制”，其法源为 1947 年制定实施的“中华民国宪法”和凌驾其上的

“动员戡乱时期临时条款”，象征机构则为三个“中央民意代表机构”。经过战后四十多年的经济发展和社会变迁，台湾社会的现实早已非 1947 年时候的“宪法”和“临时条款”所能定义，“法统”的修补成为历史的必然。

1986 年，国民党提出“政治革新”，其“充实中央民意机构”的议题引发社会各界的热烈讨论，全面改革“国会”的呼声日益高涨。1988 年 7 月国民党中常会核定“充实中央民意机构”的基本原则，包括：（1）在不设大陆代表的前提下，确定“增额中央民代”总额及分期扩充数额；（2）鼓励“资深中央民代”自愿退职；（3）对长期卧病或长居国外的“资深中央民代”，视为自愿退职；（4）停止原“一届国代”递补制度①。可见，国民党的立场，仍是在不触动“法统”的原则下对“国会”的充实。但是，凭“法统”进行专制统治所累积的民怨，已不是这种细枝末节的修补所能抚平，“局部改选并不能解决资深代表无限期留任问题，而且中央民意代表机构不采合议制，以少数局部改选的新血输杂在旧血中，实际又能发挥多少作用?”②。40 多年的时间里，国民党以“代表全中国”的“法统”行统治台湾之实，以威权体制为护身符保护其对岛内政治资源的垄断，到了 80 年代末，台湾民众已经无法再容忍这样的事情 。经过 50、60 年代的经济复苏、政治高压，70 年代的经济腾飞、教育普及，民众政治参与意识上扬，对政治的恐惧心理逐渐改变。到 80 年代后期，在解除戒严、开放党禁、报禁的自由气氛中，人们对国民党专制统治的不满表面化、公开化，解除威权体制的呼声日益高涨，对“宪政体制”细枝末节的修补已经不能满足人们的要求。而与此同时，威权体制下“宪政”机制的多年积弊也日渐严重，并随着国民党内派系利益分化而导致各种利益冲突层出不穷，愈凸现了原有体制的僵化和根本变革畸形“宪政体制”的紧迫性。1990 年，围绕“正、副总统候选人”提名问题，国民党内发生分歧，并在当年“国大”会议期间被引爆。“资深国代”趁机扩权，造成“宪政”危机空前严重，引发大规模的学生运动和社会各界的强烈反弹，成为台湾“宪政体制”发展的转折

① （台湾）《中央日报》，1988 年 2 月 3 日。

② 朱云汉，《“国会”结构、“国会”改革与政党政治》，见萧全政主编，《改革宪政》，台湾“国家政策研究中心”，1990 年版，第 161 页。

点。在社会舆论的强大压力下，国民党内达成召开“国是会议”、“修宪”、“全面改选”的共识，打开了“法统”不可碰触的禁忌，转而采行“修宪”方针，正式提出“宪政改革”的政策，拉开了“宪政改革”的序幕。

2. “宪政改革”：政权全面开放

1990年6月底，“国是会议”如期召开，最终在五个议题上达成原则性共识：（1）“国会”全面改选；（2）“地方制度”法制化；（3）“总统”民选；（4）终止“动员戡乱时期”，废除“临时条款”，由具有民意基础的机关以法定方式修改“宪法”；（5）以台湾人民的福祉为前提，推动两岸为“对等政治实体”，设立政府授权的“中介团体”，负责两岸交流事务，功能性交流从宽，政治性交流从严①。随后，国民党提出“一机关二阶段”的“修宪”原则，即由第一届“国大”进行“程序修宪”，并赋予第二届“国大”法源，再由第二届“国大”进行“实质修宪”。

1991年4月，台湾“第一届国民大会二次临时会议”召开，进行第一阶段“修宪”。第一次“修宪”主要是为重建国民党政权统治的正当性做好各项法律准备工作，以确立未来政治生活中新的游戏规则。其主要内容为：确定第二届“中央民代”产生的方式、任期等，并由第二届“民代”进行第二阶段“修宪”；决定结束“动戡时期”，并赋予相关法律调整的法源；授权政府制定相关法律，规范两岸人民交往等。其中，“终止动员戡乱时期，废除临时条款”是第一阶段“程序修宪”的重大成果之一。所谓“终止动员戡乱时期”，即停止实施国民党政府于1947年7月4日“第六次国务会议”上通过的“厉行全国总动员，以戡平中共叛乱，如期实施宪政”的方针，包括废止和停止构成“动员戡乱法系”的150种左右的法律、法规和命令。其中主要有：（1）有关“反共戡乱方面”的，如“国家安全法”、“检肃匪谍条例”；（2）有关民众民主权利方面的，如“集会游行法”、“人民团体法”；（3）有关经济方面的，如“在台公司沦陷区股东股权行使条例”、“沦陷区工商企业总机构在台湾原设机构管理办法”等。以上法律、法规、法令中，有的全文废止，有的做进一步的修订调整以适应台湾社会现实需要。所谓“废止临时条款”，即废除前述1948年4月18日“国大”通

① （台湾）《中央日报》，1990年7月12日。

过的具有“宪法”补充条款性质的“动员戡乱时期临时条款”。该条款在国民党政权抵台后曾进行过四次修订，使“总统”职权得以一再扩张，“每一次修订都大幅扩大总统职权而任临时条款变成学者所谓的强人政治之温床”①。如今这一废除，其于台湾政治生活的实际意义是：停止赋予“总统”无限期连选连任、享有至高无上权力的“非常时期”的做法，恢复正常统治状态下“宪法”关于“总统”连选只能连任一次的规定。这样，“动员戡乱时期临时条款”的废除，使“总统”选举及权限成为废除临时条款后亟须解决的主要问题，并成为第二阶段“修宪”斗争中的焦点。

第一阶段的“程序修宪”结束后，1991年底，台湾进行了“二届国代”的全面改选，由选出的“第二届国大”进行第二阶段的实质“修宪”。1992年，致力于统治机构调整的第二次“修宪”开始进行。其主要内容为：把“总统”选举方式由“国大”选举改为公民选举；对“中央政府机构”职权作了重大调整，其中“国大”增加对“司法院”、“考试院”、“监察院”院长人事同意权及听取“国情”报告、检讨“国是”等权力；“监察院”人事权遭削弱，由民意机关变为准司法机关；地方制度方面实施“地方自治法制化”，举办省、市长民选等。第二次“修宪”打破了原有“五院”机构间的分工制衡关系，“宪政架构”与原有“五权架构”的偏离开始出现。

由于第二次“修宪”中的“总统”选举之争未能解决，衍生出1994年7月第三次“修宪”。其主要内容为：确定“总统”选举方式为公民直选；对“中央政府机构”也作了补充调整；“行政院”的重大人事副署权遭削弱；“国大”成为常设机关，设议长、副议长，经“国代”互选产生，掌握“修宪”主导权的国民党中央借此安抚失去“总统”选举权的“国代”情绪；“考试院”职权被削减，“宪政架构”开始与“五权体制”渐行渐远。

因对“中央政府”机构的补充调整未尽完善，而“中央政府”与省级地方政府功能重叠的问题又一再显现，形成“宪政僵局”，成为第四次“修宪”的契机。1997年8月第四次“修宪”的主要内容为：“总统”取得“阁揆”任命权、解散“国会”权，“立法院”换到了“倒阁”权；地方制度方面是“冻结省级选举”。1997年“修宪”，“总统”和“立法院”在

---

① （台湾）《联合报》，1991年4月23日。

“宪政体制”中的地位双双得到巩固，被台学者称为“倾向总统制的双首长制”，原有的“五权架构”开始面目全非。

1999年9月，台“国大”第五次“修宪”通过了引发台湾社会各界强烈反对的“延任自肥案”，其主要内容为：“延长总统、国代、立委任期至2003年6月30日为止”，消息传出，舆论哗然。后来，部分“立委”提出“声请案”，“司法院大法官会议”于2000年3月提出“释字四九九号解释”，宣布“国大”延任自肥的“修宪”决定因“违宪”而无效。而“国大”议长苏南成则因此引咎辞职，并受国民党开除党籍处分。经此事后，“国大”彻底丧失了公信力，面临或改选或废除的命运。

2000年4月，“国民大会”进行第六次“修宪”，决议并通过了“国大虚级化修宪案”，其主要内容为：“国大”虚化为任务型复议机构，任期为一个月，复决“立法院”所提“宪法修正”案、“领土变更案”；议决“立法院提出之‘总统’、‘副总统’弹劾案”，原有的“修宪提案权”、“‘司法、考试、监察三院’人事同意权等重大职权均悉数移转‘立法院’”。

2004年8月，经过历次“修宪”而取得“修宪提案权”的“立法院”首次展开“修宪”，在“改革”的口号下，最后通过了“立委席次减半”、“单一选区两票制”、“废除任务型国大”和“公投入宪”等四大议题，决定改革“立法委员”的选举制度，并废除“国大”，将其拥有的“修宪”案、“领土变更案”复决权转为公民投票复决，“总统副总统”弹劾案则经“立法院”投票表决后由“宪法法庭”审判定案。这一“修宪”案在2005年6月7日获得“任务型国大”确认通过，备受争议的“国大”至此走入了历史，卸去了“维系中华民国法统的最后一道闸门”①。

经过前后七次“修宪”，台湾当局“宪政体制”发生重大变化，各权力机构间职权互有消长，“总统”和“立法院”的职权双双得到加强。国民党政权则藉此摆脱了其在合法性上所受到的质疑，实现了国民党政权的“台湾化”。从政权所需的民意支持度来说，这一改革拉近了国民党和台湾民众的距离，使其摆脱了困扰多年的“法统”危机。在这一“还政于民”的政权全面开放过程中，大量释放出来的政治资源为岛内民众参政提供了更为广

① 张文生，《台湾“国民大会”制度的历史演变》，《台湾研究集刊》，2000年第4期。

阔的空间，更给有志于此道的政治人物提供了大量的政治机会。其中，包括选举范围的扩大与层次的提升，如“国会”全面改选、“总统”由“国大”选举改为公民直接选举等，以及各种竞争制度的修订与健全，都给岛内的各种政治势力提供了渠道，得以在政治秩序重组过程中重新分化组合。

紧随“宪政改革”而来的各项选举中，首先登场的是“国会”的全面改选：在资深“中央”民意代表全部退职后，1991 年 12 月举行第二届“国大代表”选举，次年 12 月进行第二届“立法委员”选举。其后各项地方领导人选举接踵而来：1994 年 12 月举行台湾省长、北高市长选举，1996 年 3 月“总统”民选，等等。名目繁多的选举成为政治生活中的一大要事，并使政党竞争在较大的范围与较高的层次上进行，选票多寡与政权得失也有了直接联系。汇聚了早期反对势力精英的民进党迅速成长壮大，在各项公职选举中一路攻城略地，成为国民党执政的最大竞争对手。

1997 年十三届县市长选举结束后，民进党第一次在主要的选举指标上超过了国民党：国民党主政的县市由 15 席跌为 8 席，所管辖的人口总数只占 23 个县市总人口的 19. 1%；相反，民进党执政的县市由选前 6 席增加为 12 席，包括 4 个辖市和主要的都会地区，所辖地区人口总数占 23 县市总人口的 73. 2%；而在全部选票中，民进党的得票率为 43. 3%，超过国民党的 42. 1%①。选后台湾各大媒体都断言，台湾已是“蓝天变绿地”，就是在这种“地方包围中央”的政治情势下，2000 年民进党又一举赢得“总统”选举的胜利，实现了台湾的政党轮替，并且把政权延续至 2008 年。随着台湾政治转型的完成，国民党背负多年的“法统”骂名终得以卸去，喧嚣多年的“法统”存废争议平息下来，但取而代之的是以国民党和民进党为代表的蓝、绿两大阵营之间的意识形态之争，且愈演愈烈，成为政治转型以来台湾政坛挥之不去的梦魇。依靠选举起家的民进党，蓄意炒作国民党执政的诸多流弊，在“清流”与“黑金”、“草根”与“权贵”、“台湾”与“中国”的选举文宣战中把族群矛盾无限扩大化，造成岛内“只问蓝绿、不问是非”的恶劣政治文化。这种蓝绿之争延伸到女性主义运动乃至女性参政过程中，

---

① 参见台湾“中央选举委员会”“选举资料库”；另参见范晓军《民进党急剧衰敝的政治发展脉络——岛内“二次政党轮替”的民意逐渐浮现》，《台湾研究集刊》，2006 年第 2 期。

成为当代台湾女性参政过程中一个至关重要的影响因素。

二、各级公职人员选举和妇女直接参政

90 年代台湾政治转型给妇女参政带来的直接好处就是各种选举的范围扩大和层次提高，如最高民意代表机构的定期全面改选、台湾地区领导人的直接选举等，使包括妇女在内的普通民众的政治参与空间骤然大增，给有志于政治参与的年轻女性提供了大量机会，也使得台湾政治舞台上活跃着越来越多不让须眉的巾帼女杰。高层权力资源的开放使这一时期最高民意代表和北、高市议员的选举吸引了大批的女性，也使本文对这一时期女性参政的观察得以提到一个更高的层面上来进行。

1. “中央民意代表”选举女性参选情况

1987 年解除戒严之后，人们压抑多年的政治能量如决堤的洪水，一发不可收拾。1989 年包括“立法委员”增额选举在内的五项公职人员选举给跃跃欲试的人们提供了一显身手的机会。随后，国民党主导下的“宪政改革”拉开序幕，1991 年资深“中央民意代表”全部退职，1992 年开始进行“中央民意代表”的全面定期改选，一向高不可攀的庄严“庙堂”不再那么遥不可及，“国会议员”的荣耀地位和权力资源极大地激发了人们的参政意愿。随着“宪政改革”的逐步进行，“监察院”成为准司法机关，“国大”功能职权渐渐虚级化终至最后废除，其重大职权大部分转移到“立法院”，“立法院”的地位愈显重要，拥有议决法律案、预算案、人事案等重大职权，成为政党的兵家必争之地，也吸引众多女性政治人物投入角逐。

1991 年，台湾当局在“程序修宪”过程中制定出来的“宪法增修条文”明确规定，“国民大会以及立法院于选区应选名额在五人以上十人以下者，设有妇女保障名额一席，超过十人者，每满十人再增一席。其余地方民代则于相关地方法规中规定”，将原有的“妇女保障名额”制度具体化。同时，得益于妇女运动团体的积极奔走，以及在开放的政党竞争中吸引妇女选票的需要，一定比例的女性候选人成为各个政党在提名候选人时不得不考虑的因素。诸多因素交互作用，既给女性参政提供了机会，也强化了鼓励女性参政的社会氛围。如下表显示，妇女参与“立法委员”选举的积极性逐渐提升，参选率逐届攀升，带动女性“立法委员”比例的总体提升。

这里要特别提到的是2005年通过的第七次“修宪”案。这次“修宪”案攸关最高民意代表选举的部分内容为“立委减半”、“单一选区两票制”，即：“立法委员”席次由现有的225席减半为113席，任期由三年改为四年；“立法委员”选举制度改采单一选区两票制。在此之前，台湾“立法委员”的产生，长期采用的是复数选区单记不可让渡制的选举制度。占总席次近三分之二的席次为选票选出的“区域”代表，选举时，每位选民只能投一票且选票不能在候选人之间互相转移，依票数高低决定区域“立委”当选人。“不分区及侨选代表”的产生，则是将政党比例代表依附在区域“立委”的选票上，由在区域“立委”选举总得票率超过5%的政党根据得票率分配一定的名额。在新的单一选区两票制度下，所有的选区都改成应选名额为1的单数选区，选民在选举时可以投两票，一票给区域“立委”候选人，一票给政党，以让达到5%门槛以上的各政党依此得票率分配“不分区及侨选代表”名额。这一新的选举制度于2008年1月12日选举第七届“立法委员”时首次实施。这一新的制度，对女性参政的重大影响是，采行单一选区后，“妇女保障名额”自动失效。在新的单一选制下，多元代表性受到排斥，女性在原有中大选区获得提名的优势不再存在，更加依赖政党的提名与支持。但失之桑榆，收之东隅，这次“修宪”同时提出了对女性参政具有重大意义的关于不分区代表部分女性的提名比例问题。关于不分区代表的提名，第七次“修宪”的条文里明确规定：“各政党不分区的女性当选人不得低于二分之一”。无疑，这一规定极大弥补了女性在单一选区难以获得政党提名的缺憾。① 得益于此，这一届“立法院”甚至创下了女性当选人比例达30.09%的历史新高，达到了女性参政人数发挥作用的“关键比例”

① 本届女性“立委”高达30%的创历史纪录的新高比例完全得益于国、民两党在不分区部分女性皆高达50%的提名比例（即在不分区当选部分，国民党的20名就有10名女性，民进党的14名也有7名是女性），区域选举部分女性提名比例则严重偏低，国民党提名女性比例为18%，13位女性候选人有11人上榜，民进党提名女性比例为15%，11名女性候选人5人上榜，也就是说，两党女性候选人的当选比率都远远高于该党的平均当选率，因此，能否获得政党提名成为女性参选“立委”的首道门槛。详见拙作《从“立法委员”选举看当代台湾地区女性参政中的资源因素》，《台湾研究》，2008年第2期。

或“临界点”。① 因此，笔者的观察结果一如台湾学者杨婉莹所言，“未来女性参选立委，最主要需要克服的门槛仍在党内的父权文化”。②

表 3－2　“立法委员”选举女性参选概况（1987－2008）

年别	候选人数			妇女保障名额	当选人数		
	总数	女	%		总数	女	%
1989 年	302	26	8.60%	7	101	14	13.86%
1992 年	403	46	11.41%	13	161	17	10.55%
1995 年	397	50	12.59%	13	164	23	14.02%
1998 年	498	86	17.26%	15	225	43	19.11%
2001 年	584	110	18.83%	15	225	50	22.22%
2004 年	492	96	19.51%	15	225	47	20.88%
2008 年	423	121	28.61%	无	113	34	30.09%

资料来源：1. 台湾政治大学选举研究中心 http：//vote. nccu. edu. tw/cec/cechead. asp。

2. 黄秀政，《战后台湾妇女参政问题的检讨——以妇女保障名额制度为例》，《台湾文献》第 56 卷第 1 期，2005 年 6 月。

3. 周碧娥，《台湾妇女与政治：1985－1994》，见王雅各主编《性属关系（上）：性别与社会、建构》，台北，心理出版社，1999 年。

表 3－3　“国大”代表选举女性参选概况③（1987－2008）

年别	候选人数			妇女保障名额	当选人数		
	总数	女	%		总数	女	%
1991 年	627	74	11．80%	28	325	42	12．92%
1996 年	432	79	18．28%	29	234	43	18．37%

资料来源：同上。

① 关于女性参政人数发挥作用的“关键比例”或“临界点”，美国妇女运动领袖、知名的政治学者 Jo Freeman 女士在 1995 年赴台参加“第二届妇女参政生活营”时指出，只有当女性在议会与行政决策部门，占有 25% 到 30% 的比例时，从政女性才能真正发挥作用，对社会产生实质改变。参见《妇女新知通讯》第 162 期，1995 年 11 月，第 4 页，转引自彭渰雯，《参政篇》，妇女新知基金会主编《1999 台湾女权报告》，妇女新知，2000 年，83 页。但也有其他学者认为该比例为 30%－35%，参见李英桃《社会性别视角下的国际政治》，上海人民出版社，2003 年，329 页。

② 杨婉莹，《矛盾的女性关键多数》，（台湾）《中国时报》，2008 年 1 月 31 日。

③ 关于“国大”选举部分，2000 年 4 月台当局第六次“修宪”后，“国大”进一步虚级化，虚化后的“国大”不再定期改选，成为非常设、功能性、任务型的复决机构，复决“修宪”案、“总统副总统”弹劾案等，根据议题需要临时依政党比例代表制选举产生，不再保留妇女保障名额。因此，为最后一次集会而进行的 2005 年任务型“国大”选举不在文本讨论的范围之内。

如上表所示，90 年代开始，台湾地区开始进行“中央民意机构”的全面改选，1991 年进行第二届“国大代表”的选举，1992 年进行了第二届“立法委员”的全面改选。此后，“立法委员”每三年改选一次，至今已经进行了五次全面改选，第六次改选即第七届“立委”选举将于 2007 年底进行。根据历次“立法委员”选举统计资料显示（如表 3－2），90 年代以来，女性积极投入“立法委员”的选举中，参与人数与当选人数都在增加，参与率与当选率也在逐渐提高。与 70 年代到 80 年代中期的 10% 左右相比，这一时期，无论在“国大代表”还是“立法委员”的选举方面，女性在候选人总数中所占百分比的参选率和当选女性所占百分比的代表比率都稳定在 10% 以上，而女性“立法委员”在总席次上所占的比例则逐年递增，由 1992 年的 10.55% 上升到 1995 年的 14.02%，再到 1998 年的 19.11%，在 2001 年第五届“立法委员”的选举中，女性代表率提高到 22.22%，而在 2008 年的第七届“立法委员”选举中，女性“立法委员”更占了总席次的 30.09%，创下“立法院”女性比例的新高。当然，如前文所言，这届女性“立法委员”人数的新高比例完全得益于国民党、民进党两党在不分区部分对女性高达 50% 的提名比例。

另外，在此前的几届“立法委员”换届选举中，相较于妇女保障名额的稳定不变，妇女当选人数在稳定上升，当选人数与保障名额之间的差距在逐渐拉大，依靠妇女保障名额当选的人越来越少，甚至有不少女性候选人以傲人的亮丽成绩当选。如，1998 年当选的 43 席女性“立法委员”中，扣除政党比例代表制产生的 8 名，其余依靠选票当选的 35 名“区域立委”中，只有台中县国民党候选人杨琼樱一人依靠保障名额当选，其余当选者都是自食其力选上，甚至其中还有不少女性候选人拿下所在选区第一、第二高票，如台北市的秦慧珠、彰化县的翁金珠和嘉义市的黄敏惠都拿下了所在选区的第一高票；台北市的王雪峰、二选区的李庆安、高雄市黄昭顺、台北县周雅淑、桃园县朱凤芝、云林县曾蔡美佐、嘉义县萧苑瑜、台中市卢秀燕和平地少数民族的章仁香都取得了所在选区的第二高票①。

在 2001 年第五届“立法委员”选举中，所有当选的女性候选人，都没

① （台湾）《联合报》，1998 年 12 月 6 日。

有依靠保障名额当选。甚至，有些还以选区的第一、第二高票当选，如高雄县的林岱华、彰化县游月霞、台北县李庆华，分别以所在选区第一高票当选；台南县的叶宜津、台北市李永萍获得所在选区第二高票①。在2004年第六届当选的女性“立委”中，除台南县的叶宜津依靠保障名额当选外，其他女性表现突出：有5人得到所在选区第一高票，分别为台北县雷倩、台中县谢欣霓、云林县张丽善、嘉义市黄敏惠、台南市唐碧娥；4人以选区第二高票当选，她们是台北县洪秀柱、桃园县朱凤芝、台南市黄昱婷和山地少数民族选区的高金素梅②。应该说，随着选举范围的扩大和层次提高，女性参政层次也随着提高，人数同步增长。

在这些踊跃参选的女性政治人物中，仍以有政治家族背景或现任优势者为多。比如，在1998年第四届“立法委员”选举中，参加“区域立委”选举的60名女性候选人中，有三分之二以上的人具有政治家族背景，而具有现任民意代表优势的更多达41人③，以台中市的四位女性“立委”候选人为例，除了谢启大、沈智慧以外，卢秀燕与许幸惠都有从政的丈夫，表明家族势力对女性参政仍具有举足轻重的影响作用，新人出头仍需更多努力。当然，也仍有其他女性不靠派系和家族势力，仅仅通过参加社会运动，依靠媒体来为自己创造政治资源，如2001年当选“立法委员”的陈文茜等。正如台湾学者彭渰雯所言：“解严以后，随着政治的开放与民主化，女性参政的动机与背景渐趋多元，承继家族政治资源者虽仍不在少数，因为参与社会、政治改革、学生运动甚至妇女运动，而进一步决心参政的女性，也随着政党政治的发展而有较大的空间”。④

基本上，从以上这些平面数字的观察可以看到其中社会权力资源分配朝两性平等方面发展的趋势。只是，随着2005年第七次“修宪”后选举制度的改变，从2008年起，台湾“立法委员”选举开始采取“单一选区两票

① （台湾）《中央日报》，2001年12月2日。

② （台湾）《联合报》，2004年12月12日。

③ 参见陈菊《台湾妇女的政治参与》，http://taiwan.yam.org.tw/nwc/nwc4/papers/99nwc_301.htm。

④ 彭渰雯，《参政篇》，妇女新知基金会主编《1999台湾女权报告》，妇女新知，2000年，83页。

制”。笔者曾经根据台湾选举制度的实际运作，以及特有的选举文化，结合政党的提名策略和选民投票心理进行综合分析，认为复数选区有利于边缘族群和弱势团体，如小党或女性候选人①，单一选区的制度设计明显不利于女性参选，也影响政党提名意愿和选民投票心理。由 2008 年的“立法委员”选举结果观察，似乎不分区部分二分之一的女性提名比例给了女性更大的保障。只是，这一新制度刚开始施行，其对女性参选的长远影响仍有待于进一步观察。

2. 地方选举女性参选情况

地方制度也是“宪改”中的又一重要议题。从国民党政权迁台到 90 年代期间，台湾只是在非常体制下“试行地方自治”，只办理乡镇市长、乡镇市民代表、县市长、县市议员、省市议员的选举。在 1990 年的“国是会议”上，“地方制度问题”成为“宪政改革”的五大议题之一。1991 年结束“动戡时期”，进入“完全行宪”，回归“宪法”常态，地方自治提上议事日程。1992 年第二次“修宪”通过有关省、县自治的规定：（1）省设省议会，县设县议会，省议会议员、县议会议员分别由省民、县民选举之；（2）属于省县之立法权，由省议会、县议会分别行使之；（3）省设省政府，设省长一人，县设县政府，设县长一人，省长、县长分别由省民、县民选举之；（4）省与县之关系；（5）省自治之监督机关，为“行政院”，县自治之监督机关为省政府②。1994 年 7 月，台“立法院”三读通过了《省县自治法》和《直辖市自治法》，使长久以来一直处于法律真空状态的台湾地方自治获得了法源基础。同年底，台湾举行首届省长选举，国民党中生代政治明星宋楚瑜高票当选为台湾省省长，台北市、高雄市也分别进行了改制后的首次市长选举，民进党人陈水扁藉国民党阵营分裂赢得台北市长选举，国民党籍吴敦义当选高雄市长。自此，台湾地方自治开始步上正轨，“台湾地方自治已由昔往的监护型地方自治，进入‘自由化’与‘民主化’的转型阶

① 参见拙文《试析台湾“立委”选举制度对女性参政的影响》，《现代台湾研究》，2004 年第 3 期。

② （台湾）《联合报》，1992 年 5 月 30 日。

段”①。

台湾的省级地方自治，刚施行不久，就衍生出种种问题，如“中央”和地方权限间矛盾冲突，加上政治人物的权谋和统独之争，由此引发了一场“冻省”与反“冻省”的大战。1997 年，国民党与民进党在“冻省”换取“行政院长”人事权的政治交易下，合力完成了第四次“修宪”，由“国民大会”通过的“宪法增修条文”第九条规定：

“一、省设省政府，置委员九人，其中一人为主席，均由行政院院长提请总统任命之。二、省设省谘议会，置省谘议会议员若干人，由行政院院长提请总统任命之。三、县设县议会，县议会议员由选民选举之。四、属县之立法权，由县议会行之。五、县设县政府，置县长一人，由选民选举之。六、中央与省、县之关系。七、省承行政院之命，监督县自治事项。第十届台湾省议会议员及第一届台湾省省长之任期至 1998 年 12 月 20 日止，台湾省议会议员及台湾省省长选举自任期届满日起停止办理。”②

这一增修条文否定了“省县自治法”，将台湾省重新定位为“行政院”的派出机构，不再具有地方自治团体的身份，从而使得刚刚实行几年的完全的省、县（市）、乡三级自治又变成了县（市）、乡二级自治。虽然省级公职人员选举取消了，但由于这一时期“中央民意机构”全面开放选举，加上地方自治选举方面已经摆脱国民党的一党操控，女性参政的积极表现并不因省级选举的取消而受到影响。由于选举的范围和层次提高，本章对这一时期地方女性参政的观察，将集中于省市一级的公职人员选举，至于县市选举，因层次太低，且限于资料，不再讨论。

从表 3－4、3－5 和 3－6 来看，发现 90 年代以来，女性参政在地方各级民意代表选举中有着和“中央”选举趋同一致的表现，女性的参选意愿提高，当选人数中的女性比率在上升，无论是参选中的女性比率还是当选人中的女性比率，都在 10% 以上稳定增长，2000 年以来更稳定在 20% 以上，

① 陈朝建，《民主转型与地方自治法律——论省县自治法应有之修改》，载于《台湾地方自治实施之回顾与展望学术研讨会论文集》，台湾，东海大学政治系编印，1997 年。

② “中华民国宪法增修条文”，（台湾）《中国时报》，1997 年 7 月 19 日第 4 版。

较之70、80年代是一个明显的进步。其中，省议员选举方面，女性参选表现不俗，早在1994年时就已达到20.3%的女性代表率，比同时期的台北、高雄都高，只可惜1994年以后未再继续举行，无法继续追踪观察。综合来看，台北市的女性参政最为活跃，在1989年女性市议员所占比例就已达到19.6%，远较同期的高雄市为高；这个比例在1994年稍微下滑，随后从1998年起就稳定在33%以上，其民意代表中的性别分布既比同一时期“中央民意代表”合理和更接近两性平衡，更把同一时期女性比例尚在10%－20%之间摇摆的高雄市远远甩在了后面。

表3－4　历届台湾省议会议员选举女性参选概况（1987－2008）

时间	候选人数			妇女保障名额	当选人数		
	总数	女	%		总数	女	%
1989年	157	31	19.8%	9	77	14	18.2%
1994年	176	32	18.2%	9	79	16	20.3%

资料来源：同上。

表3－5　历届台北市议会议员选举女性参选情况（1987－2008）

届别	候选人数			妇女保障名额	当选人数		
	总数	女	%		总数	女	%
1989年	100	24	24%	6	51	10	19.6%
1994年	145	29	20%	6	51	6	11.8%
1998年	110	28	25.45%	6	52	17	33.3%
2002年	113	30	26.55%	9	52	17	33.3%
2006年	103	31	30.09%	9	52	19	36.5%

资料来源：同上，另加《联合报》2006年12月10日选举资料。

表3－6　历届高雄市议会议员选举女性参选概况（1987－2008）

时间	候选人数			妇女保障名额	当选人数		
	总数	女	%		总数	女	%
1989年	94	15	16.0%	5	43	6	14.0%
1994年	129	16	12.4%	5	43	6	14.0%
1998年	105	15	14.29%	5	44	5	11.4%
2002年	114	19	16.67%	9	44	10	23.3%
2006年	77	26	33.76%	9	44	16	36.4%

资料来源：同上。

从当选人数来看，除了1994年的选举当选人数与保障名额等同，此后的各届选举中女性当选人数都远远超出妇女保障名额，2006年的选举更选出19名女性议员，是保障名额9名的两倍以上；高雄市的女性参选表现稍微逊色，虽然女性议员所占比率总在10%以上，但从保障名额与当选人数差距来看，从1989年到2002年的四届选举中，当选人数都只等于或略略超过保障名额1名。就对保障名额的依赖程度来看，在1998年的市议员选举中，台北市议员并没有女性候选人因为妇女保障名额当选，甚至还选出了台湾地方自治史上第一位女性议长吴碧珠；高雄市则有两位女性议员是在妇女当选名额保障下当选：一位是民进党籍女性候选人陈伶俐，另一位是国民党籍女性候选人吴林淑敏。①

两个地方女性参政的差异经历或许可以从两个地方的社会结构和历史脉络比较中找到部分原因。台北是大都会区，长期以来是台湾的政治经济重心，外省军公教人员众多，教育程度较高，中产阶级庞大，更是妇女运动的发源地，并且台北市从1969年就开始举办市议员选举，民众政治参与意识普遍较强，对于定期举办的民意代表选举几乎可以说是训练有素；而高雄的发展起步稍迟，选民草根性和地方性较强，一定程度上具备了学者们所指称的“南方政治”的政治性格：质朴、热情、直率、爽快，也比较倔强、硬颈、骨气，讲究情义相挺、博感情，渴求公平、平等，希望受到尊重，乡土情感深厚，草根性强，相较于北部，平均受教育程度稍低，观念上略显保守，敦厚亲族，重视友朋，宗族观念、地域派系意识较为浓厚，相对较易受到地方派系、宗亲和家中男性尊长的影响，② 故而女性参政积极度难免偏低。民进党执政后，改变国民党重北轻南的方针，加上全球女性主义运动的影响日巨，这种差距在刚结束的2006年市议员选举中似乎得到消弭，但确切的结论则有待于后续的进一步观察才能下定。在这次的选举中，两地女性参选都开创新局，台北市选出了19名女性议员，高雄市选出了16名女性议员，比例分别为36.5%和36.4%。甚至，在高雄市长选举中，民进党的陈

① （台湾）《联合报》，1998年12月6日。

② 王茹，《台湾南部的社会政治环境与民进党的政治版图——兼对“南方政治”定义的探讨》，《台湾研究集刊》，2007年第2期。

菊以些微差距战胜国民党的黄俊英，成为政治转型以来台湾地方自治史上首位民选的女性市长，对于女性参政具有重要的指标意义。

3. 同期女性参政述评

80 年代后期以来的台湾，处于社会转型期中，威权政治彻底瓦解，工业化、都市化为主体的社会结构已经形成，选民的主体意识增强，相较于 70 – 80 年代的臣属型向参与型过渡的双重政治文化性格，这一时期的政治文化已经形成完全的参与型政治，并且形成政党竞争的机制。威权体制彻底瓦解带来政治资源的重新分配，种类名目繁多的各式选举成为女性参与竞逐的场地。虽然传统的地方家族、山头派系和黑道势力仍然以不同的形式介入地方基层甚至“中央”级别的各种选举，但总体上政治机会的大量增加为女性参政创造了良好的外在条件。

在累积经验和能量的基础上，90 年代台湾的妇女运动蓬勃发展，顺着全球社会性别主流化的潮流，搭着台湾政治民主化、本土化的顺风车飞速发展，长袖善舞，不但妇运本身走进了一向保持距离的政治，把大量本来难登大雅之堂的与女人相关的话题推进到公共政治论述中，更让大量女人异军突起在一向为男性所把持的政治场域中，成为妇运成果辉煌的另一见证。

在开放的政党竞争中，妇女团体一改 70 – 80 年代与政治保持距离的小心谨慎，开始积极奔走于政府机关、党政团体中，利用各种公职人员选举的机会，推出与妇女相关的各种政见，顺利促成多项相关政策法案的通过。社会政策制定过程由男性绝对主导向两性共同参与转化，妇女团体日渐成为其中的重要影响因素。同时，在性别主流化的国际潮流推动和妇女运动多年宣传教育下，两性平等意识深入人心，妇女的人身权、工作权和参政权受到重视，广大女性参与社会公共事务的积极性有所提高，连带使投身政治生活的年轻女性增多。

这一时期的女性参政体现在选举政治上，表现为参与各种选举的女性候选人迅速增多，当选人数同步增长，女性在各级民意机构所占比例逐年逐届提升。随着女性参政能力的提升，不少女性候选人在选举中表现突出，不但没有依靠保障名额当选，反而以选区的第一或第二高票当选，选举表现相当出色。在当选的女性政治人物中，虽仍以有家族背景者或现任优势者为多数，但其他通过参加社会运动或依靠媒体积累自身政治资源的新人也越来越多，如陈文茜等。客观上，政治转型所带来的政治机会成为这一时期普通民众包括女性踊跃参政的主要动力。但在当前台湾的选举制度下，随着政党竞争的开放和激烈化，参与公职竞选的政治人物与政党的联系越发紧密，女性也不例外。也就是说，在当前女性政治参与过程中，政党因素的卷入和影响越来越深。因此，政党成为这个时期女性参政的一个重要影响因素。前文从数字的变化来描述了女性在各级民意机关中的代表率变动情况，初步考察了政治资源在两性间分布的变动情形。但对当前女性参政的具体表现进行考察分析则离不开对政党因素的讨论，这部分将在后文中论述。

第五章　性别视角下的台湾女性参政

——以“立法院”为例

前面已经讨论了自国民党当局据台以来台湾女性在各个不同时期参与政治体制的代表率问题，考察了女性在参选、当选方面的变动发展情况。从性别差异理论的角度来说，这仅仅是涉及了两性在政治参与差异上的第一个层面，即两性在政治体制代表权的机会、程度和影响的差距，从统计数据的变动管窥了台湾女性在参与选举政治上的大致发展情况。为了更切实地了解台湾女性参政的全貌，并进一步厘清前文所言政党因素与女性参政的纠葛，有必要对女性在参与政治中的具体表现加以考察，以便在两性政治态度、兴趣和表现中探寻隐匿其中的性别符号。这也是性别差异理论涉及的第二个层面，即，两性，不论作为选民、公民或政治精英，在政治态度、政治观和政治理想方面都大异其趣。而妇女团体作为一个社团，其对法案制定的影响虽然也毋庸置疑，但其作用更多地体现为制造舆论或压力以促进法案审议方面，而具体参与政策法案制定的则为或因女性意识或因其它因素进入决策高层的女性政治人物，因此，本章将聚焦在进入政治领域的女性身上继续进行深入研究。在当前台湾的政治体制中，女性政治人物仍是非常宽泛的指称，在行使政府最高权力的五个部门即“立法院”、“行政院”、“司法院”、“考试院”和“监察院”中都有。但从强调女性主动参与政治的层面来看，只有拥有民意基础的“立法院”最能体现民意代表的参政主体性和主动性；从权力制衡的角度来看，“立法院”的地位无疑最具有研究价值，三年一选的“立法委员”也比行政机构里随时变换的人事更替更加稳定，便于连续考察，更遑论其它几个人数极少且由“总统”指定任命而充满政党色彩的其它同级政府机构。因此，本章将选取在台湾的政治体制中居于特殊重要地位的民意机关“立法院”为切入点，考察近年台湾女性政治人物进入“立法院”的表现情况，从性别关系的角度透视“立法院”运作过程中的政治生态，探讨女性在进入公领域、拥有决策权过程中与男性的差异表现以及对政治的影响。

第一节　台湾“立法院”概况

台湾的“立法”机构为“立法院”，是依据孙中山先生五权宪法思想并经1947年制定的“中华民国宪法”确认所予以设立。五权思想的基础是西方三权分立学说和对中国古代中央政府体制设计利弊考察的结合。针对西方行政、立法、司法三权分立的制度设计，孙中山认为，把考试权从行政权中分离出来可以“矫选举制度任人唯亲之弊”，使议员纯洁；而把监察权从立法权中分离出来有助于“济议院政治国会独裁之穷”①，依照这样五权分立的原则建立的政府才是廉洁高效的政府。五权分立是国家各部门对治理权的划分，分别为行政权、立法权、司法权、考试权、监察权，构成国家治权的五院制。1947年实施的“中华民国宪法”，确立了“权能区分”、“五权分立”原则指导下的“中央政府体制”。其中，在最高政权机关“国民代表大会”和行使治权的五院中，“国民代表大会”和“立法院”、“监察院”成为“中央民意代表机构”，相当于西方国家的国会。经过半个多世纪的社会发展变迁，尤其经过90年代以来的系列“宪政改革”，“立法院”职能屡屡扩张，已经成为当前唯一的民意机构，在政治决策过程中具有举足轻重的地位，成为所有政治势力或团体不敢忽视的重要场所，吸引众多的政治人物投入选举。

一、“立法院”结构功能及运作

依据“中华民国宪法”规定，“立法院”为台湾当局最高“立法”机关，由选举的“立法委员”组成，就其职权、性质及功能而言，相当于西方民主国家的国会。

“立法院”由“立法委员”组成，“立法委员”由选举产生。当前的

① 任卓宣，《五权宪法之理论与实际》，台湾，帕米尔书店，1982年，第16页。

225个“立法委员”名额，主要通过如下分配经台、澎、金、马民众选举或政党推荐产生：（一）台、澎、金、马地区“直辖市”、县市一百六十八人，每县市至少一人；（二）地区平地少数民族及山地少数民族各四人；（三）侨选代表八人；（四）不分区代表四十一人。其中第三款及第四款名额，采用政党比例方式选出；第一款每“直辖市”、县市选出的名额及第三款、第四款各政党当选的名额，在五人以上十人以下者，应有妇女当选名额一人，超过十人者，每满十人应增加妇女当选名额一人。每届任期三年，连选得连任。下一届“立法委员”选举于本届任期任满前三个月内完成。“立法院”若被“总统”宣告解散，则应于六十日内举行“立法委员”选举，其任期重新起算①。这一情况于2008年第七届“立法委员”选举时开始改变，法源即前文所提过的2005年关于“立委席次减半、任期延长为四年，采用单一选区两票制”的“修宪”案。

“立法院”的行政组织有：（一）“立法院”设“院长”、“副院长”各一人，由每届“立法委员”于第一会期报到首日之预备会议中互选产生，任期与该届委员同。“院长”担任“立法院院会”及“全院委员”会议之主席，并综理“院务”，若因事故不能视事时，由“副院长”代理；（二）“立法院”置秘书长一人，承“院长”之命处理“立法院”事务、并指挥监督所属职员；副秘书长一人，襄助秘书长；均由“院长”遴选报告院会后，提请“总统”任命之；（三）“立法院”其他的行政组织尚有1. 秘书处；2. 议事处；3. 公报处；4. 总务处，下设警卫队；5. 信息处；6. 法制局；7. 预算中心；8. “国会”图书馆；9. 人事处；10. 会计处，另设置六至八位参事，负责拟订撰写相关法规及审核事项。此外，每位“立法委员”可以聘请公费助理六至十人，与该“立委”同进退。

此外，由225名定期改选的“立法委员”分别组成的委员会也是“立法院”的重要组成部分，并且是“立法院”行使职能的实体所在。委员会有常设委员会（又称“专门委员会”）和特种委员会。常设委员会有12个，负责审核各有关政策或法案以及行政部门各相关机构的年度预算，分别为：

---

① 本小节和后文职能介绍部分主要参考彭怀恩《“中华民国”政治体系的分析》（台湾时报文化，1985年出版）和台湾“立法院”网站 http：//www. ly. gov. tw 上的相关介绍资料。

内政及民族委会、“外交”及侨务委员会、科技及信息委员会、“国防”委员会、经济及能源委员会、财政委员会、预算及决算委员会、教育及文化委员会、交通委员会、司法委员会、法制委员会、卫生环境及社会福利委员会。专门委员会由“立法委员”根据自身兴趣爱好或专业所长自愿报名选择，若某一委员会报名人数过多而导致其它委员会人数过少，则以抽签方式决定。特种委员会有4个，由“立法委员”按政党比例兼任，负责在“院会”开议时处理议案程序、约束“立法委员”的言行以及负责经费或“修宪”事宜，分别为：程序委员会、纪律委员会、“修宪”委员会、经费稽核委员会。

“立法院”的主要职权为行使立法权：议决法律案、预决算案等，凡法、律、条例、通则均需经“立法院”通过、“总统”公布，才可以施行。同时，“立法院”还有下列职权：（一）人事同意权，如“监察委员”、“考试委员”等。（二）重要政策同意权，即对“行政院”提出的重要政策，有同意与否权，如果“立法院”对“行政院”重要政策不赞成时，可以决议移请“行政院”变更之。（三）“倒阁权”，“立法院”得经全体“全法委员”三分之一以上连署，对“行政院院长”提出不信任案。不信任案提出72小时后，应于48小时内以记名投票表决之。如经全体立法委员二分之一以上赞成，“行政院长”应于10日内辞职。（四）“弹劾权”和罢免权，即“立法院”对于“总统”、“副总统”犯“内乱或外患罪”之弹劾案，或罢免案，经全体“立法委员”二分之一 以上提议，全体“立法委员”三分之二以上同意，就可以交由全体公民投票决定“总统”的去留。（五）监督行政权，主要指预算案以外的行政监督，如听取“行政院长”施政报告权，时间在每年2月底或9月底前，或新任“院长”就职2周内；另外就是“立法委员”在开会时，有向“行政院院长”及“行政院各部会”首长质询之权。此外，各机关发布的行政命令，均应送“立法院”查照，并依法交付委员会审查；若发现其中有违反、变更或抵触法律情形，或应以法律规定事项而以命令定之者，“立法院”均可议决通知原颁布机关于两个月内更正或废止，逾期未更正或废止者，该命令失效。

“立法院”为合议制机关，需通过“院务会议”行使职权，因此召开“立法院会议”（简称“院会”）就成为“立法院”的主要工作方式。“立法院会议”由“院长”任主席，负责会议的召开。“立法院”开会时，与事有关的各院“院长”和各“部会”首长，可以列席陈述意见。“立法院会议”有自行集会、临时会议和秘密会议三种形式。“立法院”会期每年两次，自行集会。每年二月至五月底及九月至十二月底是法定集会期间，必要时得依法延长会期。立法委员每年二月一日、九月一日起报到，由各党团协商决定开议日期。“院会”每周二、五举行，必要时可以增减会次；或由党团协商合并若干日为一次会议。每次“院会”须有“委员”实际总额三分之一出席才能成会。“立法院”闭会期间，遇有重大事项发生，经“立法委员”四分之一以上请求或“总统”咨请，可以召开临时会。委员会会议于“院会”日期外，由召集委员召集，或经十分之一以上委员请求，亦可召集。

立法程序是一个冗长的过程，经历提案到一读、委员会审查、二读、三读才最终成案的过程：

提案是立法的第一个步骤。提案的来源为：“行政院”、“司法院”、“考试院”、“监察院”、“立法委员”及符合组织法规定之党团。至于预算案之提出，则专属于“行政院”。

提案先送程序委员会，由秘书长编拟议事日程，经程序委员会审定后付印。程序委员会设委员三十六人，由各政党（团）依其在“院会”席次之比例分配，每一政党（团）至少一人。“院会”审议法案的先后顺序，由程序委员会决定。

委员会审查议案时，可以邀请政府人员及社会上有关系人员列席，就所询事项说明事实或发表意见，以供委员参考。还可以依规定举行公听会，邀请相当比例之政府人员及社会上有关系人事表达正、反意见，并将其意见提出报告，送交“院会”，作为审查该案之参考。委员会对议案审查完竣后，提报院会讨论。审查会出席委员若不同意审查会之决议时，得当场声明保留“院会”发言权，否则即不得在院会中提出相反之意见。法律案交付审查后，性质相同者可以并案审查，但已逐条讨论通过之条文，不能因并案而再行讨论。各项提案若在该届委员任满时，尚未完成委员会审查程序，下届委员不予继续审议。

二读是法案审议的最重要环节。院会于二读会上讨论经各专门委员会审查过的议案，或经院会决议直接二读的议案。二读时，先朗读议案，再依次进行广泛讨论及逐条讨论。二读会之重要，是指其几乎直接决定了一项法案的命运，议案或被深入讨论并经斟字酌句修正而得以三读，或直接被撤销、撤回等，都是在这个阶段做成决议。基本上，经过二读的议案，几乎已经获得了成功。

三读会不再讨论法案内容，只在朗读法案的过程中，针对少数与“宪法”或其他法律抵触的文字，进行简单的文字修改。“立法院”议事，除法律案、预算案经三读程序议决外，其余议案仅需经二读议决即可直接成案。完成三读的法律案及预算案经“总统”公布并函送“行政院”后就得以开始施行。

二、“立法院”地位职能演变

在五权宪法的设计中，“立法院”只是三个“中央民意代表机构”之一，负责执行“立法权”，地位并没有显得特别重要。在戒严时代，“立法院”长期都是国民党操纵下的工具，“立法委员”绝大部分是国民党人，少数民主装饰的其他非国民党人士根本无从影响“立法院”的运作。虽然1969年开始纳入新人，但“增额立委”大多是由国民党圈定的人物，和“资深立委”一样，惟国民党意志行事。因此，多年来“立法院”每年的预决算审议、修改或通过“法令”、条例，都秉承“总统”和国民党中常会意图，实际上失去了对行政的制衡作用，变成了独裁政治的附属机构，被台湾民众讥为“橡皮图章”。

解严后，随着90年代“宪政改革”的进行和“国大”的全面改选，成员结构的变化使这种情况彻底改观。“国大”全面改选后，民进党人带来了“立法院”成员结构的变化，政党竞争进入“立法院”。民进党的“立法委员”虽然人数不多，但却个个骁勇善战，即使很多时候仍然无力主导大局，但却改变了“立法院”唯国民党意旨是从的旧观。随后，新党、亲民党、台联党相继成立并进入“立法院”，加上原本就有的无党籍人士，使“立法院”的成员结构更加多元，议事更加复杂。

除此之外，“宪政改革”所带来的诸多权力是“立法院”地位状况改变的根本动因。从1991年第一次到2005年第七次“修宪”，台湾原有的五权架构早已面目全非，“考试院”和“监察院”功能双双萎缩，“虽仍徒有五权之名，却早已成了虚五权实三权了”①。综观历次“修宪”的整体走向，“总统”和“立法院”获利最多，职能双双加强。“立法院”则成为原有“五院”中的一枝独秀，先后取得了“监察院”弹劾“总统、副总统”的提案权，“国大”对此案的议决权；对“行政院长”提出不信任案的“倒阁”权；属于“国大”的“修宪”权和重要人事同意权，等等，和“中央政府”各个机构的关系发生了变化。

首先，和“行政院”关系发生变化，由往昔“行政院”的表决机器改为主动行使职权。当今，“立法院”作为唯一的民意机构，对“行政院”进行行政监督，主要体现在以下几个方面：（一）预算审核，这是“立法院”一直享有的权利。但在威权时代，“行政院”提交的预算，一般情况下都会很快通过，不会遇到什么阻力。而现在，“立法院”对预算草案的各个项目均详加盘查，有时甚至刻意删减，沦为朝野斗争的工具。（二）重大政策同意权。过去，一个法案从“行政院”提出到“立法院”通过，基本是例行公事，都能通过。而现在，一个法案提出到通过，在“立法院”要经过几次，甚至10多次的讨论、争议、修改，有时还有可能遭到被否决的命运。（三）质询权。根据“宪法”第57条第一款规定，“立法院”有质询权来监督行政。具体说来，就是在每个会期开始之时，“行政院长”要到“立法院”做施政报告并准备回答“立法委员”的询问。此外，“立委”在开会时，可以向“行政院院长”、“副院长”、各“部会”首长提出口头或书面质询。威权时代的质询多是草草了事，提不出有质量的问题。现在“立委”开会时，议政层次提高，并触及到当今台湾的一些敏感问题，如“宪政改革”、“国会结构”、“大陆政策”、“统独问题”、“国防预算”、“外汇存底”等等，而质询对象则从“行政院院长”到各“部会”首长甚至各“次长”。虽然有些质询不乏政治作秀的成分，却也对行政起到了强有力的监督作用。但近年却变质成为政党对立的战场，充满诘难的“立法院备询”已然成为令每位行政官员头痛的必修课。（四）“倒阁”权，这是1997年第四次“修宪”赋予“立法院”的，1/3以上“立委”连署即可

① （台湾）《联合报》，2000年4月18日。

提案，1/2 以上“立委”通过即可让“行政院长”去职。但若“总统”与“行政院长”同属一政党，则要面临“总统”解散“立法院”的反制，一般不轻易施行。

其次，在台湾当前的政治体制中，成为唯一可以对强势“总统”有所制衡的机关。在五权宪法精神里，总统只是国家代表，由国民代表大会选举产生，属于间接委托选举产生，不具备强大的民意基础，没有太多实质权力。威权时代的蒋氏父子借助“动戡条款”取得诸多特权。解除戒严恢复“行宪”之后，李登辉通过操作一系列“宪政改革”，先后实现“总统”由公民直接选举、取得“行政院长”人事权及“监察院”、“考试院”、“司法院”人事提名权等，导致“总统”权力大幅扩增，“行政院”沦为其行政局。台湾学者杨世雄认为：“综观中华民国立宪以来，行宪史就只是一部权力向总统集中的时间简史”①。台“总统”权力大增而相应的制衡机制阙如将不可避免地带来“宪政”运作上的混乱现象，“台湾宪政体制的一个相当根本的问题在于：宪法原本是要以法规来节制权力，但台湾却反而透过宪法来创造一个权力不受法规节制的领导者”②。在当前的政治体制中，职权同样得到加强的“立法院”成为唯一可以让“总统”稍有顾忌的机构。在1992 年的第二次“修宪”中，“立法院”取得“监察院”弹劾“总统”、“副总统”的提案权。2000 年，第六次“修宪”虚化“国大”后，“立法院”还取得罢免“总统”、“副总统”的提案权，并规定“立法院”对正副“总统”的弹劾案不限于内乱罪和外患罪。2005 年，第七次“修宪”废除“国大”后取得该弹劾案的议决权。弹劾或罢免正副“总统”都有严苛的条件，都需要 1/2 以上“立委”提议，2/3 以上议决，并分别经过“司法院大法官”成立“宪法法庭”判决或公民投票复决，才能最后决定被弹劾或罢免人的去留。虽然如此，“立法院”的提案议决毕竟可以造成领导人的巨大压力。2006 年，陈水扁一家弊案频传，在施明德领导的百万红衫公民反贪倒扁运动中，国民党呼应民意，在“立法院”连续三次发起罢免陈水扁的活动，都因为民进党抵制、台联党弃权而无法达到 2/3 的议决成案门槛最终

① 杨世雄，《宪政改革的理论与实践》，台湾，五南图书出版社，1998 年 11 月，第 152 页。
② 舒文，《“修宪”恶果扰乱政局》，香港，《大公报》，1999 年 3 月 7 日。

功亏一篑，但毫无疑问，作为当局领导人，陈水扁的政治公信力在这三次罢免行动中遭受了空前的挫伤，甚至几乎丧失殆尽。

再次，在“国大”正式被废除后，“立法院”悉数接收了“国大”的其它重大职权，地位继续提升。根据孙中山“权能区分”的“五权宪法”理论，“国民大会”是代表国民行使政权的机关，在台湾的政治现实中，主要行使选举、罢免“总统”的权力。据台初期，在人数不足、任期届满的危机下，经修补合法的“国大”终得开议，选举蒋介石为“总统”，首开两者间利益交换的先河。此后，随“总统”连任问题、扩权问题，两者间互利合作一再出现，“国民大会遂成为权力的交换中心，权力的交换和金钱的勒索遂成为国民大会不堪闻问的‘传统’……不是权力的交换，就是金钱的交换，‘交换’成了国民大会最主要的传统”①。“国大”挟“天子”之威而扩权的戏剧屡屡上演，台湾民众讥为“宪政怪兽”，埋下日后虚化乃至被废除的种子。1994 年第三次“修宪”，通过“总统”由公民直接选举的方案，“国大”失去最重要的“总统”选举权，实际功能趋于空洞。1999 年“国大”第五次“修宪”通过“国代延任案”，其延任自肥的行为使岛内舆论哗然。2000 年 3 月，“司法院大法官会议”以“违反利益回避原则”否决了“延任案”，“标志着本届国大已经丧失了公信力”②。4 月，为了共同封杀在当年领导人选举中凝聚四百万民意的宋楚瑜势力，在民进党提议下，国、民、新三党合作，通过了第六次“国大虚级化”“修宪案”。虚化后的“国大”成为任务型复决机构，复决“立法院”提出的“宪法修正案”、“领土变更案”、“总统、副总统弹劾案”三项，其余原有的人事权等权力均划归“立法院”。在 2005 年第七次“修宪”中，“国大”正式被废除，其对“宪法修正案”、“领土变更案”的复决权改为公民投票复决，弹劾案则由“立法院”议决。至此，“立法院”成为唯一的民意机构，居于台湾政治体系中重要的枢纽地位，汇聚了最剧烈的利益争斗，成为台湾政治运作研究不可回避的场所。

---

① 南方朔，《老字号“法统”专卖店——“国民大会”如何沦为权力交换与勒索的场所》，载于台湾《新新闻》周刊，1990 年 3 月 19 日 – 25 日。

② （台湾）《联合报》，2000 年 4 月 8 日。

第二节　性别差异："立委"问政两性综合比较

由于"立法院"在当前台湾政治体制运作过程中的枢纽地位，每三年一届的"立法委员"选举成为政党的兵家必争之地。在台湾现行的选举制度下，"立法委员"的席次由凭选票高低决定的"区域代表"席次和依政党比例制产生的"全国不分区及侨选代表"席次两部分组成，后者由选举中得票率超过5%的各政党依据该党在"区域立委"选举部分的得票率分配到一定的名额组成其"不分区及侨选代表"席次，名额约占总席次的五分之一。票选部分的"区域立委"，除了极少数具有高知名度的个人凭其影响力自行参选以外，大部分人都要依靠政党的力量，通过党内初选获得政党提名，依靠政治明星加持和政党辅选，才有当选的可能。而按政党比例产生的"不分区及侨选代表"，候选人不用选举，但能否当选全凭该党的得票率及在党内排名而定，更是把命运全押在政党身上。因此，无论是"区域代表"或"不分区代表"，政党都成为影响他们立法角色的最重要因素。

一、"立法委员"问政中的两性表现

一般来说，立法委员的角色是多元化的。从社会学的理论来说，角色是一个人在社会中所占有的位置而引起的一种权利和义务关系，权利和义务的发生起源于本人以及他人对其所占据之位置的一种期待。根据美国立法学者裘威尔（Jewell）的研究，立法角色是因为一个人占据立法者的位置，而引起的权利、义务与职责的期待，此种期待包括立法者或立法人员以及选民、政党、行政首长、游说人员等，对其所拥有的立法者位置的期待①。具体来说，在立法系统中，立法者处于立法机关中，接受体系外的支持和要求，并且和他们发生互动关系。要求和支持的主要来源为行政机关、社会团体、政党和民众。这些人对立法者的期待不尽相同，如行政机关可能要求立法者

① 转引自罗传贤《立法技术与程序》，台北，五南图书出版公司，1998年7月，391页。

在通过政府提案时不要太刁难，希望他们能配合支持政府的施政方针；但选民或利益团体的立场就不一样，他们可能期待立法者在议会内为他们的利益辩护，并通过有利于他们的法案；而政党则另有自己特定的目标。立法者面对种种不同要求，也就有了许多不同的角色，从而面临一种角色的冲突，并必须做出选择。他的选择可能是以个人的人格和经验为基础，并视当时各种要求的重要性及紧迫性强弱而定，但这种判断也会因时势而异，不同的时间和情境会有不同的行为产生。因此，可以说，立法者实际的角色概念总是受到特定时间和情境的压力影响，并受到个人人格特质和过去经验的限制。

1. “立法委员”多重角色取向中的政党、选民因素

在台湾，“立法委员”同样面临着这样的角色冲突情况。在前述社会学意义上的人际关系网络中，台湾“只问蓝绿”的特殊政治文化情境注定政党要成为这个网络中最重要的一环。如前述，政治人物要进入“国会”这个庙堂，首先离不开政党的支持与奥援。在“立法委员”选举中竞争最激烈的“区域立委”选举部分，政党的支持和选民的选票共同构成候选人成功进入“国会”的动力。而在很多时候，民众对候选人的支持其实也在很大程度上代表了对该候选人所在政党的认同，这种情况在意识形态浓厚的地区如南部地区或民进党的传统支持者身上表现较为明显。这就要求“立法委员”都要依照党的意旨从事，包括“立法院”内的问政行为以及“立法院”外的言论行动。如果违反党意，则不仅遭受党内巨大的压力，甚至还有可能引起选民的反弹。2006 年 11 月，素有“台独理论大师”之称的林浊水和“大炮型立委”李文忠，因不满民进党处置陈水扁涉及“国务机要费”案的态度，双双辞去民进党籍“立委”职务。2006 年 12 月初，台北、高雄市长选举结束后，林浊水、李文忠和民进党内其他一些有违党意的言论遭到了民进党及其支持民众的围剿。在民进党高层的冷眼旁观甚或默许纵容下，李文忠、林浊水、洪奇昌、段宜康、沈发惠、蔡其昌、林树山、郭正亮、郑运鹏、罗文嘉和沈富雄 11 人被坚定支持民进党的深绿媒体点名攻击，清算

他们在此之前的系列言行，并被妖魔化为“十一寇”①，呼吁选民抵制他们，企图封杀他们的政治舞台，并得到部分选民的认同。这波整肃行为，引起岛内舆论的普遍关注，有媒体认为，“绿色的所谓名嘴利用媒体，特别是遍及全岛的地下电台发动内部整肃式的批斗‘十一寇’运动，这些事情显示，民进党以民粹战略煽动族群情绪来巩固根基依然有效，而这一策略，毫无疑问将被民进党继续应用到2007年的‘立委’和‘大选’选举战中”②。2007年4月初，民进党中常会通过了区域“立委”民调方式，即排蓝程度大约为50%的“中度排蓝”，对改革派的新潮流系和“十一寇”明显不利，“十一寇”陷于苦战。这件事情再次表明在当前台湾的政治生态中，政党对“立法委员”的重要影响作用。2008年，“立法委员”的选举开始采取新的制度，单一选区的制度设计明显有利于大党，使其他新人出头的机会更受压制，候选人对政党的依赖性加强，使政党左右“立法委员”问政活动的程度进一步增强。

选民是影响台湾“立法委员”问政的另一个重要因素。从选举制度上来说，选民手中的选票是候选人能否成功进入“立法院”的最终决定因素，选民同时还拥有罢免该名“立法委员”的权力。当然，在实务上，作为民意代表的“立法委员”一般都不至于违逆民意到招致民怨的地步，因此，选民联名罢免“立委”的情况基本上不会发生。但是，选民的支持却绝对是影响“立法委员”连任成功与否的关键因素，这就注定了“立法委员”对所在选区相关利益的关注和维护。此外，针对部分选民的情况，投其所好进行政治作秀，也成为部分“立委”言行的指导方向。2006年11月，国民党主席、台北市长马英九陷入“特别费”案件风波，由于马英九极有可能代表国民党参加2008年台湾地区领导人选举，民进党的“打马悍将”王世坚，趁机在“立法院”极尽所能痛批马英九，除了替身陷“公务机要费”

---

① 这11人遭到党内讨伐的主要言行为：前民进党团总召段宜康和罗文嘉联手发起要求清廉改革的“新民进党运动”；沈发惠主张召开强调政治人物道德操守的“党是会议”；林岱桦呼吁身陷“机要费案”的陈水扁考虑请辞；李文忠、林浊水因不满民进党对“机要费案”的处理辞去“立委”职位；林树山、沈发惠、蔡其昌等“立委”也曾表达陈水扁应下台的意思；罗文嘉在美国发表演讲时婉转表达对陈水扁的批评等。

② 任海鸣，《民进党围剿十一寇，引发岛内舆论普遍忧虑》，http：//news. china. com/zh _ cn/hmt/1004/20070104/13855200. html。

弊案的陈水扁转移媒体焦点外，也不排除其讨好深绿选民，着眼 2007 年“立委”选举布局的可能。2006 年年底的台北市议员选举似乎也证明了这一招数的价值。在 2006 年 12 月与市长选举同时举行的台北市议员选举中，沿袭王世坚作风的民进党籍徐佳青、周威佑、颜圣冠、李建昌等四名“打马悍将”都获得不错成绩，为了市长特别费三次前往台北地检署按铃告发马英九的徐佳青甚至还得到了所在选区的第二高票。因而，有媒体总结道：“从结果看来，打马似乎是拉抬泛绿选情的一大利器”。①

除了政党和选民，特定的利益团体或压力团体、个人的经验和专业所长以及所在的专门委员会职责等也成为“立委”问政的考虑因素。至于女性“立委”，除了面临以上和男性“立委”一样的角色冲突之外，还有政治社会化对传统女性母职或人妻的角色期待的压力。在传统的社会文化中，女性角色和地位被界定于家庭或私领域，涉足属于公领域的政治与原先家庭义务为主的角色期望难免冲突。此外，毋庸置疑，她们还是妇女团体争取妇女权利法案的希望所在。在混合了政党、性别、族群、地域、职业、教育、文化差异等多种因素的身份之下，女性“立委”的问政表现格外令人瞩目。

2. “立委”发言内容的两性比较

台湾“立委”在“立法院”的问政活动主要有以下几个方面：提案、连署提案、发言②、出席会议和投票表决，其中提案和发言较具有自主性。但“立委”主动提案并不是很多；而连署提案则具有一定的被动性，很多时候是同僚示好的需要或政党动员的结果；表决在这方面的嫌疑更大，如在政党“统”“独”对立严重的法案像“公民投票法”就特别明显，各党

---

① 《打马有选票市场——民进党打马 4 悍将全上市议员》，中国评论新闻，见 http：//www.chinareviewnews. com 2006 - 12 - 10。

② 更多的台湾学者采用更严谨的划分，把“立委”议政过程中的质询与发言分开，把“立委”就“行政院长”施政报告时进行的口头提问称为“口头质询”（相对于书面质询而言），而发言则只指“立委”在各委员会审议法案及“国是论坛”上的发言，不包括质询，如翟海源等著《透视立法院——2003 年澄社监督国会报告》（台北允晨文化股份有限公司，2004 年），以及台湾高校的一些研究生学位论文等。本文所依据资料涉及“立委”2001 年底在委员会的发言，也涉及 2002 年初施政质询的提问，为了不混淆其中的政党、选区等划分，故以“发言”统称，把质询与发言一并罗列，只区别其中的性别因素，此注。

“立委”壁垒分明，基本上都沦为政党意志所驾驭的表决工具；出席会议只需签名即可，但实际上有不少“立委”忙于赶场，签到之后就不见人影，这已是稀松平常。在以上几种参与方式中，发言是最常见的参与方式，既指“立委”就“行政院长”施政报告所进行的口头质询；也包括“立委”在各委员会审议专门法案时候的发言记录，或是“国是论坛”上的发言。发言涉及面非常广泛，且具有鲜明个性，最能体现“立委”的问政风格，“在立法院议场上，发言无疑是最显著的一种立法行为，藉着发言，立法委员可以表达他们的想法以及对法案的立场；而立委们的发言，尤其是耸动的发言，可以吸引媒体及社会大众的注意，这对于需要知名度以提升其连任机会的立委们而言，无疑是重要的表现机会”①。因此，本文对两性“立委”在议政中的比较以近年来历届“立委”对“行政院长”施政质询中的发言作为切入点，把女性“立委”发言内容与男性“立委”发言内容做比较，以探寻其中的性别符号。

一般来说，每一届“立法院”会期开始，都要例行听取“行政院长”的施政报告并进行质询。由于内容涉及面广，即使225名“立委”只有部分登记质询，但备询官员从“行政院长”到相关“部会”首长都要列席回答“立委”的询问，一问一答间甚是费时，加上一些“立委”刻意作秀，导致整个施政质询过程冗长拖沓。在历时四个月的会期中，“院会”施政质询基本上占去一半的时间，期间穿插各委员会对提案的审议以及“院会”对法案的二读三读过程。这样的过程每年每个会期都在重复进行，所不同者，坐在质询席上的“立委”成员三年一换，而备询的政务官员则不定期更换，基本上依领导人的意志而定。陈水扁自2000年上任以来，“行政院长”至今已经换了五次，使“立法院”在例行的会期质询外增加了对新任“行政院长”的施政质询。但基本上，历任“行政院长”的施政报告和“立委”的质询涵盖内容大体不变，本节的研究根据《立法院公报》91卷记载，以2001－2002年的“院会”施政质询及期间的委员会为时空背景，考察男女“立委”（第四届、第五届）在此期间的表现。综观各“立委”的

① 盛杏湲，《“立法委员”的立法参与：概念、本质、测量》，《问题与研究》，36卷3期，1997年3月，12页。

发言，内容无所不有，涵盖了内政、“外交”、两岸关系、产业政策、教育改革、财政金融、科技、交通、灾区重建、医疗改革、环境污染、社会福利等方面议题，其中随处可见政党色彩及选区取向的角色意识。

泛绿阵营“立委”在“立法院”的议政主要是为民进党施政护航、建言，并致力于强化本土认同。如，民进党周伯伦建议重新讨论开放八寸晶圆登陆以及如何有效管理赴大陆的台商，与之呼应的是台联党的罗志明要求严格处理偷跑大陆的厂商，同党的林志隆提议暂缓晶圆登陆①；民进党的女“立委”唐碧娥针对在野党的质疑为“经济建设委员会”进行政策辩护②；民进党刘世芳和女“立委”萧美琴为台湾的“外交”困境建言③；民进党梁牧养呼吁当局重视“国家定位”与“国史教育”问题④，台联党人陈建铭提出与之相近的“国家认同”问题以及台湾如何进入国际社会的问题⑤；民进党蔡启芳提请“教育部长”黄荣村阐明“本国”概念，强调在军人教育中培养忠于“国家”的精神⑥，等等。同时，攻击泛蓝阵营是泛绿阵营“立委”质询时的另一主打方向，尤其以不必为当局进行政策辩护的台联党表现最为突出。如，“台联”党的何敏豪发言伊始即就党产问题攻击国民党⑦；同党女“立委”钱林慧君重提“兴票案”直击亲民党痛处⑧；同党的廖本烟继续关注“总统”候选人出生地问题，并讥讽宋楚瑜跑美国过年⑨。两军对垒之下，蓝营“立委”亦不甘示弱，亲民党的孙大千批评“经济部长”表现不力⑩，同党的赵良燕认为当局“战斗内阁”、“拼经济”流于口号并质疑民进党所谓坚守本土价值的理想⑪；女“立委”秦慧珠声称代表亲民党质询，不满当局针对性查处贿选，并提问“行政院长”对“台联党”

① （台湾）《“立法院”公报》，91卷15期，52－71页，2002年3月。
② （台湾）《“立法院”公报》，91卷6期，158页，2002年1月。
③ （台湾）《“立法院”公报》，91卷14期（上），160－170页，2002年3月。
④ （台湾）《“立法院”公报》，91卷16期，72－77页，2002年3月。
⑤ （台湾）《“立法院”公报》，91卷24期，51－52页，2002年4月。
⑥ （台湾）《“立法院”公报》，91卷14期（上），105－110页，2002年3月。
⑦ （台湾）《“立法院”公报》，91卷14期（上），66－70页，2002年3月。
⑧ （台湾）《“立法院”公报》，91卷14期（上），143－146页，2002年3月。
⑨ （台湾）《“立法院”公报》，91卷14期（上），62－66页，2002年3月。
⑩ （台湾）《“立法院”公报》，91卷15期，65－71页，2002年3月。
⑪ （台湾）《“立法院”公报》，91卷15期，112－120页，2002年3月。

提议将河洛话作为第二官方语言将如何处置[①]；亲民党冯定国和国民党女“立委”洪秀柱反对当局压制新闻自由[②]，在更之前的委员会会议上，国民党的洪秀柱质询了“侨务委员会”的工作，认为主管官员张富美的工作有使侨务工作“台独化”的倾向[③]等，体现了反对党监督政府的角色，政党立场坚定，色彩分明。

在连任的考虑下，受到选民和选票的影响，选区角色取向在“区域立委”身上表现比较明显：台北县廖本烟在质询中一再提及台北县板桥水厂的问题，并询问“交通部长”林陵三有关台北县到士城的捷运工程进展情况[④]；新竹市女“立委”张蔡美因为新竹缺水，关注水管工程进度[⑤]；南投县汤火圣询及南投灾后重建工作[⑥]；桃园县孙大千关心桃园垃圾问题[⑦]；山地少数民族“立委”巴达·鲁质疑选举制度中“山地原住民”与“平地原住民”的划分，认为该制度未能考虑台湾少数民族实际居住情况，容易造成族群对立[⑧]；山地少数民族女“立委”高金素梅亦为台湾少数民族利益请命，宣称台湾少数民族拥有传统山地领域的自然主权，不满当局在处理兰屿核废料问题上一再拖延[⑨]，从中可见选民所在意的选区利益因素在“立委”问政中的分量。此外，因专业或个人所长而关注的兴趣话题、因新闻热点而引起的时事关注、以及一些基本没有任何实质意义的政治作秀，都是男女“立委”问政时表现出来的共同点。

如果把“女性”立委作为一个群体来观察，发现她们除了具有以上的共同点之外，还有一些女性特有的倾向，表现为比较关心女性话题、民生议题或关注弱势团体。在本节资料所关注的 2001 – 2002 年间，适逢“两性工作平等法”于 2001 年底通过，2002 年开始实施。在 2002 年新会

---

① （台湾）《“立法院”公报》，91 卷 16 期，38 – 42 页，2002 年 3 月。
② （台湾）《“立法院”公报》，91 卷 16 期，48 – 52 页和 91 卷 18 期 108 – 112 页。
③ （台湾）《“立法院”公报》，91 卷 12 期，420 – 424 页，2002 年 2 月。
④ （台湾）《“立法院”公报》，91 卷 14 期（上），62 – 65 页，2002 年 3 月。
⑤ （台湾）《“立法院”公报》，91 卷 14 期，（上），130 – 135 页，2002 年 3 月。
⑥ （台湾）《“立法院”公报》，91 卷 15 期，28 – 31 页，2002 年 3 月。
⑦ （台湾）《“立法院”公报》，91 卷 15 期，62 – 71 页，2002 年 3 月。
⑧ （台湾）《“立法院”公报》，91 卷 4 期，34 – 36 页，2002 年 1 月。
⑨ （台湾）《“立法院”公报》，91 卷 21 期（上），61 – 65 页，2002 年 4 月。

期伊始，正是新法案实施之时，不少女性“立委”都就这一议题提出相关质询，如，周雅淑、叶宜津和唐碧娥联合质询①，赵良燕单独质询②，都问及实施“两性工作平等法”的具体事宜和相关细节，关注企业雇佣员工的意愿变动及女性员工受益情况。与之相关或由此延伸的其它涉及女性权益的话题，也在女性“立委”问政议题之列。如，卢秀燕询问女公职人员产假问题和社区安全监控系统预算编列情况③；张秀珍关心女性接受高等教育的情况④。

同时，发言中透露出的弱势关怀和对民生议题的关注是大部分女性“立委”问政的共同点。钱林慧君关注健保费调整和新生儿死亡率升高问题⑤；秦慧珠感性问政，播放录影带呼唤同僚关心非法安养院中的受虐儿童⑥；王昱婷要求当局落实偏远地区学生的受教育权⑦；郑美兰提请政府解决征收农民用地的资金问题，请当局重视农民、渔民生计问题⑧。一般来说，女性议题、弱势关怀或民生议题都只是大部分女性“立委”问政议题中的一部分。相比之下，江绮雯的发言因而显得比较突出，她的质询几乎全是民生问题或弱势关怀，老人津贴、眷村改革、全民健保、福利预算、军教退休金优惠存款等⑨。

以上是女性“立委”在个人自主发言时的总体表现。但若是委员会或“院会”进行专案审议，“立委”性别关怀与其他因素的排序则视法案的主题而定。涉及政党利益或政党意识形态的法案，像“公民投票法”等，女性“立委”的性别意识让位于政党意识；而在关系妇女群体权益的法案上如“两性工作平等法”和其他民生议题，部分女性“立委”有逐渐结盟的现象，当然，这其中妇女团体的奔走功不可没。另外，笔者还发现，在年度

① （台湾）《“立法院”公报》，91卷15期，72－81页，2002年3月。
② （台湾）《“立法院”公报》，91卷15期，108－112页，2002年3月。
③ （台湾）《“立法院”公报》，91卷15期，124－129页，2002年3月。
④ （台湾）《“立法院”公报》，91卷16期，143－147页，2002年3月。
⑤ （台湾）《“立法院”公报》，91卷14期（上），143－146页，2002年3月。
⑥ （台湾）《“立法院”公报》，91卷16期，38－42页，2002年3月。
⑦ （台湾）《“立法院”公报》，91卷18期，73－75页，2002年3月。
⑧ （台湾）《“立法院”公报》，91卷18期，98－100页，2002年3月。
⑨ （台湾）《“立法院”公报》，91卷18期，143－138页，2002年3月。

预算审查中，大部分女性“立委”表现出比男性更加耐心、细致的一面，对于资金项目的组成、分配、开支等都会详细盘问清楚后才会放行预算案。最后，台湾学者黄长玲的实证研究还表明，在“立法院”各个专门委员会中，女性“立委”所占比例最高的教育委员会在“立法院”各委员会中运作情形最良好，问政品质最整齐。①

总体上，从性别的角度来观察“立法院”政治生态，相较于男性“立委”对“国防”、财经、“外交”等话题感兴趣而言，女性“立委”更关心妇女权益法案或民生议题，关注弱势群体。一如台湾学者王雅各所言，“我们更可以提到，不同于只关心经济成长、国防、外交、政治和国际关系等‘伟大议题’的男性政客们，从政的女性往往专注在教育、社会福利、治安、生态环境等与人们日常生活和福祉有密切关系的‘琐碎小事’上”②，从而使攸关人们日常生活的“琐细议题”得到政治人物关爱的眼神，但女性、弱势等边缘议题通常只是女性“立委”议政中的一部分而非全部。当然，这样的结论只是相对而言，不能一概而论，也有些男性“立委”同样关注边缘群体，对“国防”、“外交”之类大计有兴趣的女性“立委”同样不乏其人。笔者只是根据资料，仔细阅读了近年的“立法院”发言记录，比较其中能显示性别差异特征出现的频率以及在两性中的比例，才得出这一初步结论。因《“立法院”公报》卷帙浩繁，笔者大半年所阅，仍只是沧海中之一粟，所下推论仍有待进一步证实。

二、“立法院”乱象中的两性之别

90 年代以来，经过历次“修宪”，“立法院”职权大幅度扩张，居于当前台湾政治体制中的枢纽地位，使众多的政治人物对“立委”选举趋之若鹜。虽然“立法委员”的地位可谓位高权重，但他们在台湾民众心目中的口碑却大多不良。“立法院”在民众心目中的观感不佳，最早源自戒严时代的无所作为，当时的“立法院”为国民党所操纵，因无法起到对行政应有

---

① 黄长玲，《从妇女保障名额到性别比例原则——两性共治的理论与实践》，载《问题与研究》第 40 卷第 3 期，2001 年 6 月。

② 王雅各，《妇女解放运动和二十世纪的性别现象》，王雅各主编，《性属关系》（上），台北，心理出版社，1999 年，第 5 页。

的监督职责而被民众讥为“行政院立法局”。解除戒严后，民进党的势力进入“立法院”，其争取政权的道路开始迈入“街头运动”和“议会斗争”并行的阶段。人数居于劣势的民进党“立委”，往往采取剧烈的肢体抗争来阻挠法案的审议和通过，有时甚至不惜大打出手，上演“全武行”演出；而复数选区的制度设计也在一定程度上助长了这种以偏激行为博取媒体版面以讨好选民的行为方式。从那以后，“立法院”的种种乱象开始为社会所熟知，且愈演愈烈，“立法院经常脱序，暴力事件频传，议事效率低，民生法案堆积如山；其既未能善尽监督政府施政之责，审查法案又极其轻忽草率；立法院衮衮诸公常假借民意，牟取私利，且其向政，鲜明是非，辨善恶，有识之士莫不引以为忧”①。2000 年，民进党上台以来，其民意代表的席位在过去的几次改选中有所升降，曾一度成为“立法院”最大党，但这种政党恶斗的局面仍然没有改变。岛内的一则时评这么认为：

> 这种“只问立场不问是非”的局面如果延续下去，只怕公共政策沉沦的苦果还是要由全民共尝。立法院向来火爆，经历过早年打群架、折麦克风的阵仗之后，近来出现的“王八蛋”口角风波种种，恐怕只有博君一笑的效果。令人笑不出来的是，在这些荒谬的政治人物手中，掌握着影响国家公共政策的权力。朝野不能理性问政的结果，不但事关国家发展方向的大题目动弹不得，如今连民营化等从国民党执政时期即确立方向的既有政策都难以延续。我们也明白，向朝野政治人物呼吁回归专业，回归理性，几乎如缘木求鱼。②

在民间学者多年呼吁无效而现有制度又无法根本解决问题的情况下，“立委”选举制度的改革被提上朝野政党的议事日程，成为近年关于“国会”改革的热点话题。议论的焦点，不外乎如何革除“立委”论政的种种弊端。“立法院一再要求被改革，当然是因为立法院未能有效建立其专业伦理、立法委员未能善尽其角色功能，以至于行事论政时常有乖张、甚

---

① 朱志宏，《遵守规则、重视伦理——健全国会根本之道》，《理论与政策》，1996 年秋季号，14－20 页。

② （台湾）《联合报》，2003 年 4 月 14 日。

至违法乱纪之情形；议事效率不振、社会形象低落”。① 这些动议，最终形成2005年第七次“立委”选举“国会席次减半”的“修宪”契机。而本文所关注者，在于以上种种所谓“国会乱象”中，两性“立委”的具体表现如何。

1. 对利益纠葛的趋避

“立法委员”以民意代表身份行使职权的过程中，和行政系统多个领域的主管官员互动密切，更因握有预算权和重大政策的同意权而对“行政院”多个“部会”具有震慑作用。因此，“立委”身份无疑就是一种无形的政治资源，“立委”招牌成为企业理顺政商关系甚至规避各种法令限制的有效途径。企业需要“立委”保护伞，而不安分的“立委”则与之合作，亲任董事或监事，全然不避瓜田李下之嫌，招致民众抨击。

此外，“立委”身陷利益纠葛的表现还有议事过程中暗中图利特定对象、不遵守利益回避原则等。事实上，暗中图利或不遵守利益回避的情形基本上都与“立委”兼职或专任的营利事业有关。比如，“立委”利用职务之便，将议事过程中得知的有关信息透露给与自身利益密切相关的企业，或直接加入与自己公司有业务联系的专门委员会，甚至在制定相关政策过程中为少数特定企业代言牟利。因兼职或专任企业领导而惹上这种嫌疑的“立委”还为数不少。根据“监察院”公报资料以及网站公布信息，结合“财政部”网站上公布的公司董、监事职务，在2003年度，第五届“立法委员”中有71位“立委”有176个营利事业的兼职，其中有33位“立委”担任74个董事长，有23位“立委”的配偶是33个公司的董事长②。

按资本额来排序，以“立委”担任董事长名下的公司资本总额在100亿（台币，下同）以上的有高育仁；50亿以上的有陈胜宏；30亿以上的有张俊宏；10亿以上的有蔡启芳、江炳坤和林进春等；资本总额在5亿以上的有黄宗源；3亿以上的有黄政哲、林文郎、杨文欣、李显荣等5人；1亿以上的有吴东升、邱镜淳、陈进丁、陈根德、蔡同荣等6人。在这些名下公

① 王定村，《论国会改革与立法委员专业伦理的建立》，《思与言》，42卷第1期，2004年3月，31-64页。

② 见“财政部”营业登记资料公示：http：//www. moea. gov. tw/doc/ce/cesc1004. html；“监察院”公报：http：//egw20. mofdpc. gov. tw/bgq/index. jsp。

司资产拔得头筹的18名“立委”中，清一色都是男性，没有一名女性。虽然尚不能据此贸然定下什么结论，但两性对利益的追求或与利益的距离或许由此可以稍作合理的推想。

表4－1 第五届“立委”名下企业规模列表（2003年）

资本额（台币）	担任董事长的“立委”
100亿以上	高育仁
50亿以上	陈胜宏
30亿以上	张俊宏
10亿以上	蔡启芳、江炳坤、林进春等
5亿以上	黄宗源
3亿以上	黄政哲、林文郎、杨文欣、李显荣、章孝严
1亿以上	吴东升、邱镜淳、陈进丁、陈根德、蔡同荣、李和顺

资料来源：1. 台湾“财政部”营业登记资料公示：http：//www. moea. gov. tw/doc/ce/cesc1004. html。

2. 台湾“监察院”公报：http：//egw20. mofdpc. gov. tw/bgq/index. js。

3. 翟海源等著《透视立法院——2003年澄社监督国会报告》，台北，允晨文化出版，2004年。

表4－2 2003年“立委”及配偶担任营利事业职务一览表

“立委”	性别	公司名称和职务	配偶	公司名称和职务
王金平	男		王陈彩莲	焕联　董事
王政中	男	美国万通银行　董事		
王钟渝	男	东隆五金　董事长		
朱凤芝	女	台湾宽频通讯　董事 华洋旅行社　董事		
瓦历斯贝林	男	新屏东投开　董事		
江炳坤	男	坤基创投　董事长	陈美惠	乾坤投资　董事长 德美实业　董事长
余政道	男	联彰投资　董事长 耕宏企业　董事		

续表

“立委”	性别	公司名称和职务	配偶	公司名称和职务
吴东升	男	东升传播　董事长 弘捷投资　董事长 新光开发　董事长 宇邦投资　董事长 允晨文化　董事长 台新银行　董事长 台新金控　副董事长 新光合成纤维　董事 大台北瓦斯　董事 阳庆电子　董事 台欣财产保险　董事 网路家庭投资　董事 台新保险代理　董事 新光建设　董事 桂圆投资　董事 进贤投资　董事	何幸桦	德时实业　董事长 德良　董事长 德岳　董事长 台证综合证券　副董事长 允晨文化　董事 德杰实业　董事 宇邦投资　董事 国正实业　董事 何太木业　董事 果媚实业　董事 弘捷投资　董事 博瑞　董事 新光开发　监察 果丰食品　监察 新光兆丰　董事 瑞进兴业　董事 新胜　董事 新光实业　监察 新光租赁　监察 德时实业　监察 米辑科技　监察 永光　监察
吕新民	男	欣新民营造　董事长	陈英照	恒佳建设　董事长 安佳建设　董事长
吕学樟	男	联立汽车　董事长		
李和顺	男	法翰企业　董事长 炳翰企业　董事 翰龙企业　董事	李庄碧枝	炳翰育乐　董事长 炳翰药厂　董事长 法翰企业　监察
李显荣	男	汉荣创投　董事 国贸投资　监察 立赢投资　监察	邵秀叶	国贸投资　董事长 立赢投资　董事 新镐建设　董事

续表

“立委”	性别	公司名称和职务	配偶	公司名称和职务
林文郎	男	神广电信　董事长 阳信投资　董事长 欣欣大众市场　董事 仁山生化科技　董事 台湾土地开发信托　董事		
林正二	男	新屏东投开　董事		
林忠正	男	远东运动经纪　董事		
林南生	男	宗发建设　董事 宗传建设　董事 巨星餐厅　董事 太皇广告　董事 宗欣建设　监察 君钰实业　监察	陈淑慧	宗发建设　董事 宗欣建设　董事 宗传建设　监察
林春德	男	新屏东投开　董事长 贸总建设　负责人		
林炳坤	男	霖园大饭店　董事	张瑞美	霖园洗衣实业　监察
林进春	男	中国投资　董事长 铭阳投资　董事长 中国货柜运输　董事长 中友船舶货物装卸　董事长 益邦开发　董事 辰泰咨讯　董事 众丰纸业　董事 银邦投资开发　监察	陈秀卿	聚隆纤维　董事长
林进兴	男	林进兴医院　院长		
邱永仁	男	永仁医院　院长		
邱创良	男	华洋旅行社　董事 蔚都建设　董事 育高贸易　董事	黄纯敏	国城开发　董事
邱　毅	男		邱谢京睿	伟硕文化事业　董事长

续表

“立委”	性别	公司名称和职务	配偶	公司名称和职务
邱镜淳	男	太平洋国际电讯　董事长 华克科技　董事长		
侯水盛	男	侯安医院　院长 曾文溪电台　董事长		
侯彩凤	女	大扬营造　董事	黄启川	亮动企业　董事长 亮动投资　董事长 矽统科技　董事 大扬营造　董事 华泰电子　监察
柯建铭	男	太乐风国际通讯　董事长 全华宽频　董事 德邦创投　董事		
徐少萍	女	亨利有机健康　董事长		
徐耀昌	男	联成汽车货运　董事 邦成汽车货运　董事	蔡丽卿	联成汽车货运　董事长 邦成汽车货运　董事长
高志鹏	男	名阳律师事务所　律师		
高明见	男		蔡德美	为泰医疗器材　董事
高育仁	男	伦飞电脑　董事长 尚茂电子　董事长 威创科技　董事长 欧华创投　董事长 育华创投　董事长 富华创投　董事长 伦扬投资开发　董事长 伦翔投资开发　董事长 育丰投资开发　董事长 风华开发　董事长 永储仓储　董事长 欣营油汽　董事长 中华建筑经理　董事长 大松实业　董事长	高张明鸾	高氏企业开发　董事长 育华投资开发　董事长 日月高投资　董事长 飞伦电脑　董事

续表

“立委”	性别	公司名称和职务	配偶	公司名称和职务
张花冠	女	台湾凉椅　董事	曾振农	台湾凉椅　董事长
张俊宏	男	环球电视　董事长 全民电通　董事长 台湾大业发展投资　董事长		
梁牧养	男	台信开发　董事长 山水电通　监察		
许渊国	男	上铪贸易　董事	纪方怡	嘉裕德　董事
许登宫	男	华福工业　董事 远东造漆	董事	
许舒博	男		赖淑绥	顶鋐科技　董事长
许荣淑	女	国际厚生数位　董事长 金沙湾国际度假村　董事长 台湾土地开发信托　董事		
郭正亮	男	新公民　代表人		
陈志彬	男	元太外汇经纪　常务董事 三华纺织　监察		
陈忠信	男	剑度　董事		
陈茂男	男		陈林美满	乡园建设　董事
陈根德	男	建道营造　董事长 双美生物科技　董事长	蔡慧敏	建道营造　监察
陈健治	男	摩比家　董事		
陈胜宏	男	阳信商银　董事长 全阳建设　董事	薛凌	全阳建设　董事长
陈朝龙	男	伟登兴业　董事长	姚玉真	伟登兴业　董事
陈进丁	男	松亿通运　董事长 松和通运　董事长 松辉通运　董事长 松亿贸易　董事长 松亿货柜仓储　董事长 松佶通运　董事	郑秋子	松佶通运货柜　董事长

续表

“立委”	性别	公司名称和职务	配偶	公司名称和职务
陈道明	男	柏克莱眼科 院长		
章孝严	男	大华投信 董事长		
曾蔡美佐	女	海渡电力 监察		
汤火圣	男	帅帅汽车 董事		
冯定国	男	耀宗科技 董事（负责人） 恒学出版 董事（负责人）		
黄宗源	男	世纪钢铁 董事长 海山仪器 董事（负责人）	林素珠	祥鼎投资 董事
杨丽环	女	桃园恩瑞蒂儿幼稚园 设立人		
黄政哲	男	上大营造 董事长 华升钢铁 董事长 华升上大建设 董事长 仁乔国际贸易 董事长 华利全来科技 董事长 台湾不动产开发 董事长 乡亲广播电台 常务董事 京典矽旺科技 董事 讯联科技 监察	吴竞群	上大营造 董事 华升上大建设 监察
杨文欣	男	长智投资 董事长 台亿经建 董事长 长亿实业 董事 长生国际 董事 月眉开发 董事 长亿娱乐 董事	廖秀玲	鼎元投资 董事长
杨富美	女		高资敏	名高生化科技 董事长
赵良燕	女	私立英堡文理补习班设立人		
蔡正元	男	阿波罗头信 董事长		
刘松藩	男	大甲兴业 董事	刘蔡云卿	大甲兴业 董事长
刘铨忠	男		刘杨秀员	层层包装 董事

续表

"立委"	性别	公司名称和职务	配偶	公司名称和职务
蔡同荣	男	民视文化　董事长 台员多媒体　董事长 民间投资　董事		
蔡家福	男		戴碧雪	惠兆投资　董事长 家欣建设　董事 家福建设　董事 家福保险　监察人
蔡启芳	男	台湾日光灯　董事长 旭光照明　董事长 杰龙国际　董事长		
蔡煌瑯	男	吉尚　监察		
蔡　豪	男	逸森科　监察		
郑余镇	男	谦禧国际　董事		
郑美兰	女	旭辉建设　董事 裕证建设　董事	陈国铨	裕铨建设　董事长 裕证建设　董事长 裕高建设　董事长 裕宝建设　董事长 裕铨投资　董事长
郑国忠	男	森钜科技　监察		
郑逢时	男		王玲惠	太丰投资　董事
穆闽珠	女		张镜湖	大夏数位传播　董事长
赖劲麟	男		吴如萍	旅典出版社　董事长
钟绍和	男	中华建筑经理　常务董事 风华开发　监察	李金莲	镜擘科技　监察人
钟荣吉	男	永储　监察		
简肇栋	男	大荣货运　董事		
蓝美津	女	新燕　监察		

续表

“立委”	性别	公司名称和职务	配偶	公司名称和职务
颜清标	男	天马沥青　董事长 宝马沥青　董事长 天台砂石　董事长 侨鸿建设　监察	黄美贵	祥和力重机械　董事长
罗明才	男	福豪建设　董事		

资料来源：根据翟海源等著《透视“立法院”——2003 年澄社监督“国会”报告》上的资料编列（台北，允晨文化，2004 年）。

由上表格所列数据得知，第五届 225 名“立委”中（男 175 名，女 50 名），2003 年度因“立委”本人或配偶参与营利事业而涉嫌利益纠葛的“立委”有 80 名，其中男性 68 名，占男性“立委”总数 175 名的 38% 以上，女性有 12 名，占 50 名女性的 24%。也就是说，在男性“立委”中，有将近四成的人有利用职务之便图利自身的嫌疑，而女性的比例则较低，为二成四。当然，表格 4－2 仍只是表明一种可能性，无法证明上述表格中的“立委”必定有图利自己的行为。但身为民意代表，本应专心议政，为民喉舌，如今身兼数职，既无法树立一心为民众服务的形象，更因民意代表的职权之便给予别人无限的想象空间，使人很难相信背后没有利益驱动的因素。而表格 4－1 与 4－2 的资料表明，在对利益的回避方面，无论男性或女性，在两张表格上有一致的趋向，即，更多的男性不在乎因利益纠葛而可能引来的非议，或者说，在可能的利益驱动下，男性比女性更勇往直前。而这是否可以引申为两性在政治廉洁度上差异的一种解读呢？

1. 不当言行中的两性表现

上文讨论的是面对可能发生的利益纠葛时两性的趋避态度，本小节专文探讨在遭公众非议甚至抨击的言行中，“立委”表现出来的两性差异。

在“立法院”，“立委”的不当言行主要包括如下几个方面：政党恶斗导致无法理性讨论法案；“立委”本身涉及弊案或刑事案件；论政过程中以言语或动作进行人身攻击；代言或推销商品；具争议性的“立委”当选专门委员会的召集人，以便在议事过程中明显图利特定企业，等等。

政党恶斗是解严之后政党政治成形以来“立法院”乃至台湾政坛历久

不衰的传统。蓝绿阵营间的斗争远远超乎普通的政党竞争，究其原因，在于“国家认同”的歧异及由此而来的省籍矛盾，其中混杂了人为操纵刻意挑起族群对立的因素。至今，唯政党意志而不论是非仍是绝大多数“立委”议政的主要行动指南。岛内的有识之士对此深恶痛绝，但学者的呼吁、媒体的抨击似乎都于事无补。2005 年 1 月，第五届“立委”任期届满，民进党“立委”为阻碍“国家传播通迅委员会”（NCC）草案审查，以霸占发言台方式，瘫痪议事进行，以至一向以为人处事圆融著称的“立法院院长”王金平，罕见地发表措辞强硬的声明，严厉谴责民进党霸占发言台，阻挠议事进行的行径，犹如往昔民进党在野时代问政的蛮横行为，丝毫不具有执政党的风范。[①] 同样的闹剧在不久后再次上演，民进党“立委”再次霸占发言台阻挠 NCC 草案审议，更在民进党余政道抢走国民党女“立委”洪秀柱的麦克风后爆发群殴，再添一出“国会”丑闻[②]，并引起国际媒体的高度关注。

至于涉及弊案或刑案的“立委”，根据《中国时报》和《联合报》等报道，第五届“立委”中有这类行为者主要有：

表 4－3　第五届“立委”涉案列表（2003 年）

“立委”	性别	涉及案件
林进兴	男	涉高雄市议长贿选案收贿罪嫌
傅崑萁	男	涉台凤案（违法炒股）
徐志明	男	涉贪污罪、违反选举罢免法
颜清标	男	涉贪污、教唆顶替罪
陈胜宏	男	疑涉贿选
梁牧养	男	妨害自由、聚众施暴
廖本烟	男	违法征收“镇长税”
刘松藩	男	背信罪
蔡中涵	男	涉违反公司法
曾蔡美佐	女	台开公司贷款疑弊案

资料来源：《联合报》、《中国时报》、《中时晚报》相关报道，日期范围：2003 年 2 月 25 日到 7 月 15 日。

---

① 凤凰卫视 2005 年 1 月 22 日报道，http：//www. phoenixtv. com/phoenixtv/72624942037860352/20050122/491769. shtml。

② 《台湾议会又现群殴场面》，http：//www. tianya. cn/publicforum/Content/no04/1/471384. shtml。

言行涉及人身攻击的情形在“立法院”由来已久。第五届“立委”在2003年主要有如下这些：因人身攻击较严重而被移送“纪律委员会”的有蔡启芳、林重谟和女性“立委”游月霞。其中，蔡启芳因为说要与女性“立委”陈文茜的身体器官“社交一下”，引发女性“立委”众怒，批其践踏女性尊严；林重谟则称某女性“立委”为“妓女”与“菜店查某”而触犯了该名女性“立委”的尊严；游月霞于质询时指某“部会”首长为“老处女”并使用其它不雅的语言进行人身攻击。另外，还有其他同样使用语言暴力但未被移送者，如：邱毅辱骂“行政院经建会副主委”张景森为“王八蛋”；傅崑萁指“新闻局长”叶国兴是“狗”；廖风德称“行政院长”游锡堃为“缩头乌龟”。事实上，其他未上新闻报道的语言暴力事件仍然不少，此处只列出了公开报道的典型事例。

代言或推销商品主要指以“立委”名义在“立法院”向同僚或向政府机关推销商业产品。第五届“立委”在2003年间有国民党女性“立委”游月霞在“立法院”内推销肌肉疫痛药膏“威而柔”；民进党女性“立委”邱议莹替同党蔡启芳任董事长的台湾日光灯拍广告推销纳米“光触媒电风扇”；林重谟则当房屋中介公司的代言人。在2003年“非典型性肺炎”流行期间，有多位“立委”乘机推销产品，甚至有“立委”要求政府部门推荐商品。据媒体报道：

> 国民党立委李和顺是炳翰制药董事长，日前在立法院摆摊热卖大陆人参制品，宣称可以增加免疫力预防SARS。他派出公司的俊男美女推销员，穿梭在立法院的人群中，热情推销免费试喝的人参鸡汤。多位朝野立委上台代言，祝李和顺生意兴隆。①
>
> 身兼台湾日光灯董事长的民进党立委蔡启芳，早就抢得先机，在四月初疫情还未引起高度关注时，于立法院办了一场“置入性行销”回馈记者会。蔡启芳大力推荐自家工厂生产的纳米“光触媒灯管”，并夸口宣称可以抑制“SARS飞沫传染”，在场人士的表情是一脸狐疑。②

更有甚者，早在那之前的三月，台“财政部”以正式公文发函所属各

① （台湾）《中国时报》，2003年4月28日。
② （台湾）《联合报》，2003年5月7日。

单位，主旨竟是“函转蔡立法委员启芳为环能科技股份有限公司之产品均经节能标章认证，请本部协助推使，以响应政府节能政策一案，请参考办理”，遭到媒体曝光引发社会大众批判后，蔡启芳召开记者会公开表示，这款空调主机可以省电四成，所以和朋友投资生产，得到“经济部能源委员会”同意后，他发函向各个公家机关推荐，他不只向“财政部”推荐，甚至“总统府”和“法务部”都曾经回函表示乐于帮忙，整个过程公开透明，绝对没有所谓的施压与否的问题，因此，他自认无错可言。

关于具争议性“立委”当选“专门委员会”召集人，主要是指某些“立委”去申请担任自己所在“专门委员会”的召集人，全然不顾自己弊案缠身或自己的特定背景，如所兼任的公司与所在“委员会”业务范围有密切关系等，仍然以召集人身份参与许多本该回避的业务。在2003年上半年的会期中，12个“专门委员会”的召集人中，有如下五位因这方面的不检点行为而惹起争议：

表4－4　第五届“立委”中争议性“召集委员”（2003年）

“立委”	性别	任“召委”所在	争议原因
颜清标	男	“经济委员会”	曾经涉及贪污案件
傅崑萁	男	“预算委员会”	涉台风案（违法炒股）
林文郎	男	“财政委员会”	有证券交易业务的公司
邱永仁	男	“财政委员会”	有生物技术公司背景
陈志彬	男	“财政委员会”	兼中华证券常务董事长

资料来源：《“立法院”公报》92卷10－15期，《中国时报》2003年2月20－3月20日报道。

把本小节所有两性“立委”不当言行的资料加以综合整理，可以制出下表：

表4－5　第五届“立委”不当言行的两性比较（2003年）

不当言行	女性	男性	总人次
政党恶斗			不详
人身攻击	1	5	6
涉及司法案件	1	9	10
代言或推销商品	2	6	8
担任争议性“召集委员”	0	5	5

续表

不当言行	女性	男性	总人次
总计	4/50	25/175	29/225
不当行为发生几率	0.08%	14.28%	12.88%

注：第七栏斜杠后的数据为相对项的第五届“立委”人数，分别为女性50人，男性175人，总数225人，第八栏行为发生几率以不当行为“立委”数除以该性别“立委”在第五届中的席次，分别为：女性4/50；男性25/175。

表格中政党恶斗一栏无法具体化，因为目前关于政党恶斗的报道中，多以党派来划分而非性别。虽然很多报道都显示肇事者多为男性，在双方对峙的氛围中男性言辞比较激烈，但也只能据此并结合男性较具攻击性的生物特征来推论男性比女性容易引发肢体冲突，对政党恶斗起到可能的激化作用。另外几项不当行为中，两性的差异比较明显，并再次在几项对比中显示出一致的趋向，即：无论是议事过程中的人身攻击、“立法院”内推销商品或担任争议性“召集委员”，或是司法案件的涉入，男性的表现都比女性更容易招致非议。或者说，为了特定的目的，比如利益，或是某个法案审议，或是某次议事进行，男性比女性更不在乎别人的观感与评价，有更强的功利性或目的性。并且，这些不守本分的“立委”人次中，在男性“立委”身上发生的几率为14.28%远远高于女性的0.08%，差距达到170多倍。也就是说，在同样数目的两性政治人物中，男性发生不当行为的可能性是女性的170多倍。虽然这样的统计也许仍未尽翔实，但相信这个数据对两性政治人物的形象与操守差异情况应该能有所说明。再和前文关于两性对于利益纠葛趋避态度的差异比较以及议政内容综合起来，两性的分化更加明显，女性更关注民生议题，更注意利益回避，更谨守政治人物的言行分际，男性则与之相反。两性在政治态度、兴趣和爱好方面的差异，由此可见一斑。

第三节　个案分析：“两性工作平等法”审议透视

在综合比较部分，本文选取了第四届、第五届“立委”在2001年－2003年间的议政表现进行了初步分析，并做了粗浅的量化比较。但这样的角度显然还存在许多不足。首先，以一到两个会期的问政表现做观察，时间不够；而且施政质询内容太泛，任一“立委”的发言都可以天马行空，不但先后质询的不同“立委”发言内容之间没有任何连贯性，难以找到其言论的交集，即使同一位“立委”，在半个小时质询时间内的发言主题也有很大的跳跃性；加上每次质询人数都有200名左右，内容越发繁杂。这给笔者的资料整理和综合分析带来了很大的困难，以致无法把任一届“立委”的议政活动全部记录加以罗列比较，只能截取其中几个会期，在资料的代表性上难免有其局限之处。其次，根据台湾“立法院”任期届满议事不连续的原则，不少议案因此半途而废，更多的法案则需要经历重新提案、程序委员会审查才能再次进入议事日程，甚至经过几届“立委”接力才得以最终成案。这就容易造成“委员会”讨论同一议案的间歇性，致使以届期为时间划分的研究有片段性之嫌。为了弥补这方面的不足，本节研究以个案为主，采取法案追踪的方式，以历时12年横跨四届“立委”任期的“两性工作平等法”审议过程为切入点，考察两性“立委”在审议一个与政党意识无明显关联的同一议案时的表现，继续就前文推论出的两性在议政中的表现进行追踪求证，同时探讨其中与法案主旨密切相关的两性“立委”的性别意识关怀。

一、法案简介：缘起及经过

在台湾经济继续发展的80年代，大量女性走出家庭进入就业市场，但她们在就业市场上却受到严重的歧视，大部分女性在进入就职单位前被迫签订所谓的“单身条款”，即表明结婚或怀孕愿意自动离职才能得到工作机会。这样的事情在台湾的就业市场上屡见不鲜，如各地信用合作社的类似条款等，但并没引起人们的重视，直到1987年6月，台北市孙中山先生纪念馆的57名女性员工和高雄市文化中心44名女职员因为单身条款被迫辞职而抗议条款的不公。以妇女新知为主的妇女团体开始关注这类现象，对此提出严厉批评并积极声援这些被迫辞职的女性员工。但在抗议过程中妇女新知才发现，当时的台湾地区根本就没有一套法律能够直接用来规划劳动市场上的性别体制，自然也无从规范其中的性别关系而让性别歧视得以大行其道。在当时的法律体系中，仅有的“劳动基准法”和“工厂法”关于同工同酬的规定则经常面临解释争议。尽管“司法院”在1989年以座谈会决议方式，认为结婚即需辞职的约定违背公序良俗，应属无效，但因缺乏实质的约束力而无法有效制止“单身条款”现象。①

另外，经过进一步的调查研究，妇女新知发现，劳动市场上普遍存在着女性受雇者在招募、聘佣、报酬、配置、升迁、退职、退休及解雇等方面所遭受的不平等待遇。女性所能获得的工作仍集中在少数的传统行业和职业，从事着“发展前途有限之工作”。在工作报酬方面，女性每月平均收入只占男性的70.7%。限定女性就业或是实行不公平配置的做法，即使是在政府部门也常发生。例如，一些公务人员特种考试中，就会出现有性别歧视的规定，包括仅限男性报考、压低女性录取名额、或对两性用不同的录取标准。即使女性被录取后，也很少获得在职进修或升迁的机会。至于职业场所中的性骚扰，更带给女性许多工作上的困扰，不只影响到女性的就业机会，还会造成她们身心上的问题。同时，调查结果显示，已婚妇女认为政府所应该提供增进女性参与就业的措施中，主要就是增设托儿、托老机构，雇用薪资与升迁上的平等保障，以及鼓励经营者给予留职停薪、弹性工时的方便。这些情况都表明，以立法手段保障两性工作权益和消除女性就业障碍的迫切性和必要性。

1987年，妇女新知提出立法口号：“实现两性平等，确保女性享有与男性同等之工作权及生存权，并贯彻宪法保护母性，实施妇女保护政策之精神”，开始组织人员草拟法案。在施继明和马维麟等人义务协助下，尤美女、涂秀蕊、陈美玲、刘志鹏、潘正芬等律师经过长期的资料搜集、研究和讨论，结合欧美国家保护男女工作机会平等的立法特色并兼顾台湾经济发展现状，拟出“男女工作平等法”的第一份草案。为了更广泛地听取各方专家学者的意见，妇女新知先后举办了多次公听会，分别为1989年3月和1990年3月。在汇集专家学者意见的基础上，对草案进行了三次修改，即1989年3月第一次修订，1990年2月第二次修订，1990年3月第三次修正。1990年3月27日，赵少康等39名“立委”联署，正式将该提案送入“立

① 本小节主要参考妇女新知基金会编的《1999催生男女工作平等法手册》（妇女新知出版，1999年）和妇女新知基金会网站上的相关资料：http://www.awakening.org.tw。

法院”。因法案审议旷日持久，在这期间，台湾女性就业中的其它问题，如性骚扰等，已经开始受到社会的重视。同时国外也出现许多可以借鉴参考的法规及判例。因此，妇女新知组织尤美女等人进行修订，于1999年3月“立法院”第四届第一会期开议后不久，妇女新知再次委托女性“立委”叶菊兰将该法案的第六版本重新送去审查。同时，妇女新知发起更密集的行动催生法案，除了原有的游说“立委”外，还发动万人大连署集结女性劳动者的意识，召开记者会宣扬立法精神，以舆论攻势和民意支持对当局形成强大的压力，迫使“行政院”和“立法院”重视这一法案。

表4-6　妇女新知推动“两性工作平等法”立法经过大事记

时间	妇女新知推动法案记事
1987.8	台北市孙中山先生纪念馆57名女员工和高雄市文化中心44名女职工因年满30岁或怀孕被迫离职抗议事件
1989.3	编撰出新知版“男女工作平等法”草案
1989.3.3	第一次公听会
1989.3.15	将修正后的“男女工作平等法草案”向社会大众公布
1990.2.9	“男女工作平等法”草案进行第二次修正
1990.3.21	“男女工作平等法”草案进行第三次修正
1990.3.27	经赵少康等39名“立委”连署，正式提案送入“立法院”
1991.10.26	在资方反弹下，国民党要求“立委”缓议，审议停滞不前
1991.11	工商建设研究会公布导致企业出走的十大恶法之一为“男女工作平等法”草案
1992.1	“新国会联合研究室”召开“男女工作平等法”草案公听会
1993.4	工商建研会发表“影响台湾经济法令及政策建言书”，反对制定“男女工作平等法”并建议删除全部草案内容
1994.9	新知版“男女工作平等法”草案第四次修订版完成
1995.8	新知版“男女工作平等法”草案第五次修订版完成
1999.3.5	妇女新知基金会召开“催生男女工作平等法，前进立法院”记者会
1999.3.8	妇女新知将第六版草案送“立法院”，三党“立委”连署
1999.3.30	“行政院”提出“两性工作平等法草案”
2000.7	提出“两性工作平等法”草案朝野协商说明会
2000.9.11	提出“两性工作平等法”草案整合版
2001.12.21	“立法院”三读通过“两性工作平等法”

资料来源：根据妇女新知基金会《1999催生男女工作平等法手册》（妇女新知出版，1999年）上的材料整理。

在法案审议进度方面，1990 年，自新知版的“男女工作平等法”草案送入“立法院”后，“行政院劳工委员会”亦开始草拟相应的“两性工作平等法”草案，并于 1994 年 5 月报请“行政院”审核。在这期间，“立法院”第一届曾于 1991 年 10 月和 1992 年 1 月举行两次“内政委员会”和“司法委员会”的联席会议，审查该草案。但因意见分歧，且企业界代表在公听会上强力反对，未达成任何共识。1993 年 6 月，第二届“立法院”期间，“内政、司法联席委员会”第三次审查会开始进行逐条审查，仍因意见分歧，仅通过了名称为“男女工作平等法”一项，决议待公听会后再继续审查。在几次审议过程中，法案内容逐渐为社会大众所熟知。由于该法案中的育婴休假和家庭照顾假等可能涉及提高企业成本，遭到企业主的强力反对，国民党当局态度趋于消极，“行政院”驳回了“劳委会”的草案。当时的“行政院长”连战表示，“保障女性应采取积极性的鼓励措施，避免用惩罚性做法”。“经济部长”江丙坤则认为，“如果过于单方面保护女性，将爱之适足以害之，且可能影响企业投资”①。由于“行政院”的配套版本迟迟没有出台，使新知版的草案审议一再延宕。1998 年 3 月、10 月，第三届“立法院”举行了两次“内政、司法联席委员会”，对草案进行第五次、第六次审议，争议重点转至“行政院”对应版本尚未出台的原因，并决议待“行政院”版本送达后优先审议。这样，直到 1998 年，“立法院”除了通过草案的名称为“男女工作平等法”之外，草案审议没有取得任何实质性进展。

1999 年，“立法院”第四届开始议事。早有妇女新知委托叶菊兰送入第六版本草案。同在 3 月，“劳工委员会”送去的版本经过长时间的协调修改后，获得“行政院院会”通过，形成“行政院”版本并于月底送请“立法院”优先审议。1999 年 5 月、6 月，经过“立法院”第四届第一会期内政及民族、司法、卫生环境及社会福利委员会联席审查两次，达成直接进行二读审查的共识。但因版本过多，除了新知版和“行政院”版本，尚有其它七个版本的草案在此期间陆续送入，而各个版本之间歧异仍多。于是“立法院”议决由谢启大（时任新党女性“立委”）担任召集人，进行朝野党团协商，在各党团对草案内容项目达成初步结论后，由各党团推荐六位学者专

---

① 《男女工作平等法，“政院”退回重议》，（台湾）《工商时报》，1995 年 2 月 17 日。

家组成审查小组，对九个版本的草案进行整合工作。该审查小组由律师尤美女、黄国钟、刘志鹏和学者郭玲惠、焦兴铠及刘梅君共同组成，其中尤美女和焦兴铠曾经担任了新知版草案 1997 年的增修工作。自 2000 年 3 月起，该小组召开十二次小组会议，并与各相关单位开过三次联席会议，在听取各方意见后，在 2000 年 9 月 11 日提出修正后的所谓“整合版”，在 10 月 6 日正式定案，交由谢启大在“立法院”中提出，继续进行审议工作，最后于 2001 年 12 月 21 日完成三读，被称为第四届“立委”的“毕业作品”。

二、法案审理过程中的两性表现

有学者指出，女性的政治力量主要来自于两方面，一为政策议题的控制，另一则为政治职位的参与①。在台湾，前者，如上文所述，已经有妇女运动团体正在通过各种方式展现组织的力量，试图影响政府或政党的政策议题；后者，则是近年来许多的女性通过公职选举进入政治体系，取得行政机构或民意机关的职位。政治转型后，随着妇女进入“立法院”人数渐渐增多，“妇女保障名额”对女性参政的作用引起学者们的热烈讨论。在“立法委员”单一选举制度制定之前，台湾妇女团体曾经提出以“四分之一性别比例原则”取代“妇女保障名额制度”，“性别比例原则”既保障女性也保障男性，以促进性别均势取代单纯对女性的保障，在长远的将来也可能对男性有利，超越了把女性视为弱者加以保护的观念，也避免了对“妇女保障名额”制度适用性的争议。性别比例原则的提出蕴涵了这样一个概念，那就是特定性别的利益只能透过该性别的民意代表或政府官员才能实现。这种只有女人才能代表女人，或只有男人才能代表男人的观点，是建立在所谓的描述性代表理论上的。描述性代表强调代表和被代表者之间在可以看得到的特征上具有相似之处，具有共同的经验，在被视为选民结构缩影的议会里，议会成员具备和选民相同的特质或经验，在议会里代表选民的利益②。换言之，作为弱势群体的妇女，通过公职选举中的投票行为，让一定数量的女性

---

① 陈菊《台湾妇女的政治参与》，1999 年“第四届妇女国是会议论文集”，http://taiwan.yam.org.tw/nwc/nwc4/papers/99nwc_301.htm。

② Hanna Fenichel Pitkin, *The Concept of Representation*, Berkeley, University of California Press, 1967, P. 60 - 61.

候选人进入“立法院”，将有助于妇女权益相关政策议题的提出或通过。就政治参与而言，通常一个社会中的弱势族群或边缘群体，如果没有特定代言人，与其利益相关的政策或议题将容易被冷落或忽视，从而加剧族群间不平等。在这种情形下，政治运作过程中是否有来自弱势族群的代表，会高度影响这个群体参与政治的意愿。从这个意义上说，进入“立法院”的女性人数增多，将会增加社会上女性对政治的关注，进而鼓励更多的女性投入公职选举中，似乎也能对女性相关的法案审议有所帮助。只是，在台湾的“立法院”运作过程中，具有多重角色与身份的女性“立法委员”，能在多大程度上为妇女的群体利益代言？女性“立委”增多了，是否必然会带来“妇女”群体的实际利益？这些将在“两性工作平等法”的审议过程中逐步揭示出来。

如前文所述，“两性工作平等法”草案经过了12年四届“立委”的接力才完成审议过程。根据“立法院”的法案审议过程，这一草案的审议主要经过历届“立委”提案、委员会审查才进入协商整合过程，整合的版本几乎是很顺利地就获得了最后通过。也就是说，在历时12年的漫长审议过程中，“立委”提案及历次委员会发言的记录既是了解草案进度的依据，也成为本文探寻其中两性“立委”性别意识关怀及其它影响议政因素的所在。①

1. “立委”提案及连署：女性比男性积极

总体而言，从“两性工作平等法”漫长的立法过程来看，前后共有15种版本，不包括“行政院”版本在内。其中以女性“立委”主提案的有9次，男性“立委”主提案的6次。姑且不讨论提案女性“立委”的性别意识，不论女性“立委”是有感于就业市场上的两性不平等而主动提案，或是在妇女团体的委托下被动提案，单就提案次数而言，女性“立委”的提案次数是多于男性的，也就是说，“两性工作平等法”草案主要是由女“立委”提出。这也表明，单纯从法案能进入“立法院”这关键的第一步而言，女性“立委”确实起了重要的作用。下表4－7则显示，除了受到妇女新知

---

① 政党协商不像委员会审议那样详细记录在《“立法院”公报》上，因此，协商过程中的发言无从查询。

委托的赵少康和叶菊兰外，也不乏部分“立委”主动提案，表明女性“立委”们在该法案立法过程中，并非纯粹处于被动支援新知版本法案的地位。

表4-7　第1-4届女性“立委”提案及连署情况（1990-1999）

时间	主提案人	连署提案人及两性人数	当届提案连署人数性别分布		提案人数占当届同性比例	
			女	男	女%	男%
1990. 3. 13	*吴德美①	李友吉等28人．女8．男10	12	28	42. 85%	11. 7%
1990. 4. 27	赵少康②	谢美惠等39人．女10．男29	28	240		
1995. 1. 13	李进勇③	许添财等24人．女3．男21	5	39	29. 41%	20. 1%
1995. 3. 7	*赵琇娃④	施明德等27人．女4．男23	17	144		
1995. 12. 14	蔡同荣⑤	56人（公报未记录）	公报未记录			
1998. 10. 1	*王雪峰⑥	黄天福等19人．女3．男16	6	26	26. 9%	18. 4%
1998. 12. 8	*叶菊兰⑦	颜锦福等17人．女3．男14	23	141		
1999. 3. 16	*叶菊兰⑧	简锡楷等42人．女15．男27	39	124	90. 7%	68. 1%
1999. 3. 23	*王雪峰⑨	赖士葆等32人．女2．男30	43	182		
1999. 6. 8	*朱凤芝⑩	江绮雯等34人．女7．男27				

① 吴德美于“立法院”第一届85会期第7次会议提出，见《“立法院”公报》79卷21期，1990年，51-60页。

② 赵少康于“立法院”第一届85会期第24次会议提出，见《“立法院”公报》79卷34期，1990年，69-83页。

③ 李进勇于“立法院”第二届4会期第37次会议提出，见《“立法院”公报》84卷5期，1995年，41-59页。

④ 赵琇娃于“立法院”第二届5会期第5次会议提出，见《“立法院”公报》84卷12期，1995年，155-171页。

⑤ 蔡同荣曾于1995年10月30日提出，但被退回，后于同年12月14日再提出，但《“立法院”公报》中没有再列出连署人名单。见《“立法院”公报》84卷62期，1995年，155-170页。

⑥ 王雪峰于“立法院”第三届6会期第2次会议提出，见《“立法院”公报》87卷36期，1998年，9-11页。

⑦ 叶菊兰于“立法院”第三届6会期第10次会议提出，见《“立法院”公报》87卷46期，1998年，9-10页。

⑧ 叶菊兰于“立法院”第四届1会期第3次会议提出，见《“立法院”公报》88卷11期，1999年，4-7页。

⑨ 王雪峰于“立法院”第四届1会期第4次会议提出，见《“立法院”公报》88卷12期，1999年，4-6页。

⑩ 朱凤芝于“立法院”第四届1会期第15次会议提出，见《“立法院”公报》88卷33期，1999年，10-11页。

续表

时间	主提案人	连署提案人及两性人数	当届提案连署人数性别分布		提案人数占当届同性比例	
			女	男	女%	男%
1999.9.28	*周雅淑①	张清芳等41人．女7．男37				
1999.9.28	叶宪修	沈智慧等33人．女16．男17				
1999.10.22	蔡同荣②	彭绍瑾等34人．女7．男27				
1999.10.22	蔡明宪	翁金珠等37人．女6．男31				
1999.11.16	*章仁香③	杨琼瓔等72人．女20．男52				

说明：1. 资料来源为《“立法院”公报》，详见注释。

2. 主提案人名字前面带*号标记者为女性。

3. 第五列和第六列以“立法院”届次作时间划分标准，其中吴德美和赵少康为第一届“立委”，1995年的三次提案都在第二届“立法院”议事期间，1998年的两次提案都属第三届，1999年的所有提案都属第四届。

4. 第五列：当届女“立委”提案连署人数，把各届内的提案综合考虑，因为有些女性“立委”会同时参与几个版本的提案，故不能把各次连署的女性人数简单相加，只能把各次提案综合起来考察。如综合吴德美与赵少康提案名单可发现，参与连署的女“立委”有谢美惠、朱凤芝、张博雅、沈智慧、萧金兰、葛雨琴、周荃、洪冬桂、洪秀柱、翁金珠、叶菊兰、许张爱帘等12位，男性用同样的方法统计。第二行，为当届“立委”中的任一性别总数，如第一届参与连署名提案为12人，第二行的28表示第一届女性“立委”总数为28名。

5. 第六列的目的是要观察任一届内曾经参与过提案或连署的“立委”在同一性别总数中的百分比，其数值为第五列提案连署人数与第二行同一性别总数的比值；男性“立委”总数由当届“立委”总数减去女性“立委”人数可得。第一届“立委”总数到1990年为268名，第二届总数为161名，第三届为164名，第四届为225名。

同时，需要指出的是，连署提案人的两性分布一栏，粗粗一看，基本上每次提案的连署提案人都是女性少于男性，比例最接近的一次是1999年9月叶宪修的提案，连署人中女性16位，男性17位，仍是男性多于女性。撇

① 周雅淑和叶宪修同时于“立法院”第四届2会期第2次会议提出，见《“立法院”公报》88卷41期，6－9页。

② 蔡同荣和蔡明宪同时于“立法院”第四届2会期第6次会议提出，《“立法院”公报》88卷45期，5－12页。

③ 章仁香于“立法院”第四届2会期第7次会议提出，见《“立法院”公报》88卷46期，20－21页。

开连署人对法案的真正态度不谈，任一单次提案中男性连署多于女性也绝不意味着对这一法案的提交男性表现得比女性积极。因为，“立法院”男性远远多于女性，男性人数总是女性的三倍以上。因此，这还要结合人数比例进行更进一步的分析。

从上表可知，除了主提案人方面女性多于男性之外，连署提案人方面，每一届的“立委”中，参与人数在当届同性别人数中所占的比例都是女性高于男性。虽然参与连署不排除同僚示好的可能，未必表示一定会为该法案护航，但仍能表明女性“立委”对该法案的态度表现比男性积极。同时，表格中纵向观察，发现各个时期“立委”提案连署的频繁度或积极性有所不同。第一届“立委”期间，只有两个版本的提案，虽然人数上是男性比女性多，但在性别上，则是女性比男性积极。第二届、第三届“立委”任期内，正逢“劳委会”版本被“行政院”退回，受当局意旨影响，这一时期提案版本少，参与连署的男女“立委”人数也都减少。根据上表名单检索发现，这一时期的主提案人全为非国民党籍，而国民党的“立委”则不分男女都没参加连署，其中不难推想政党因素的影响作用。第四届“立委”期间，国民党当局对此法案的态度转趋积极开放，“行政院”版本送进“立法院”，于是，在不违党意的前提下，提案与连署人数都大大增多，出现当届 43 名女性“立委”有 39 名参与连署提案的盛况。

2. “立委”发言：女性发言品质高于男性

根据“立法院组织法”第七条第一项规定：“政府机关提出之议案或立法委员提出之法律案，经程序委员会提院会后，交付有关委员会审查。审查后提院会讨论，但必要时，得迳提院会讨论”，“立法院议事规则”第 29 条也有相同内容的规定。因此，除了一些没有什么争议的法案外，几乎所有的草案都必须先经过委员会审查后再提报“院会”讨论。本文所研究的“两性工作平等法”即是在一读及委员会审查中不断重复，长达 10 余年，直到 2001 年 12 月才交付二读，随后快速完成二读程序。在各届“立委”审议期间，两性“立委”发言既是“立委”本身性别意识的展演，也是同期社会政治经济生活的体现以及法案审议进度的探测表。

第一届“立委”任期内，“立法院”曾经举行过两次“内政、司法委员会联席会议”。第一次联席会议于 1991 年 10 月 19 日召开，第二次于 1992

年1月11日举行，临时改成以公听会的形式进行。从出席名单来看，除了“立法委员”以外，尚有“内政部”、“行政院劳动委员会”、“法务部”等政府官员；在学者专家方面，则包括教授、保险专员、律师及企业界代表等。综观两次会议审议过程，两性“立委”发言内容大异其趣，女“立委”对女性在工作场所上遇到的各种困扰深有体会，也能体认到企业界的需要，发言切中要旨：

葛雨琴：事实上，很多女性在工作中并未受到劳基法的保障，因其所从事的工作不在劳基法规定的范围内，更有甚者，许多女性因为结婚、生育而被迫辞职，……再者，女性在工作的升迁、进修亦遭受许多限制。希望在条文中增加一个‘性骚扰’条文。①

叶菊兰：然而在就业市场上，距离两性平等仍十分遥远。我们必须澄清一个观念，女性由结婚、怀孕生子、以至养育儿童等阶段，乃是为台湾的优秀民族培养优秀的下一代，这并非女性一个人的责任，而是家庭、社会、国家的共同责任……②

谢美惠：本法一定要实施，……为了配合工商界的需要，我们可以阶段性的实施，首先实施的是所有的公家机关、公营的单位，……经过一两年之后，我们可以再扩及工商企业界，……③

相比之下，男性“立委”多未能了解立法的目的与意义，发表许多性别刻板的言论，或把关注点集中在法案的名称上，发表与法案实质内容不相关的言论：

王天竸：社会一般的称呼是‘各位女士、各位先生’，将‘女士’放在前面，故而本席建议将本草案名称中的男女二字颠倒，改为‘女男工作平等法草案’。……因为女性有细心、温柔、诚恳等优点，应让其有发挥的机会。……，国外许多航空公司雇用的空姐均为已婚、年纪大的女性，因为她们较细心、经验丰富。④

张世良：二十世纪，男女权已经接近平等的地步，二十一世纪以

① 《“立法院”公报》，80卷86期，1991年，157页。
② 《“立法院”公报》，80卷86期，1991年，158页。
③ 《“立法院”公报》，81卷6期，1992年，263页。
④ 《“立法院”公报》，80卷86期，1991年，159页

后，可能演变为女权的天下了！此一趋势，由国内大专院校的联考多由女生录取可见一般。……，请问劳基法、劳基法修正草案及就业服务法中有无涵括男女工作平等法所拟规定？有无叠床架屋之虞？……①

卢修一：谈到女男平等，不能成为女性享有特权，易言之即不可谓突显女男平等而造成另一种不平等。②

郁慕明：而女生也不要因为自己是妇女团体，就要遭遇比较特别的对待。提到生理假是否列入，基本上，这生理假就是男女工作不平等。……，因为男性也会有同样的生理周期循环，有时候你看到一个男性变得比较安静，仔细分析，是否也有周期。③

审议过程中，女性“立委”与当时备询的行政官员的对话也很值得研究。其中较为特别的是朱凤芝，因为担任“委员会”的主席，没有登记发言，但在整个讨论过程中时有发言，并特别就“性骚扰”部分，与当时的“法务部次长”林锡湖进行了激烈的辩论。朱凤芝首先举出女性法警与航空服务员的例子，认为在招考女性法警时强调胸围必须达到一定程度，这不但属于性骚扰，也是歧视女性的行为；而女性航空服务员在接受医生体检时，也应该要有护士或者第三者在场以示避嫌。林锡湖则认为女性胸围与肺活量是一样的，胸围未达到一定水准，不足以担任羁押人犯的工作；至于医生体检女性时是否要避嫌，则表示不清楚法律规定，仅仅说“违法须以有法律规定为前提，否则不算违法”。两人对答如下：④

朱凤芝：目前女性法警招考中特别强调女性法警的胸围必须达到某一程度，方才合乎录用标准，请问这算不算‘性骚扰’？据悉，胸围与肺活量并没有绝对的比例关系，当初为何订定此一歧视女性的条文？胸围大小与肺活量大小是一样的吗？

林锡湖：这不算性骚扰。此系对女警生理上肺活量的一定要求。这是尊重女性的条文，不是歧视，因为女性在处理人犯时，必须具有相当的肺活量。对。目前我们认为胸围未达一定水准之男性、女性均不足以

① 《“立法院”公报》，80卷86期，1991年，162页。
② 《“立法院”公报》，80卷86期，1991年，166页。
③ 《“立法院”公报》，80卷86期，1991年，170页。
④ 《“立法院”公报》，80卷86期，1991年，163－166页。

担当羁押人犯、解送人犯之工作。我们研究的结果是认为不能删除。①

朱凤芝：近来女性航空服务员招考过程中亦有遇到性骚扰之困扰，请问医生检验女性受检者时，是否应有护士或第三者在场以示避嫌？……希望法务部重视女性，对性骚扰加以明确的界定。

林锡湖：有没有这样的规定，本人不太清楚，不过，如有有关的规定，可以据以处理。不过此事应以健全的观念衡量，如果女医生检查男性时，……（林锡湖没有再说下去）。违法须以有法律规定为前提，否则即不算违法。

此外，企业界反对的声音也在第二次联席会议时候传出来。其中，企业界代表有一位奎谷公司董事长周敏，更以身为女性的立场，明确表示不需要立法保障女性工作权益。

周敏：是妇女随着时代的进步，学识才能不断提升，在企业界并没有受到任何歧视。……，知识水准的提高，不需要男性的同情和怜悯，应该有志气和能力可以在社会上任一行业中一争长短，不必以女性是弱者自居来争特权，所谓‘男女工作平等法’毋宁称为女性工作特权法，届时企业不敢晋用女性工作者，反而使女性自绝生路。②

总体上，在两次审查会议中的发言男性“立委”或是认为法案的制定没有必要性，或是谈些不着边际的话，两性“立委”发言几乎没有交集，法案审议没有取得实质性进展。

第二届、第三届“立委”任期内（1993 年 2 月 - 1999 年 1 月），国民党当局受到企业界的压力，立场趋于保守，“行政院”还退回了“劳委会”的草案版本。社会上对于这一法案仍未取得一致共识。在这一时期，“立法院”内国民党籍“立委”包括女性皆对此法案保持缄默，只剩非国民党籍的“立委”提案，因此，提案版本不多，连署人数也少。在这期间，“立法院”举行了“内政、司法委员会”第三次、第四次和第五次联席会议，但因“行政院”版本法案仍未送达“立法院”，“立委”发言仍是天马行空，除了非国民党的女性“立委”和部分男性“立委”继续为法案辩护外，大

① 《“立法院”公报》，80 卷 86 期，1991 年，163 - 166 页。

② 《“立法院”公报》，81 卷 6 期，1992 年，267 - 268 页。

部分男性“立委”发言或是试图阻挠议事进行，或是说些风马牛不相及的话。进一步观察，发现国民党籍的男性“立委”如林寿山、蔡友士、黄正一和陈宏昌等人频频以程序发言方式上台，要求先举办公听会，凝聚各方共识后才能逐条讨论①；或者从第一条文开始反对，试图阻挠议事进行，这些行为不免让人产生为政党意志背书的联想：

黄正一：本席实不知目前男女究竟有何不平等？女性的生存机会比男性的生存权少吗？难道有人规定女性只能活到五十、六十岁吗？②

蔡友士：本案条文内容根本无关平等，皆属保护性质，……，如果以后情形相反，尽是女生当男生的主管，则要叫谁来保护男生？……，本案名称应修正为‘女性保护法’。

蔡友士：男女有别，如何男女工作平等起呢？如台湾三百多个农会都是用考试招进人员，现在女生又比男生会考试，结果分发进来，……女生到了田间因怕蛇就不敢进去了；而晚上又要值班，她也不愿意，……有些女生甚至恐吓说要是被强暴了，怎么办？立法院的秘书都是女生，像男生也有很多阿！还都是研究所毕业的，还当不了秘书。

蔡友士：不知道赵委员（指赵少康）在家里是否有地位？应是太太超越于他，所以听太太命令提此案。③

国民党的男性“立委”以种种方式试图延缓议事进行，该党的女性“立委”则一致保持沉默，既未反对法案，但也没有表示支持，为法案发言的女性“立委”清一色为非国民党籍人士。因为缺乏相应的“行政院”版本对照审议，女性“立委”发言的重点由前期论述立法意义转向催促当局重视法案，加快立法进度：

叶菊兰（民进党）：从民国七十九年委员们提出两性工作平等法案到现在已将近十年。然而今天列席的行政官员根本不重视此法案，至今行政院没有送审任何相关法案到立法院，虽然过去劳委会有送审相关法案，然而行政院退回以后到现在已二、三年，仍没有下文。并且今天劳

---

① 《“立法院”公报》，82卷41期，1993年，419－435页。

② 《“立法院”公报》，82卷41期，1993年，425－426页。

③ 《“立法院”公报》，82卷41期，1993年，上述三则发言分别见428页、429页和431页。

委会主委、内政部长都未列席参与会议。①

高惠宇（新党）：我们现在最想知道的是行政院的提案版本何时才会送到立法院?②

范异绿（民进党）：你们究竟面临什么压力，以致不声不响，……，我们愿意再给予两个月期限，请你们最迟十二月七日复会前送来。③

部分受到妇女团体请托或比较具有性别平等意识的男性“立委”则对法案予以声援：

彭绍瑾（民进党）：请问是哪个部会反对?……究竟是财政部、经济部、银行或其他人?……无反对，为何放在那里不送过来?或者是工业、同业公会等反对?……雇主给你们压力?雇主担心，而后施压经建会，经建会再施压劳委会。你们是否在应付立法院?④

赵少康（新党）：生存权的意义不是说只准活到几岁，而是考虑到当其工作权受到某种程度的剥夺或不公平待遇时，将连带影响其生存权，并不是说没有工作，生存就会发生问题。

赵少康：本法基本上不是为了保护女性，而是在追求一个公平的待遇与机会，……，如女性工作时要求机会均等，而当其生产时则要贯彻宪法保护母性。

赵少康：母性也是女性，但女性却未必是母性，所以本法只要是给予凡为女性者一个平等的工作机会，……，当女性结婚后，可能就有陪产假、育婴假的待遇，绝不可因其怀孕而剥夺其工作权，……，生育不仅只是两性的问题而已，它对下一代的影响深远，立法必须有前瞻性。⑤

沈富雄（民进党）：以陪产假为例，……对企业所产生之冲击恐怕不如想象中严重，更何况二次陪产假也不一定在同一企业中发生，……

① 《“立法院”公报》，87卷10期，1998年，315页。
② 《“立法院”公报》，87卷39期，1998年，6页。
③ 《“立法院”公报》，87卷39期，1998年，8页。
④ 《“立法院”公报》，87卷10期，1998年，332－333页。
⑤ 《“立法院”公报》，87卷10期，1998年，332－333页。

经济平等是两性平等的基础……，大部分女性身兼二职——职业妇女及家庭主妇，其所负担的工作大约为两个人的工作，而男性则否。……，可以藉由立法的手段，将天赋的不平等稍微拉到较平等的状况，以补先天的不足。①

谢长廷（民进党）：'男女工作平等法'在名称上是否会让人产生目前男女不平等的误解？本席认为这不是误解，而是大家发现了这个问题。因为传统观念及若干客观因素，确实造成诸多男女不平等的情况。……，还有禁止性骚扰的规定，应将其精神导入本法中。②

蔡正扬（新党）：目前较多的情形是，男性上司运用其职权优势骚扰女性部属，很多女同胞为了保住饭碗而敢怒不敢言，……实有必要加订法规加以规范。③

同时，值得关注的是，不知是否由于社会教育的结果，经过妇女团体的一系列普及性别意识催生法案的行动、联席会议的几次广泛讨论以及媒体的大幅度报道之后，这个时期的男性"立委"已经鲜有发表缺乏性别意识的言论，对法案审议的消极作用体现在发言中的顾左右而言他：

蔡同荣（民进党）：对于残障同胞，我们当然必须尽可能给予协助，提供就业机会。……请教江内政部次长，目前有多少个机关，确实遵守残障福利法之规定，保留百分之二的工作机会给残障同胞？④

另一男性"立委"罗传进的发言同样离题万里，他不但发言指出落实照顾残障同胞政策的重要性，随后更把锚头指向当时的台北市长陈水扁，指其调高台北市里长薪水是为了绑桩（选举用语）。在"两性工作平等法"专案审议过程中发表这样风马牛不相及的言论，让人费解：

罗传进（国民党）：不过本席认为最严重者并非两性工作不平等，而系未落实照顾残障同胞。目前以罚款方式要求各机关强迫雇佣残障同胞是不对的，……。公教人员调薪在执政党维持物价稳定之政策下，幅度通常是百分之三。但台北市里长薪水原是一万五，市长陈水扁却调高

---

① 《"立法院"公报》，82卷41期，1993年，423－424页。

② 《"立法院"公报》，82卷41期，1993年，426页。

③ 《"立法院"公报》，87卷10期，1998年，320－322页。

④ 《"立法院"公报》，87卷10期，1998年，314页。

三倍成为四万五，以收纳成为选举桩脚，滥用行政资源，形成不公。①

此外，仍有男性“立委”从其它角度发言反对该法案。新党郑龙水认为“两性工作平等法”范围过于狭窄，不予支持，并与当时的“劳委会副主委”张昌吉进行了一场没有交集的对答。张昌吉对于郑水龙的上述表示，一再以“行政院”已经开始着手审查“劳委会”版本法案作为回应，导致两人对话在各说各话中结束。②

这样，在缺乏行政机关相应法案的前提下，该法案议事继续空转。虽然仍有部分男性“立委”如赵少康、谢长廷、魏镛和李永吉等人支持法案审议进入逐条讨论，但最终仍是无法取得实质性进展。而第三届“立委”任期转眼就要结束，法案的继续审议只好寄望于第四届了。

1999年2月，第四届“立法院”开始议事。因为“立法院”议事届期不连续，所有未审议完毕的法案，都要重新提案。新会期伊始，妇女新知即委托连任成功的女性“立委”叶菊兰将修订完成的第六版草案送入“立法院”。时隔不久，同样连任成功的女性“立委”王雪峰的版本和“行政院”版本相继在同一个月内送进“立法院”。随后，陆续有其它六个版本跟进，草案版本加上“行政院”版达到9个之多。“行政院”版本草案的出台表明执政党对法案的态度已转趋开放，国民党的女性“立委”开始积极为法案辩护。同时，在妇女团体多年的努力推动下，性别平等意识深入人心，社会上也逐渐形成了立法的共识。因此，这一时期的法案审议回归务实，“立委”发言转向各版本条文内容的比较③。女性“立委”则抓住这一有利时机，就细节部分进行厘清，包括陪产假与育婴假的制定、女性生理假的纳入与否、性骚扰的定义与条文、企业罚则、法案适用范围等等，都是审议过程中发言的重点，审议也取得实质性进展：

秦慧珠：第一，性骚扰的定义与范围为何？需要很具体地列出，……第二，如何进行有效、畅通的申诉管道？……。第三，谁是裁

① 《“立法院”公报》，87卷39期，1998年，319页。

② 整段询答过程相当冗长，此处不录，详见《“立法院”公报》，87卷10期，1998年，322－325页。

③ 这一时期的“立委”发言踊跃，详见《“立法院”公报》，88卷33期，1999年，211－270页；《“立法院”公报》90卷58期，2001年，237－345页。

判者，谁有权做最后的仲裁者?①

萧金兰：子女未满一岁需亲自哺育者，……，因为法律中并未明文规定，限制员工人数达多少人以上的公司要如何做，……。关于陪产假的问题，叶委员（叶菊兰）的提案是应给予五天假期，行政院的版本则是应准予两天的假。②

随着“立委”们对法案的深入了解与性别意识的推广，法案的审议开始有了实质性进展，参与推动的“立委”也越来越多。但是，仍有极少部分男性“立委”为企业主的利益代言，发表一些性别刻板的言论，在性别意识已深入人心的20世纪90年代末期显得尤其突兀：

郑朝明：主要是因为女性先天在体质、体力及种种环境上的差异，而使得雇主认为不方便，增加其就业成本，因此在待遇上有所差别，……。女性不必服兵役，其体质关系较文静，念书方面较有耐性，所以往后男性在觉醒之后，提出男女应在权利义务上平等，而要求女性当兵，政府将如何因应?③

邱镜淳：则本席认为以台湾目前的条件，再加上此法，而让妇女的就业机会丧失的话，订这样的法也只是空的罢了。此法订了就要做，能够落实，否则只会让厂商倒闭，无法生存。这样的法可能并不适合目前中小企业的形态。企业没有生存，就没有求职机会。④

但这样的言论毕竟已属少数，终究挡不住立法的脚步。经过党派协商整合不同版本意见后，2001年12月6日，“立法院”第四届第六会期第八次会议就整合后的版本进行二读，顺利通过，12月21日完成三读。至此，漫长的立法过程终于走到尽头，女性工作相关权益的问题有了一部专门的法律来保障，台湾社会在推动两性平权的道路上又迈进了一大步。“立法委员”的跨党派合作也得到了社会舆论尤其妇女界的称许，称之为第四届“立委”的“毕业作”。⑤

---

① 《“立法院”公报》，88卷33期，1999年，220页。

② 《“立法院”公报》，88卷33期，1999年，227－228页。

③ 《“立法院”公报》，88卷33期，1999年，217页。

④ 《“立法院”公报》，88卷33期，1999年，249页。

⑤ （台湾）《联合报》，2001年12月22日。

3. 法案审议全程述评

综合起来，两性“立委”在“两性工作平等法”全案审议过程中的表现可以归纳如下：

虽然不是每一位女性“立委”都会为推动立法而辩护，但总体上，女性“立委”对法案的态度比男性积极，从提案、连署提案人的次数以及持积极态度的女性“立委”在同一性别中所占的比例中已经总结出来，在委员会的发言也与这一趋向相符。在委员会审议过程中，虽然不是所有的女性“立委”都积极发言，但女性“立委”只要发言都是为推动法案进行，而男性“立委”则未必，为法案辩护者有之，反对法案者也不乏其人，以风马牛不相及的发言来干扰议事进行者同样大有人在。

政党因素仍然是影响“立委”议政的重要因素，这个因素在“两性工作平等法”审议中以国民党“立委”表现最为明显。如前所述，国民党的“立委”在第二届、第三届期间，因为国民党对法案态度趋于消极，于是，国民党的男性“立委”发言干扰议事，女性“立委”则由前期对法案的支持转为保持沉默，直到第四届“立委”任期，该党放开这一法案后才又积极发言推动立法。

当政党意志不那么强势的时候，在妇女团体的居中奔走下，女性“立委”有逐渐结盟的现象。如在法案提出初期，国民党尚未反对该案，因此当时连署人以国民党女“立委”为主，民进党的叶菊兰及无党籍的张博雅也参与其中。第二、三届“立委”任期内的法案全为民进党或新党的女性“立委”为主提案或连署人，委员会审查过程中也听不到国民党籍女性“立委”的声音。第四届“立委”期间，国民党态度转变后，国民党女性“立委”积极参与提案或连署，包括参与民进党人或新党人士的提案连署，在第四届的委员会审查中以“女性”的身份集结起来共同为法案辩护，难得地出现了女性“立委”为性别认同而结盟作战的景况。

利益团体仍然是“立委”议政中不可忽视的因素。从第一届“立法院”审议开始传出企业界的反对声音后，部分“立委”为其代言的情况就一直贯穿在整个审议过程中。直到第四届“立法院”开议之时，在妇女团体的多年宣导下，社会对此已经达成共识，“立法院”也已经体认到这股民意，但部分“立委”为企业界发言反对的声浪仍然不绝于耳。就“立委”的多重角色与身份而言，也许这本无可厚非，但它表明了法律制定的复杂性，让人们得以一窥立法过程中社会各团体与势力之间的相互角力与妥协。

结合前述关于两性“立委”议政的综合分析，台湾女性参政的具体表现及性别分析可以总结如下：女性进入政坛后，大部分不刻意彰显自己的性别因素，虽然她们较之男性更支持妇女权益法案，更关心弱势、民生议题，也更远离利益纠葛，但这部分特质仍只是大多数女性政治性格的一部分。在当前台湾的政治生态下，本就处于结构性少数的女性“立委”常被不同的政党意志分割，更多时候，她们和男性一样，沦为政党斗争的工具，迷失于男性的游戏规则里，和男性一起共同向人们演绎台湾所谓民主政治的真谛：“政治的目的不是解决问题或制定公共政策，而是表达情感或‘作秀’”①。这是台湾目前的政治生态使然，也是台湾政治发展过程中的阶段性表现。尽管当前台湾政治发展的各种乱象及其民主的异化正引起世界瞩目，但笔者相信这只是当代台湾政治发展的一个过程，也有学者指出蓝绿两极化政治并非台湾政治发展的宿命。② 在当前的台湾，即便女性参政只是相对而言地较有利于女性权益、弱势族群和民生议题，女性参政仍因其两性平权的象征意义和上述的实质意义而有其积极推进的必要性。“女性主义毋宁有其值得宣扬之处，质言之，即它对政府服务对象的关切，重视微观的、具体的成长经验与包容性的政策立场，对前线工作人员所处情境的认同等等，均是主流公共政策分析之中所看不到的，也正是女性主义最大的贡献所在”。③ 随着台湾政治发展的成熟，当公共利益成为政策主流，超越统独认同的公共伦理得以建立和公民社会普世价值得到回归，可以预言，女性弱势关怀的道德特质、女性主义以包容取代对抗的思维方向，对于岛内政治的正常发展和将来两岸政治僵局的化解，都将具有不可估量的积极意义。

---

① 顾昕，《台湾民主政治的迷惑与启示》，（新加坡）《联合早报》，http：//www. zaobao. com.，2002 年 1 月 4 日。

② 范晓军，《在蓝绿两极化困局下“脱色政治”的努力》，《台湾研究集刊》，2007 年第 3 期。

③ 石之瑜，《女性主义的政治批判：谁的知识？谁的国家？》，台北，正中书局，1994 年，129 页。

第六章　台湾女性参政的性别分析

半个多世纪以来，台湾女性在政治参与上走过了一条艰辛的道路，取得了可喜的成绩。当今政坛上的女性公职人员逐渐增多，尽管其中仍然掺杂了政党等其它因素，但作为女性整体政治力量增强的表现，女性公职人员正日渐成为台湾政治运作过程中不容忽视的因素，对当前台湾政治运作的影响日益重要。前文已经根据战后台湾地区社会发展的情况，描述了半个多世纪来女性参政在不同时期的表现，对女性在各级公职人员中的参选情况与当选情况作了大致的考察，并从综合比较与个案分析的角度观察了“立法院”中两性“立法委员”在政治态度、政治兴趣、政治理想等方面的差异。为了探析这些现象背后的社会性和制度性因素，本章将把女性在不同时期参与选举政治的表现加以综合，以勾勒出女性参政在半个多世纪里的走势，探讨政治环境的变化和妇女运动的发展这两者与台湾女性参政之间的内在关联。在此基础上，引进社会性别差距理论的解释框架，从政治社会化理论、资源论和结构论三个角度展开，试图解读两性在政治参与上的差异成因。

第一节　女性参政走势分析

在对台湾女性参与选举政治的情况做一个总的回顾之前，有必要先了解一下有关政治民主化与女性主义以及女性参政三者间关系的研究，以便为笔者考察台湾女性参政的情况提供有益的借鉴。

一、妇女/性别与民主化

早在上世纪 80 年代前后，妇女研究者就开始努力将性别政治的研究扩展到正规的政治体制之外，包括妇女社会草根式的活动，并且特别注重那些以妇女为主体和女性生命、身体相关的议题。也就是说，将政治看做一种权力分配的场所，由原来以政府或代议会场为主延伸到社会层面，议题由原来的公领域扩展到私领域，政治主角由男性主导改为两性主导。当然，这样的研究多以妇女运动较蓬勃发展的西方社会为主。为了与早期以西方中心的研究惯势相区别，90年代后，第三世界或有色妇女与政治的研究兴起，研究者们主张，关于妇女与政治的研究应该放回具体的社会发展的历史脉络里进行。目前，这方面的研究成果主要以拉丁美洲民主化和东欧诸国民主化的经验为主。

一般来说，民主化所追求的政治体制包含下列几个特征：人民性、平等性、开放性等①。具体说来，就是指社会各族群有平等参与政治决策的机会，开放的政党竞争，公开定期举行的公职人员选举，以及言论、出版、集会和结社自由等。这样，民主化赋予了原来被排除在政治场所之外的社群或弱势族群参与决策过程的法源及相关实践机制。从这个意义上，妇女也获得了参与政治的机会。从妇女的角度来说，政治民主化对妇女运动乃至妇女参政的影响主要体现在以下几个方面：首先，民主化对人民平等参与决策过程的标榜合法化了妇女进入政治领域的要求。妇女作为社会的主要社群之一，其民意授权构成国家政权合法性的来源之一。因此，妇女不但应该享有投票权，其代表参加政治选举进入体制也是有必要的。而民主化体制下各级公职人员的公开、定期选举则为妇女提供了实践其投票权和参政权的机会。其次，开放的政党竞争也提供了女性进入政治领域的契机。在开放的政党竞争中，各政党为了开拓政治资源扩大选民基础，会积极拉拢传统受排挤的弱势群体，如妇女，并可能将妇女的诉求纳入政党的政治关怀中。此外，民主化所保障的人民言论、出版、集会和结社自由更是妇女运动得以蓬勃发展的保障。台湾妇女运动在解严前后的发展规模和成果似乎也能证明这一点。反过来看，如果没有政治民主化所赋予的政治机会，妇女运动的社会教育成果终究难以转换成社会政策改变乃至社会变革的力量。

台湾地区当代社会的发展变迁浸润在东方文化传统与西方工业文明的交融中，传统文化中男尊女卑的思想成为社会生活中无形的却无处不在的潜规则，如前述“单身条款”、修改前的“民法亲属编”等。两岸分治后，台湾

① 孙关宏主编，《政治学概论》，复旦大学出版社，2004年，415－416页。

社会走上仿效欧美的发展道路，政治制度上采取了西方的代议式民主。80年代政治转型之后，源自西方女性思潮的妇女运动蓬勃发展，利用政治转型所赋予的政治机会，以修法的方式逐步解构法律体系中的男性中心主义，通过法律的修改和制定主导性别平等的具体落实①，同时积极推动女性参与政治选举，努力提高女性在各级政治机构中的代表率。80年代末期开始的政治转型，其于台湾妇女运动和女性参政的意义，曾有台湾学者做过研究：

> 总之，民主化和妇女的政治表现可以有下列几种关系：第一，民主化透过定期选举的实施，直接增加妇女参与‘正规’政治管道的机会；第二，民主化的党禁开放，政党竞争可以开拓妇女争取政治代表的新场域；第三，透过人民集会与结社等基本人权的保障，民主化不但合法化原有的妇女运动，直接促使妇运更蓬勃，也可以提供妇女更多组织团体和形成新集体行动的空间；最后，第四，社会民主化保障妇女作为社会的弱势族群，有权利要求政府政策满足其特有的需求，并合理分享社会资源，民主化因而有助于让妇女议题进入政治和政策的论述场域，使妇女成为政治场域的 agency。②

关于这一段论述，本文将通过观察近 40 年里台湾女性参与政治选举的表现来予以验证。

二、女性参政走势及分析

从 20 世纪五十年代开始，国民党在台湾开始试行地方性的自治，开始举办省市议员和县、乡一级的公职人员选举。后来，随着岛内政治情势的变化，地方自治制度几经修改，1994 年起实行全面地方自治，全面开放省级公职人员选举，并选出了第一位民选的省长宋楚瑜。但时隔不久即生变故，宋楚瑜第一届任期届满之时，台湾当局即将省级行政单位虚化，一并取消省级民意代表的选举，“直辖市”、县、乡级别的选举照常举行。2000 年民进

① 关于妇女团体在这方面的努力，详见陈昭如《创造性别平等，抑或与父权共谋？——关于台湾法律近代西方法化的女性主义考察》，《思与言》，40 卷第 1 期，2002 年 3 月；刘毓秀，《男人的法律，男人的“国”“家”，及其蜕变的契机》，《台湾社会研究季刊》，20 期，1995 年 8 月。

② 周碧娥，《台湾妇女与政治：1985 – 1994》，王雅各主编《性属关系（上）——性别与社会、建构》，台北，心理出版社，1999 年，348 页。

党上台执政后，曾一度传言要取消基层乡镇选举，乡镇长采取选派方式，以逐步消解国民党在地方基层经营几十年的选举桩脚及其背后的人际网络，但一直未见实施。虽然地方各级的公职人员选举一直都在举行，但随着80年代后期因政治转型而至的政治机会的骤然增多，更多的政治精英把目光投向了全面开放的“中央民意代表”选举。

80年代后期，随着政治转型到来，“中央民意机构”几经变动，去台时的三个“中央民意代表机构”经过90年代的历次“宪政改革”后职能一再调整。第一次“修宪”后“监察院”成为准司法机关，不再具备民意机构的职能，“监察委员”的换届选举于1992年起停止办理。“国大”虽于2005年才正式彻底废除，但“国大”的虚化早在2000年“国代”任期届满时匆促通过的第六次“修宪”案中确立，故“国大代表”的选举从1996年后就没再举行。也就是说，在90年代“中央民意代表”全面改选的风潮中，“国代”的换届选举实际只举行了两次，分别为1991年和1996年。这样，“立法院”成了当今台湾地区唯一的民意代表机关。换言之，从1969年开始的“中央民意代表”定期选举，只有“立法院”一以贯之持续到了现在。因此，本章对于半个世纪以来女性参政走势的观察，将围绕“立法委员”的选举来进行。

表5-1 历年“立法委员”选举两性参选情况（1969-2008）

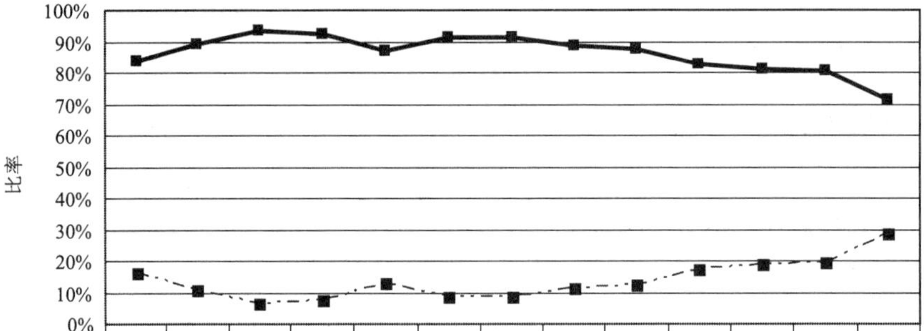

	1969	1972	1975	1980	1983	1986	1989	1992	1995	1998	2001	2004	2008
女性	16.0%	10.9%	6.6%	7.8%	12.9%	8.8%	8.6%	11.4%	12.6%	17.3%	18.8%	19.5%	28.6%
男性	84.0%	89.1%	93.4%	92.2%	87.1%	91.2%	91.4%	88.6%	87.4%	82.7%	81.2%	80.5%	71.4%

年份

男女候选人比率

资料来源：根据前文第二章中表2-2和第三章中表3-3有关“立法委员”选举的数据制作而成。

表5-1是两性候选人在总候选人中所占百分比的比较，也叫做参选率

的比较。这个指标可以观察两性对参政的兴趣和意愿。由于两性候选人的参选率是互相说明对方的，其两者之和为 100%，所以两性的参选率呈现负相关现象，也就是说，若女性的参选率高，则男性的参选率必定就低。本表的观察时间起自 1969 年，即台湾当局开始实施“中央民意代表”增补选的第一年。从上表可见，女性参选意愿的曲线以 1990 年为界，有明显的不同。前段，有高低起伏，但始终围绕着 10% 左右的幅度波动；后段，则稳健上升，逐渐达到 20% 左右。在 1969 年到 1989 年期间，有两个时间点女性参选率较高，分别为 1969 年和 1983 年。1969 年为开放“中央民意代表”选举的第一年，即使只有少量的应选名额，仍极大地激发了人们的参与热情，女性踊跃参与报名应该也与这一政治情势有关。1983 年的参选女性也不少，笔者认为是受到了 1980 年选举中部分“高雄事件受刑人”家属如周清玉（姚嘉文妻）、许荣淑（张俊宏妻）等代夫出征成功当选所激励。但总体上，不论女性参选率如何波动，总维持着 10% 左右的水平，这就是妇女保障名额制度中所规定的女性当选最低比例。1990 年以后，政治转型逐步深入，1991 年的第一阶段“修宪”开始讨论“中央民意代表”全面改选的问题，一向由国民党垄断的高层权力资源将面临重新分配，引发社会各界的密切关注和热烈讨论。同时，妇女团体多年宣扬性别平等意识的社会教育也终于等到了政治机会骤增的大好实践机会。在各种因素的共同作用下，女性参政的意愿也得到极大的鼓励，女性参选率开始逐届攀升，稳健上扬。但值得一提的是，无论女性的参选率多高，但都始终在 20% 左右徘徊，难有更进一步的突破。为什么女性参政意愿提高了，在自由选举的“立委”选举部分，报名参选的女性仍只维持在 20% 的幅度而不会更高？对这个问题的解答，需要和台湾地区特有的选举文化与选举制度联系起来综合考察，这将在后文继续探讨。

上表描述了历年台湾“立法委员”选举中两性参选的当选情况。男女当选人比率是指男性或女性当选人占总当选人的比率，两性比率之和仍为 100%，所以，女性比率增高了同样必然导致男性比率的降低。这个当选比率说明了两性在政治职位上的实际占有情况，也称之为代表率，表上曲线的走向表明社会政治资源在两性间分配的变动情况。观察上表，发现这个表格和表格 5－1 有个明显的共同点，就是都以 1990 年为界，呈现阶段性变化。

表 5-2　历年"立法委员"选举两性当选情况（1969-2008）

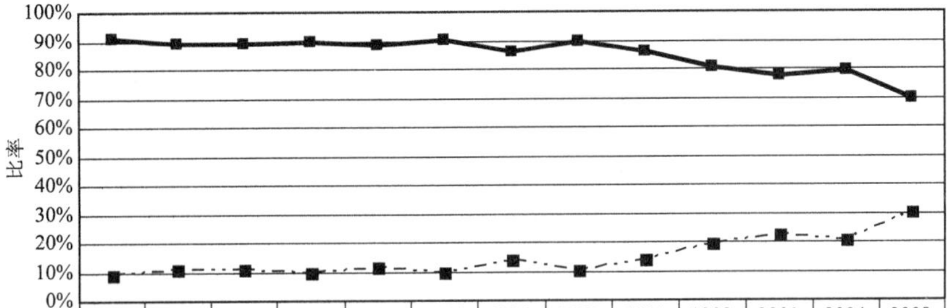

	1969	1972	1975	1980	1983	1986	1989	1992	1995	1998	2001	2004	2008
女性	9.1%	11.1%	10.8%	10.0%	11.3%	9.6%	13.9%	10.6%	14.0%	19.1%	22.2%	20.9%	30.1%
男性	90.9%	88.9%	89.2%	90.0%	88.7%	90.4%	86.1%	89.5%	86.0%	80.9%	77.8%	79.1%	69.9%

年份

男女当选人比率

资料来源：同上。

1990 年之前的曲线有轻微波动，1990 年以后的曲线则在平稳中缓和上升。这仍与前文关于 1990 年前后政治情势变化的分析大体一致。1969-1989 年间，女性在"立法委员"的代表率总在 10% 左右微幅波动，尽管参选率在某一年或有小幅度上扬，但参选意愿的提高却未必能转换成民意代表中女性席次的增多。在 1990 年之前的 20 年内，女性当选的比率大体不变，总维持在 10% 左右。其中 1989 年的人数增多，笔者认为与戒严后民进党首次参加"立法委员"选举有关。民进党于 1987 年解严后得以合法化，在 1989 年的五项公职人员选举中，首次披挂上阵，在 80 年代末期弥漫台湾社会的民主风潮中，标榜草根利益的民进党无疑比国民党更能得到本土民众的支持，包括妇女团体的认同。因此，1989 年的女性"立委"代表率达到前一阶段的最高：13.9%。但女性代表率借民进党气势上升的情况在 1992 年的"立委"全面改选中有所改变，民进党于 1991 年"台独"党纲中提出的强烈"台独"主张引起民众的担忧，结果导致次年的"立委"选举中民进党的得票和席次都不如预期，引发了"台独是票房毒药"的讨论。但大体上，1990 年以后，女性的代表率一直逐届上升，从 1992 年到 2004 年的 12 年间增加幅度达到 11.8%，平均每年增长约 2.8%，但到 2001 年 22.2% 以后趋于平稳，2004 年甚至稍有下降，仅为 20.9%，2008 年则达到 30.09% 的历史新高。纵观 1969 年-2008 年这将近 40 年间的"立委"职位性别分布，总体上，女性代表率呈现上升趋势，男性代表率则呈下降趋势，从中可以看到在社会政治资源的分配上，两性之间的差距在逐渐缩小。

本文第一章至第三章曾描述了半个多世纪以来台湾女性参与选举政治的情况，并考察了不同时期当选女性的身份情况。可以说，台湾女性参政类型的演变，和许多第三世界国家有着相似的过程。在戒严时代，与国民党的关系或家族势力是女性能否参政的决定因素，如余陈月瑛；当然，为了符合十分之一的保障名额要求，国民党也会提名少数从事妇女工作的干部参选。在戒严松动时期，“美丽岛事件”之后，政治受难者开始出现且快速增多，如许荣淑、周清玉等“代夫出征”，带着鲜明的政治反对色彩，同时一批参与民主运动的女性如陈婉真、陈菊、范异绿等在参与社会运动中积累了政治资源进而参政，还有先参与妇女运动转而投身政治者如吕秀莲、王雪峰、彭婉如等。解严以后，随着政治机会增多，女性参政的动机与背景渐渐多元。虽然仍以家族势力者为多数，但借着参与社会、政治改革，学生运动和妇女运动而进入政治领域的女性持续增多。把这一现象和表格中的 90 年代的时间分隔点联系起来，再结合前文关于民主化对妇女参政的意义和周碧娥的论述，台湾女性参政与政治转型的密切关系几乎是不言自明了。整体而言，女性参政取决于所在政治体制所给予的政治空间，像 1969 年以前 10% 左右的女性代表率就得益于妇女保障名额制度；而 90 年代后，政治转型使妇女运动合法化，连带合法化其女性参政的诉求，各级公职人员的定期选举则提供了妇女实践其和参政权的机会。甚至可以说，90 年代以来，台湾女性参政意愿及其在各级政治机构代表率的提高，离不开政治转型所赋予的政治机会。本文借用两位台湾学者的研究结论作为这一小节的结语：

> 民主的深入应会带来台湾妇女政治参与观点的激进化，及政治参与实际的平衡化：所谓民主的深入，指的是民主机制运作稳定，如政党竞选、轮替执政的发生及习惯，市民社会的成熟等，美国及瑞典就是这样的范例。所谓激进化，也就是更像欧美妇女减少对专家、受信任人士、有家世背景人的依赖。所谓平衡化，则是在参政的层面上，不仅集中在民意代表一类中，至少如美国一般，民代、行政主管分布相当平衡，总

参与率能及四分之一。①

早期的妇女参政离不开妇女保障名额的制度设计，近期（90 年代以来）台湾妇女参政取得的亮丽成绩则得益于民主化和女性主义者的努力。②

但是，需要强调指出的是，政治转型后带来政治资源渐趋两性平衡的这种趋势不是无限制的。表 5 -1 和 5 -2 都表明，即使在女性参选意愿最强的时候，其参选率也从没超过 20%，当选率最高也只在 22.2%。再把目标转向地方选举中女性参政最活跃的台北市议员选举（表 3 -5），可以发现，女性参选率最高的时候达到 26.55%，当选率则达到 36.5%，达到女性发挥作用的关键比例：25% -30%③。可惜在从“中央”到地方的各级及各地的公职人员选举中，只有台北市罕见地达到了这一标准，因而台北市女性民意代表的高代表率不能作为台湾女性参政普遍提高的说明。也就是说，总体上，台湾女性参政的比率仍是偏低的，距离 25% -30% 的关键比例尚有一段距离。同时，还有一个问题值得我们关注，就是女性参选率偏低的问题。综观本文中各级各次民意代表的选举（本章表格 5 -1，5 -2，和第三章的表 3 -5 和 3 -6），有一个共同点，就是 90 年代以后政治机会增加和社会上两性平等意识普及之后，女性参政表现积极，在总候选人和总当选人中的比例都在提高，但女性参选比率增长的速度几乎都低于女性代表率提高的速度。也就是说，在政治环境开放和社会风气形成之后，女性参选意愿提升有限，并没有随着政治机会的大幅度增长而快速提高，甚至还比女性当选的代表率提升

① 廖达琪，《台湾女性地方精英政治参与的观点与实际》，谢卧龙主编，《性别：解读与跨越》，台北，五南图书出版公司，2002 年，290 -291 页。

② 黄长玲（Chang - ling Huang），Strength in Numbers：Increasing Women' s Political Participation in Taiwan，参见 2005 年汉城梨花女子大学举办的第九届世界妇女跨学科大会（WW2005）上发行的 8 卷本“亚洲妇女学丛书”之三（台湾卷）：Gender，Culture & Society：Women's Studies in Taiwan，Edited by Weihung LIN and Hsiao-chin HSIEH，Esha Womans University Press，2005，P. 293 -294。

③ 关于女性参政人数发挥作用的“关键比例”或“临界点”，美国妇女运动领袖、知名的政治学者 Jo Freeman 女士在 1995 年赴台参加“第二届妇女参政生活营”时指出，只有当女性在议会与行政决策部门占有 25% 到 30% 的比例时，从政女性才能真正发挥作用，对社会产生实质改变。《妇女新知通讯》第 162 期，1995 年 11 月，4 页，转引自彭渰雯，《参政篇》，妇女新知基金会主编《1999 台湾女权报告》，妇女新知，2000 年，83 页。但也有其他学者认为该比例为 30% -35%，参见李英桃《社会性别视角下的国际政治》，上海人民出版社，2003 年，329 页。

来得缓慢。这意味着，女性参选率的提升有限也是影响女性当选率提升的一个因素。试想，如果参选人增加不多，又何来当选人的预期增加？至于是什么因素使女性的参政意愿提升有限？为什么在政治机会增加的情况下女性的参政意识及在政治职位上的实质代表权都仍远远落后于男性？接下来，本文将引进社会性别差距理论的解释框架来试图解答这些问题。

第二节　性别差距理论对两性参政的分析

纵观半个多世纪来台湾女性参政的演变，无论在戒严时代，还是在政治转型之后，女性参政在兴趣意愿方面和政治职位代表率方面普遍远远落后于男性。戒严时代固然守限于威权体制下政治体系的封闭，但在政治转型之后的90年代至今，女性参政的增长仍远落后于政治空间的增长，表现为参政意愿提升有限，政治职位上女性代表率提升亦有限。对于两性政治参与表现上的巨大差异，许多妇女组织和研究人员进行过深入研究，从历史、文化、机制等不同角度分析妇女参政水平普遍低于男性的原因，提出了不同的解释，最常见的有政治社会化理论、资源论和结构论，① 正好与周碧娥所引用的社会性别差距理论相一致。对于两性参政表现的差异，性别差距理论也提出了三个主要的解释框架，分别从政治社会化理论、资源论和结构论的角度进行阐释，试图从社会文化层面和制度性因素方面来分析造成女性参政表现落后的各种障碍。

一、政治社会化理论与女性参政

政治社会化理论从社会文化和人们的心理方面来分析两性对政治参与的意愿。这一理论认为女性的低政治化倾向是家庭为主的社会角色影响的结果。由于大部分社会和文化普遍将妇女的角色定位于家庭领域，女性从小就被家庭、学校和社会文化教育为适合于扮演妻子和母亲角色的人格特质和价值取向，结果使得女性自孩提时代起就对政治缺乏兴趣，长大成人后也不具

---

① 参见曹云整理的文章《社会性别与政策研究》，http：//www. westwomen. org/search/search _ content. asp？ id =21&leaf _ id =236。

备某些适合参政的特质和能力，甚至还可能导致妇女对政治的排斥①。

追根究底，政治社会化的理论其实源自女性主义关于性别社会化的相关论述。所谓社会化，是指一个人学习群体文化、学习承担社会角色，通过参与社会，从而与社会文化规范相适应的过程②。易言之，就是一个“自然人”被整合到社会中，成为“社会人”的过程。在这个过程中，人必须适应社会，并且会被所在的社会环境塑造成具有特定观念、价值和行为方式的群体中的一员；另一方面，一个社会或群体为了使自己的群体发展延续下去，必须要按照一定的方式方法培养下一代，这样才能使整个群体得以按预期方式维系下去。相应地，性别社会化就是个人关于性别角色和性别规范的学习过程，它是个人对自身的性别认同与社会所规定的性别角色、性别分工有机结合的过程。对于社会而言，性别社会化是使个体对性别规范认同的最基本机制，它通过个人和社会的互动使现存的社会性别制度得以延续。

持建构论的女性主义理论者认为，人类本质具有难以置信的可塑性，两性性格差异的形成完全取决于后天的文化规训，一旦这种文化所制定和教导的规范成为习惯，两性将终生受此影响，甚至世世代代传承下去③。在现实生活中，社会性别的生物差异性经过社会制度化力量的作用，通过一系列行为规范的制约，最终成为我们所认知到的社会性别观念。因此，社会性别实际上是一种以性别规范和社会角色为基础的文化建构。在这个文化建构过程中，社会产生了一系列的性别气质与性别角色分工，如，女性的性别气质是软弱、温柔，与之相符的角色分工则是女人负责操持家务、照料老人和孩子；男人的性别气质是坚强、勇敢等，因此他们操持生产、参与竞争，由此形成了“男主外、女主内”的传统性别分工。在此基础上所形成的性别秩序就是我们所说的社会性别制度，它涵括物质的、政治的和文化的各个领域，充斥在人们生活的各个层面，是一种最基本、最持久的社会制度，并在代代相传中沉淀为传统文化的一部分。

---

① 参见王嵩音《再看性别政治——从跨选举资料探讨性别与政治行为》，2005 年台湾政治学年会暨“台湾民主的前景与挑战”学术研讨会论文，2005 年 12 月 11 日，http：//www. dcfcncc. org. cn/aspnet/vip-usa/uploadfiles/2006 - 1/200612514290316. pdf。

② 北京大学社会学系，《社会学教程》，北京大学出版社，1987 年，60 页。

③ 苏红主编，《多重视角下的社会性别观》，上海大学出版社，2004 年，50 页。

不论社会发展程度和社会制度的差异如何，东西方社会的传统文化中，都有歧视妇女参与公共事务的习俗。这一习俗的形成主要有两方面的原因：一方面，缘于传统性别分工中男性对政治拥有的专属权利。由于传统的性别分工是以“男主外、女主内”为准则的，而“外”的界定一般是指家庭以外的公共领域，“内”的界定为家庭这样的私人领域。因而，政治在性别分工中是属于男性的领域。另一方面，女性自身也在某种程度上强化了这种性别分工。在传统的社会文化下，大多数妇女受性别社会化的教育，形成性别刻板的印象，认为政治勾心斗角利益至上，与女孩子的本性特质不符，因而在心理上厌恶政治，产生排斥感。同时，面对把女性角色和地位界定于家庭或私领域的传统文化，女性涉足属于公领域的政治，与原先家庭义务为主的角色期望难免不符，在协调处理家庭和社会角色关系的过程中难免引发内心的冲突。这些内心冲突和社会对传统女性母职或人妻角色期待的外在压力，共同导致了女性在参政形态上明显的边缘性。因此，大部分的女性的参政意愿不强，少数参政的女性通常是在家庭的大力支持下走向政坛，对于政治职位一般不会有太高的追求。

事实上，社会性别中这种关于男人－女人、公－私的划分贯穿于整个人类社会文明发展过程中。公元前5世纪，在西方文明发源地之一的古希腊，男女二分法的性别制度已经开始影响两性在政治上的参与了。雅典城邦民主制度的参与者为成年男性中的自由公民，妇女没有参政权。因为，雅典的政治学家们认为拥有政治发言权的人都是有经济和法律上的独立的自由人，只有自由人才具有独立思考能力和足够的理性决定公共事务，妇女不具备这一条件。柏拉图《理想国》中关于文化与自然二元对立的论述也许可以为此论证。柏拉图认为，男性与理性和文化相联系，女性与自然相联系，与男性相比，相对来说，女性更不适合过有哲理性的政治生活①。亚里士多德则很明确地把性别关系与这一区别联系起来，在他《政治学》开篇名言“人是政治的动物”里，妇女是不包括在有关“人”的论述中的②。所以，“私人

① ［加］巴巴拉·阿内尔（Barbara Arneil）著，郭夏娟译，《政治学与女性主义》，东方出版社，2005年，36－37页。

② ［美］梅里·E，威斯纳·汉克斯，《历史中的性别》，东方出版社，2003年，182页。

领域与公共领域的构建对我们理解古希腊政治学是如此重要，以致从实质上说，女性作为妻子和奴隶，要么被排除在公共领域之外（如在亚里士多德那里），要么只允许她们进入护卫者阶层，但首先必须使她们成为男人（如柏拉图所言）。”① 近代思想继承了这种二分法。在标榜“天赋人权”、“法律面前人人平等”的西方启蒙运动时期，在启蒙思想家们讨论和要求平等权时，妇女也从来没进入过他们的思考视野。18 世纪，在资产阶级的革命潮流中，思想家和政治家们更以道德低等的论述来回绝妇女的参政要求。美国的民主先驱托马斯·杰斐逊直言：“即使我们的国家是纯粹的民主国家，妇女仍将被排除在我们深思熟虑的范围之外，为了防止自己的道德被剥夺及防止问题的模糊性，妇女不应混杂于男人的集会之中。”②

在中国，母系氏族时期，参政权并没和性别挂钩。虽然当时是以母系为产品分配、居住和参与社会事务的依据，但男性并没有受到任何歧视，两性都可以平等地参与公共事务的决策。夏商时期，仍有贵族妇女介入公共事务的传统，如参与管理农业、主持祭祀等。西周初期，以周礼为标志的父权制建立起来。在性别分工上，周代贵族将“公”、“私”、“内”、“外”作了严格划分，在国与家之间谈公私，在家的范围谈“男主外、女主内”，外是男性的领地，内是女性的空间，与女人相联系的都为家事，属私人事务③。男女间的等级关系和两性秩序由此确立，并成为中国社会排斥女性参与政治的制度依据。随着儒家文化的发展成熟，男尊女卑两性分化的封建伦理纲常体系日渐完备。此后，直到 19 世纪末，在近三千年的历史发展中，与性别相连的参政权基本上沿袭了周礼之制，期间偶有微变，但大体的格局没有发生根本的变化，最集中的体现就是明令禁止女性参加科举入仕。20 世纪初，“女权主义作为现代化话语的一只号角被中国知识男性所吹响，尤其是到了新文化运动，有话语权的男性更是把女权主义作为现代文明的标志来宣扬，作为抵抗儒家三纲五常的有力思想武器来散播。正是因为女权主义在 20 世纪初是掺和在现代化和民族主义话语中由男性推上中国近代历史舞台的，它

① ［加］巴巴拉·阿内尔（Barbara Arneil）著，郭夏娟译，《政治学与女性主义》，东方出版社，2005 年，41 页。

② 转引自苏红主编，《多重视角下的社会性别观》，上海大学出版社，2004 年，99 页。

③ 杜芳琴，《妇女/社会性别史对史学的挑战与贡献》，《史学理论研究》，2004 年 3 期。

很快就进入了主流政治话语”①。但不久之后，人们发现，两性对女权的理解和看法截然不同。随之，在变动的政治局势中，女权主义从“五四”时期的中心荣耀地位向负面含义和边缘地位转化。

作为中国的一部分，台湾地区自明郑开发之日起就承继了镶嵌于中华文化中的社会性别制度，“妇无公事”成为人们耳熟能详的社会传统。19世纪末期，当世界妇女运动掀起第一次高潮时，包括台湾地区在内的中国妇女也深受启蒙，维新人士的女学运动、国民革命时期女权运动和新文化时期女权思潮曾先后冲击过儒家文化下的性别观念，但终究难以撼动根深蒂固的文化传统。日据时期，殖民政府对于台湾女性的“皇民化”教育只是要把女性纳入战争动员的体制以让她们为战争服务②，没有挑战传统的性别观念。甚至，据台湾学者游鑑明的研究，日据期间先后由彰化妇女共励会、台湾文化协会、台湾农民组合和台湾共产党所发起女性解放运动，在某种程度上源于日本殖民政府所倡导的兴女学运动，“这群由殖民政府所刻意建构的新女性，发展出不是殖民政府所期待的女性解放运动”③。二战结束后，台湾回归祖国，但不久之后，国民党政权据台，台岛成为国民党军事反攻基地，一切社会活动都被纳入军事反攻的论述中，台湾进入了顾燕翎所称的“女性意识断层期”④。20世纪70年代起，西方女性主义思潮传入岛内，妇女运动兴起，并在80年代后期得到蓬勃发展。在妇女团体多年的努力下，人们的社会性别意识有所觉醒或改变。随着80年代后期政治转型的来临，台湾女性参政表现积极。但总体上，女性参政意愿仍然不强，参政女性仍以有家族背景者居多。也就是说，能够突破传统男女二分法的藩篱，不受传统性别分工观念约束，不依靠家族的支持，纯粹以政治为个人理想兴趣或职业选择的女性仍是极少数。在人们或女性对职业分工的看法上，社会的、历史的、文化的因素仍然根深蒂固，传统文化的影响力由此可见。联合国第四次世界

---

① 王政，《越界：跨文化女权实践》，天津人民出版社，2004年，22页。

② 杨雅慧，《日据末期的台湾女性与皇民化运动》，《台湾风物》43卷2期，1999年3月。

③ 游鑑明，《明明月照来时路：台湾妇运的历史观察》，王雅各主编，《性属关系（下）——性别与文化、再现》，台北，心理出版社，1999年，197－220页。

④ 顾燕翎，《女性意识与台湾妇女运动的发展》，中国论坛编辑委员会主编，《女性知识分子与台湾发展》，台北，中国论坛杂志出版社，1989年，106页。

妇女大会通过的《行动纲领》指出："社会化以及男女陈规定型的消极观念，包括通过媒体传播的陈规定型观念，强化了政治决策仍是男性领域的倾向，……许多政党和政府的传统运作形态继续成为妨碍妇女参与公共生活的障碍。歧视性态度和做法、家庭和照顾子女的责任、争取和担任公职所需付出的高昂代价，都可能使妇女不愿意争取担任政治职位"①，再次证明了改变传统观念重构性别制度的任重道远。

二、资源论与台湾女性参政中的资源因素

资源论从人们拥有的参政条件来分析两性参政的难易程度。资源论认为妇女在参政条件上低于男性是导致妇女在参政中处于弱势的原因，最常被提到的两个不利条件是教育程度和职业地位②。因为，具备高等教育程度和专业职业经验是争取政治资源时很重要的条件，而妇女普遍缺乏较高的教育程度和合适的专业职业训练，政治资源有限，在参与选举时往往处于不利位置。从一般的意义上，资源论的分析确实指出了女性参政受限的原因之一。因此，有必要先考察一下台湾教育资源在两性分布方面的情况。

1. 台湾地区教育发展中两性受益情况

得益于60年代以后的台湾经济起飞，台湾地区的教育也得到了飞速的发展，并惠及广大女生。1956年，台湾当局即开始实施强迫义务教育，并在试点成功的基础上于1968年开始全面推行"九年国民义务教育"，教育投资逐年大幅度增长。从1950年到1988年，教育经费增加了490多倍，教师人数增加了7倍，学校数增加了4.45倍③。在义务教育实施的年龄范围内，学龄女童成为义务教育的直接受惠者。义务教育的实施对象是所有的学龄儿童，不存在性别差异对待，女生在这一阶段获得了与男生同等的受教育机会，不再因为父母的性别观念和家庭的经济状况失去求学机会的可能。表现在学龄儿童就学率方面，如表5-3所示，女生的就学率迅速提升，与男生之间的差距在缩小，到1981-1982年间，两性学龄儿童的就学率达到等

① 转引自吴青，《国际妇女参政的政策和措施》，《妇女研究论丛》，2001年增刊。

② 周碧娥，《台湾妇女与政治：1985-1994》，王雅各主编《性属关系（上）——性别与社会、建构》，台北，心理出版社，1999年，341页。

③ 陈孔立主编，《台湾历史纲要》，九州出版社，1996年，486页。

同，此后几年女生就学率还略略高于男生。“九年国教”的全面实施，相应带动了此后女生小学毕业升学率的大幅度提高，到 1991 年，两性毕业生的升学率已经不相上下，分别为女生：99.22%，男生 99.34%①。

表 5－3　1951－2000 年 6 岁至 11 岁两性儿童就学率（%）

年份	女生就学率	男生就学率	平均就学率
1951－1952	68.58%	93.44%	81.49%
1956－1957	90.31%	96.44%	93.82%
1961－1962	94.34%	97.54%	96.00%
1966－1967	96.36%	97.91%	97.16%
1976－1977	99.39%	99.45%	99.42%
1981－1982	99.76%	99.76%	99.76%
1991－1992	99.91%	99.89%	99.90%
1996－1997	99.94%	99.93%	99.94%
1999－2000	99.95%	99.90%	99.92%

资料来源：台湾“教育部”编，《“中华民国”教育统计（1999 年）》，台北市教育局，2000 年，32 页。

台湾当局对教育资源的大力挹注共同为处于初等学习阶段的女生接受教育提供了保障，初等教育的两性平权享受为女生接受高等教育创造了条件，降低了两性在接受高等教育上出现巨大落差的可能。早期，台湾当局对于义务教育以上的教育投资是以配合经济建设的人力需求为目的，并未考虑两性教育的平等性，使女性在高等教育的就学率仍然偏低②。但随着几十年的经济发展和社会整体教育水平的提升，女生在这方面受到的歧视已经有了改观。资料显示，在 1991 年－1992 年间，高等教育的男女就学率就已经相当接近，分别提升到 38.08% 和 37.74%③，表5－4则表明同一时期大学的女生所占比例约为44%，表示在高等学校的男女比例已经相当接近。到 20 世纪 80 年代末 90 年代初，在台湾当局的大力扶持下，台湾民众教育水准迅速提

① 台湾“教育部”编，《“中华民国”教育统计（1999 年）》，台北市教育局，2000 年，33 页。

② 谢小芩，《台湾两性教育经验的差异与变迁》，（台湾）《当代》90 期，1993 年 10 月，25 页。转引自李妙虹《战后台湾妇女的社会地位》，台湾中兴大学历史系，2003 年硕士论文，未刊稿。

③ 统计数据参见台湾“教育部”编，《“中华民国”教育统计（1999 年）》，台北市教育局，2000 年，36－37 页。

升，两性从初等教育到高等教育，就学率基本相当，升学率大致接近，在读学生性别比例大体均衡，显示在受教育权方面，基本不再存在性别差异的问题。也就是说，如果女生愿意，她们完全可以和男生一样追求足够高的学历。

表 5－4　1950－1997 年大学与研究所在学女生比例（%）

	1950－1951	1992－1993	1994－1995	1995－1996	1996－1997
大学	10.9%	44.7%	45.5%	46.8%	48.1%
硕士	10.9%	27.9%	28.0%	28.3%	28.9%
博士	10.9%	16.6%	17.4%	18.6%	19.2%

资料来源：1. 谢小芩，《教育：从父权的复制到女性的解放》，刘毓秀主编，《台湾妇女处境白皮书：1995》，台北，时报文化出版公司，1996 年，187 页。

2.《1998 年台湾妇女处境报告：妇女与教育篇》，蕃薯藤台湾妇女资讯网，http：//taiwan.yam.org.tw/womenweb/st/98/st _ table22.htm。

但是，进一步观察，就会发现，在受教育权已经基本实现两性平等的情况下，仍然可以看到性别社会化的消极作用。在大学教育男女比例达到均等的同时，研究所阶段则呈现出女性就学率偏低的现象。如表 5－4 所示，以 1994－1997 年为例，女性在大学的比例都维持在 46%－48%之间，硕士班的比例却下降到 28%，博士班更降低到 17%－19%之间，显示女性教育程度愈高，所占的比例就愈低。虽然在纵向的时间分布上，硕士班和博士班的女生比例也在逐年增多，但增长速度缓慢，与大学阶段女生比例的增长和当局教育投资提升的速度极不相称。很明显，在更高等学历的层次，如硕士、博士，有机会获得和愿意或者需要获得更高学历是两回事。也就是说，在本科学历已经不算高学历的 90 年代，当大部分的男生大学毕业后继续深造时，女生情况未必如此。她们有更多的考量，或许来自家庭，或许源于自身，而台湾学者的研究结论则表明，婚姻与生育是女性中断教育的原因之一①，显示传统文化对女性母职或人妻的角色期待对于女性追求更高学历仍有一定的影响力。社会性别化的另一个表现是与职业密切相关的两性对就读专业的选择。虽然总体上两性差距在逐步缩小，但总体上，目前学校的专业选择中，仍是传统的女生人文、社科，男生理工、政法，究其原因，教师、教材、父

① 参见王幸美《女性教育与劳动参与的发展现况与问题》，《妇女与两性学刊》，第 5 期，1994 年 4 月，150 页；林美和，《台湾妇女成人教育之现况与发展》，《社会教育学刊》，25 期，1996 年 6 月，第 2 页。

母等社会因素都有影响，一言以蔽之，还是性别分工观念造成的性别刻板和对传统性别制度的复制。结果，女生对大学以上高学历的兴致不高和对专业选择的循规蹈矩，难免会成为她们参与传统男性职业如政治等领域时的障碍。

2. “立委”选举中的教育及其他资源因素

但是，就笔者对第五届“立法委员”的两性学历情况所做统计（见表5－5），发现教育和职业对女性参与政治的阻碍作用似乎没有上述论证中的严重。当选的“立法委员”中，各个学历层次在两性“立委”中的分布情况如下所示：无论女性或男性，90%以上的“立委”具有大学本科或本科以上的学历或学位，两性“立委”都以拥有硕士学位者或研究所学历者所占比率最高，两者相加分别为女性58%和男性45%左右；专业方面则林林总总，政治、经济、历史、医学、教育、新闻等等不一而足，其中看不出明显的两性差异的情况。反倒更值得注意的是，理论上应该具有性别劣势的低教育程度的女性，如高中、高职，同样出现在“立委”里，比例也只比男性略略低一些，甚至大专学历的“立委”人数在女性中的比例还高于男性。也就是说，虽然她们学历不但不高于男性，甚至还远远落后于“立委”最普遍的硕士学历或学位，她们仍然挤进了万人瞩目的“立委”行列，这部分女性“立委”的参政资本是什么？显然，在台湾特定的社会历史文化下，影响女性参政的必定还有教育和职业以外的其它因素。

表5－5　第五届“立法委员”两性受教育程度统计表

	高中	高职	大专	本科	研究班、所	硕士	博士	栏总
女	1	1	2	9	12	17	8	50
比率	2%	2%	4%	18%	24%	34%	16%	100%
男	6	4	6	38	38	41	42	175
比率	3.42%	2.28%	3.42%	21.71%	21.71%	23.42%	24%	100%
列总	7	5	8	47	50	56	50	225
	3.11%	2.22%	3.55%	20.88%	22.22%	24.88%	22.22%	100%

说明：1. 资料来源，“第五届立法委员简介”，《台湾党政机构及重要人物简况》，福建台湾研究会编，2002年，396－599页；台湾“立法院”网站：http：//www.ly.gov.tw/，“立委”学历情况指的是2001年底当选时候的学历，不包括2002年以后继续进修的情况。

2. “高中”一列含高中以下；“研究院”一列，包括在各种研究所、研究班或研究院进修、培训或结业者，主要是相对于获得硕士学位者而言；博士一栏则包含准博士、荣誉博士在内。

3. 每一栏内第二行的百分数是该学历层次的人占该性别总人数的百分比，即该学历人数与栏总数之比，如女性大专学历 2 人，女“立委”总数即栏总为 50 人，比率为 4%。

观察这些低学历当选“立委”的个人背景，发现很值得深入研究①。第五届女性“立委”中当选时学历最低者为高金素梅，1965 年出生，台湾少数民族代表，影视界艺人，毕业于青年高中影视科。作为一名出道很早的台湾少数民族女艺人，这样的学历似乎也无可厚非。女性“立委”中学历次低者为蓝美津，1944 年出生，毕业于台北市高级商业学校，为民进党创党成员，妇女组织励馨基金会顾问②，1998 年当选民进党中央执行委员，1999 年当选台北市议员，夫为黄天福，民进党元老黄信介胞弟，曾任“国大代表”和第三届“立法委员”。可以说，蓝美津身上具备了早期政治反对运动、妇女运动的色彩，丈夫从政经年，人脉资源丰沛，这些优势抵消了她在学历上的劣势。大专学历的两位女性“立委”也具有类似的显赫背景。侯彩凤，1952 年出生，电子工程专科毕业后活跃于台湾南部政坛，是资深国民党党员、妇女工作和劳工福利的核心人物，早年受蒋经国提拔进入国民党中央委员会，夫家为高雄望族，夫黄启川，历任高雄市议员、议长 10 多年；郑美兰，1957 年出生，宜兰人，台北商业专科学校肄业，父兄曾分别任宜兰渔会理事长、总干事，1993 年当选台湾省渔会理事长，成为任此职务的首位女性，同年当选国民党中央委员，1996 年－2000 年任“国大代表”，2001 年当选“立法委员”。综观以上资料，不难发现，这些低学历的女性“立委”，除了有名额保障的台湾少数民族代表高金素梅外，或有妇女运动的经历（妇女选票），或有政党的支持（政党辅选），或有家族的势力（夫家或父家），其共同点就是背后都有着丰富的政治资源。可见，政党、家族或妇女运动色彩等因素，相当多的时候，对女性参政的作用远比教育和职业重要和关键。

8 名具有大学本科学历或学位的女性“立委”的情况再次证实了以上推

---

① 本小节所有关于“立委”的身份背景分析，全都参考《台湾党政机构及重要人物简况》（福建台湾研究会编，2002 年）上的“第五届立法委员简介”以及台湾“立法院”网站 http://www.gov.ly.tw 上的“第五届立法委员”资料。

② 励馨基金会于 1988 年成立，称“励馨中途之家”，后转型为基金会，专门帮助受到性侵害的少女，参见本文第三章第二节关于妇女团体的介绍。

论。许荣淑、周慧瑛和因继续进修被归类到“研究班”一栏的周清玉同为“高雄事件”受难者家属。许荣淑自1980年起连任三届增额“立法委员”；周清玉于1980年起三度当选“国大代表”，1998年任第四届“立法委员”；周慧瑛则迟于1987年才投身反对运动，1994年起连任省议员、四届“立委”。以上三人虽然后来也累积了自己的政治资源，但不可否认，“受难者家属”同情票对她们参政的重要作用。对“政治受难者”角色的政治消费历久弥新，堪称台湾政治发展史上的一大特色。此外，具有家族势力或地方派系背景者有如下四位：廖婉汝、苏治芬、唐碧娥和张花冠。廖婉汝出身屏东县林派势力；苏治芬是云林县苏家班势力的代表；唐碧娥得到台南市议员兄长力挺，从1991年起历任民进党第2、3届“国代”和第4届“立委”；张花冠的丈夫有“嘉义政治教父”之称，曾连任第2、3、4届“立委”，政坛人脉丰厚。上述四人的简况再次见证了家族势力、地方派系对于女性参政的莫大推动作用。最后，与妇女运动有联系的为赵良燕、廖婉汝、周雅淑和周慧瑛。赵良燕为国民党高雄县妇女会理事，1992年起历任“国代”、省议员等；廖婉汝除了具有地方派系身份，同时又是中华妇女联合会屏东支会主任委员；周雅淑和周慧瑛分别为台湾女性权益促进会理事长和民进党台北县党部妇女发展委员会会长，在当选第四届“立委”前都有过省、县议员的资历。总而言之，以大学本科这样略微偏低的学历跻身高为“庙堂”的“国会”议场，8位幸运者的幸运其来有自，或是家族、派系或妇女组织，无不是在早年累积的基础上再上层楼。

这样一来，那些单枪匹马闯荡政坛的女性，只能依靠自身的更高学历与过人才干来积累参政资本，这样的女性“立委”寥寥可数。根据表5-5，具有研究班、硕士和博士学历或学位的女性“立委”共有37位，其中没有任何社会背景而靠自己累积的资源登上“立委”之位的有6位，其中三位为连任成功者：江绮雯（美国博士）、洪秀柱（美国硕士）和沈智慧（南开大学硕士）。江绮雯原为教育界名人，1991年以全台第一高票当选“国代”，后在高雄市政府任职并成功当选第四届“立委”；洪秀柱原也从教，因其干练、机智和善辩口才被国民党提拔，1989年起五度连任“立委”；沈智慧由记者转而从政，和洪秀柱一样，1989年起五度连任“立委”。另外三位同样没有出身背景且首次当选的新人为：陈文茜（美国博士）、柯淑敏（美国硕士）和杨富美（美国硕士）。在三位新人中，即使个人魅力十足如陈文茜者①，也曾在早期为“高雄事件”家属竞选公职助选，后来陆续担任传媒主持人，“妇女救援基金会”公益广告代言人等，最终依靠个人声望以无党籍身份参选成功；柯淑敏于 1999 年当选台北县芦州市市民代表会主席，2001 年当选亲民党“立委”；杨富美曾任海外超党派联盟共同主席，维华中文学校校长，2001 年当选亲民党“侨选立委”。实际上，上述六位所谓没有背景的女性“立委”，只有陈文茜一人是真正单枪匹马依靠自身名气选上，其余五位均为泛蓝阵营，为国民党或亲民党代表，选举过程中均得到所在政党的大力支持。也就是说，即使没有家族势力、地方派系或妇女组织和其它社会资源，政党还是绝大部分政治人物的最后庇护所，再次从另一个角度证明了“立委”议政中政党因素的重要影响。

最后，简单浏览一下低学历男性“立委”的情况，以对前面的结论加以印证。在大学本科以下学历的 16 名“立委”中，仍以地方实力派人士为多，如许登宫、刘铨忠、陈杰等；早期党外反对运动者也不乏其人，如林丰喜、林文朗等；还有零星的民间宗教人士，如颜清标等。家族势力、地方派系和政党因素掺杂其间，甚至交叉出现，和女性“立委”的情况几无二致，只是少了妇女运动参与这一资历。因此，可以得出结论：资源论在分析台湾女性参政情况时，对资源的讨论除了通称的教育、职业以外，还应该加上女性参政人物的社会背景分析，如有无家族势力、地方派系的出身背景，有无早期的政治反对运动及所属党派，有无参与妇女运动或妇女工作。这是实行西方代议民主却又缺乏悠久宪政传统的台湾地区所特有的现象，也是传统东方文化中人伦关系、人治思想与现代西方资产阶级民主制度结合的奇特产物。

---

① 陈文茜 1995 年任民进党文宣部主任，“洋派的举止，渊博的知识，善辩的口才，使她成为民进党最好的‘化妆师’，硬是把一个土老帽的街头政党包装出新的形象：年轻、专业、生机勃勃”；她首次把“女人福利国”、“托育政策”等议题带入台湾选举政治，掀起台湾女人从政风潮，和其他女性政治人物或专业人士不一样，她从来不避讳自己的身体……“在成为一个重要人物的道路上，她不把自己的性别当成一种有负面效果的东西来处理”，并被公认为台湾地区“最具影响力、最有智慧的女人”。见《浪漫的胸冷酷的脑》，http：//heresy199905. spaces. live. com/Personal Space. aspx？ owner = 1。

三、结构论与台湾“立委”选举制度

结构论强调通过不同的渠道、以不同的方式表现出来的政治体制结构上的限制对女性参政所产生的阻碍①。最常见的是政党和政治领袖对女性候选人在提名和竞选方面的支持（包括经费）不够积极，或者提名女性参与不利的选区和职位。其它如，选民和媒体在传统观念的影响下经常对女性候选人的政见和政治能力表现出不信任和不热心；职务的性别化阻碍女性进入权力结构核心和数量的增加，等等。此外，政治体制的结构性限制还可以透过选举制度的规定影响妇女对选举政治的参与，如“立法委员”选举中选区的划分，其对应的应选名额多寡会影响女性的参选与当选，妇女当选名额保障制度在不同的社会发展阶段对女性参政有不同的作用等。本小节将以台湾的“立法委员”选举制度为例，详加探讨这一制度性设计对女性参政的影响作用。

1. 攸关女性参政的“立委”选举制度和妇女保障名额

台湾“立法委员”的产生，长期采用的是复数选区单记不可让渡制（即 Single Non - Transferable Vote，以下简称“SNTV”）的选举制度。所谓复数选区单记不可让渡制，即将全台湾地区划分为数个选区，以复数选区为主，单数选区为辅，每个选区的席次（也称“应选名额”）视人口而定，每位选民只能投一张有效票且选票不能在候选人之间互相转移，依票数高低决定当选人②。SNTV 制的主要特点是：一是以复数选区为主，绝大部分的选区应选名额大于 1，通常习惯上将应选 2 - 5 名的选区称为中选区，而将应选 6 名或以上的选区称为大选区；二是选票进行单记，即不论选区应选名额为多少，每位选民均只享有投一票的权利，必须把选票投给几个候选人中的唯一一位，每位候选人的得票单独计算；三是选票“不可让渡”，即不管是当选者超过当选所需最低票数的多余选票还是落选者获得的无用选票，均不能转让给同党或同联盟的其他候选人，形同废票。1991 年“修宪”后，为

---

① 周碧娥，《台湾妇女与政治：1985 - 1994》，王雅各主编《性属关系（上）——性别与社会、建构》，台北，心理出版社，1999 年，342 页。

② 参见拙文《试析台湾“立委”选举制度对女性参政的影响》，《现代台湾研究》，2004 年第 5 期。

维护这一“中央民意代表”选举“代表全中国”的“法统”地位，开始在“立法委员”选举部分以“全国不分区及侨选代表”取代原有的职业团体代表，并采“一票制的政党比例代表制”产生。所谓“一票制”就是指政党比例代表的产生，并非选民在区域“立委”选举部分之外再对政党另行投票，而是将政党比例代表依附在区域“立委”的选票上，凡区域“立委”选举总得票率超过5%的政党，即可根据得票率分配到一定的“全台不分区及侨选立委”名额。如在2001年第五届“立委”选举中，新成立的台联党就因跨过了5%的政党门槛，在“不分区及侨选代表”部分按照该党8.3%的得票率分到了8席侨选代表中的1席，41席不分区代表中的4席。总体上，由于政党比例代表席次仅占席次总数的20%左右，因此复数选区单记不可让渡制对选举起着举足轻重的影响作用。

除了SNTV制度，妇女保障名额制度也对女性参选“立委”有一定的影响。妇女保障名额制度已在第一章予以介绍，此不赘述，其于“立委”选举的实际规范就是：“立法院于选区应选名额在五人以上十人以下者，设有妇女保障名额一席，超过十人者，每满十人再增一席”①。但在实际的运作层面，由于台湾多为中小型选区，多数选区应选名额未超过五名，没有达到保障标准，不存在按照保障制度分开计票的必要。从1992年第二届“立委”选举以来历届“立委”的选举结果来看，如果将所有的选区平均起来一起计算，则大约有10%左右的妇女保障名额。SNTV制度下的妇女保障名额制度对女性参政的影响主要体现在女性参政意愿、政党提名态度和选民投票心理倾向方面。

2. SNTV和保障名额制度对女性参政的制约

SNTV为台湾特有的选举制度，对台湾选举文化的形成影响至深。作用所及，妇女参政亦不可避免地受这一制度的影响。笔者试从以下几个方面进行分析。

首先，SNTV下的派系政治和黑金政治成为妇女参政难以逾越的障碍，影响了妇女参政的机会。派系政治的产生有其特殊的历史渊源，最早缘于国

① 转引自杨婉莹《选举制度对妇女参政影响之评估》，（台湾）《理论与政策》，第14卷第4期，2000年12月。

民党治台初期，为维护政权之需，以一定的恩惠利益换取地方势力的支持，给了派系政治生存发展的空间；民进党内部则存在着源于创党初期路线之争的“山头主义”。而后台湾特殊的选举制度则对这一现象起了强化作用，学者们的研究已有结论，“SNTV选制对派系政治的强化起到了推动作用”①。在SNTV的设计下，票源有限并且具有排他性，候选人只要获得选区内部分选票就有机会当选。除了不同政党之间的候选人互相竞争，同一政党提名的数名候选人之间，面对同样的政党认同的支持者，更存在着严重的挖票或抢票等票源分流的威胁，由此导致党内同室操戈的现象屡屡发生。为了确保当选，候选人往往绞尽脑汁，在巩固已有票源的同时尽量挖走他人的选票，同党候选人为了选票反目成仇的事屡见不鲜。这样，整个选举过程需要调动起庞大的社会政经资源，并通过复杂的人际关系网络来运作，建立在宗亲、乡朋关系基础之上的派系势力则在其中扮演着关键的角色。派系势力向选民固票时所给予的往往是特殊的政经利益而非候选人的选举政见，即以利益买票取代政策拉票，这就是黑金和派系并行的由来，而黑金的背后是财团势力或者黑道集团。

在台湾的选举中，派系、黑金、买票、贿选之间向来有着千丝万缕的联系。这种强调关系网络所建立起来的选举政治，严重影响了基层的选举文化模式以及女性在基层的政治影响力与参政的机会。从基层选举文化来看，地方派系林立、恶斗，金权与黑道横行，这样的环境对有丰厚资源的大党或执政党有利，但对实力不足的小党或处于边缘地带的弱势族群（如女性）明显不利。此外，在传统的地方关系网络中，女性多依附于家族或丈夫的人脉关系上，且经营人际关系不如男性活跃，所能累积的人际资源极其有限。在这种派系与黑金盛行的选举环境中，女性若无任何派系或家族的丰厚资源支持，要想凭借自身的才能与参政意愿独立参选并通过选举脱颖而出，简直是寸步难行。这一点在前文资源论部分关于“立委”出身背景的分析已经得到证明。台湾学者梁双莲的研究也表明，台湾的妇女参政，若非获得政党提名依靠政党组织支持，就是出身地方派系有政治势力的家族，利用家族的丰厚资源参与竞选，或者是政治受难者的家属代夫出征，容易获得社会的同情

① 曾润梅，《台湾选举制度及其影响初探》，《台湾研究》2002年第2期，2002年6月。

与支持①。可以说，SNTV 选举制度所造成的劣质选举文化对女性参政明显不利。

其次，SNTV 下选区规模的大小也对妇女参选形成制约。台湾现行选区于 1989 年重划，按行政区域来划分，以县市为单位，全省 21 个县市，加上福建省的金门县、连江县，以及台北、高雄两市，共有 29 个选区（面积大、人口多的台北市、高雄市和台北县内部又分为 2 至 3 个选区），不同选区依人口多寡而有不同的应选名额。目前虽以复数选区为主，但选区规模大小不等，应选名额 1 –20 不等，仔细观察，仍能发现选区规模的变化对女性候选人的当选有微妙的影响。

表 5 –6　区域“立委”选举各种选区规模下妇女当选人数（1992 –2001）

选区规模	1992（第二届）			1995（第三届）			1998（第四届）			2001（第五届）		
	个数	席次	女性	个数	席次	女性	个数	席次	女性	个数	席次	女性
1	5	5	0	5	5	0	4	4	0	4	4	0
2	5	10	1	5	10	1	2	4	1	2	4	1
3	3	9	0	3	9	1	3	9	2	3	9	2
4	3	12	1	3	12	2	4	16	1	4	16	2
5	2	10	0	1	5	0	1	5	1	1	5	0
6	3	18	3	4	24	4	3	18	5	3	18	6
7	3	21	3	2	14	1	2	14	4	2	14	4
8				1	8	1	1	8	0	2	16	2
9	2	18	2	2	18	6	3	27	5	2	18	5
10							4	40	11	4	40	11
11 –15							2	23	4	2	23	4
16 –20	1	16	2	1	17	2						
总数		119	12		122	18		168	34		168	37

说明：1. 资料来源：台湾政治大学选举研究中心 http：//vote. nccu. edu. tw/cec/cechead. asp 的统计数据以及（台）《联合报》1992 年 12 月 20 日，1995 年 12 月 2 日，1998 年 12 月 6 日，2001 年 12 月 2 日相关资料。

2. 表中选区规模为应选名额，个数指的是各种选区规模的数目；席次 = 选区规模 × 选区个数；女性指的是各种选区规模下女性当选的总数。如 1992 年应选名额为 1 的选区有 5 个，即有 5 个席次当选机会，而女性为 0，显示 5 个单一选区里都没有女性当选。

3. 表格中历届“区域立委”的总数变动情况：1995 年第三届席次比 1992 年第二届多了三名，因台北县、台南县、桃园县随人口增加应选名额分别比原来多了一名，共计多了三名；后在 1997 年“修宪”中朝野协商一致同意将“立委”席次增至 225 名，其中“区域立委”席次由原来 122 名增至 168 名。

① 梁双莲，《台湾妇女的政治参与现状与发展》，“中国论坛”委员会编《女性知识分子与台湾发展》，（台北）《中国论坛》杂志，1989 年，192 –195 页。

从表5－6来看，总体而论，“立委”席次的增加也提高了女性“立委”的当选人数及女性在总当选人数中所占比例，但选区应选名额的变动会影响到女性的参选机会。先大致把选区规模分为应选名额为1的单数选区（或称小选区）和多于1的复数选区进行观察。一般而言，在单数选区，如金门县、连江县、台东县、澎湖县，都是单数选区，连续四届“立委”选举中都没有女性当选。其次，在复数选区中，应选名额为2—5的中选区与应选名额为5以上的大选区相比，女性在大选区的当选机率比较高。如表5－6所示，第二届“区域立委”选举中，12位女性当选者中就有10位产生于选区规模大于5的大选区；第三届中，18位女性当选者有14位产生于大选区；到第四届，34位中有29位来自大选区；第五届，37位有32位来自大选区。女性在大选区的所占席次比例远高于其整体计算的平均值，如在规模为6的选区，其席次比例甚至高达33%（第五届），远远高于当年女性“立委”席次（37席）所占总席次（168）的比例22%。表格中的数据排列虽然未能说明女性当选机率随选区规模成正比例递增，但可以初步判断，大选区较之中小选区更有利于女性当选，自然也就更能鼓励女性的参政意愿。

选区的大小与女性当选的难易程度有密切关系，源于妇女保障名额制度的设计。在SNTV和保障名额的共同作用下，中小选区和大选区影响女性参政的关键之处主要体现在政党提名上，这是女性参选的第一步。在中小选区和大选区两种划分中，女性很难在中小选区出头，存在保障名额的大选区对女性参政有利，而妇女保障名额的双面刃作用也展现无遗。

从政党提名策略角度来分析，一般情况下，政党在单一选区倾向不提名女性，担心唯一的中标机会被女性浪费。而在复数选区尤其是应选名额为5以上的大选区，有保障名额的设计，女性有另外计票的可能，不提名女性则造成资源浪费；同时，应选名额多个，提名时就要考虑候选人的多样性、层次性、代表性，以吸引选民的注意。在这种情况下，学有专长、形象清新的妇女候选人就很有机会获得政党提名。以第五届“立委”选举为例，民进党共在11个选区各提名1名女性候选人，11个选区全部为有保障名额的大选区；亲民党在8个选区提名9名女性候选人，8个选区中有7个为大选区；国民党女性提名较多，分布的选区较广泛，在19个选区提名23位女性候选人，14 个为大选区①。总体上，在单数选区，政党基本上不考虑提名女性候选人，在中选区，提名意愿也不高，而中小选区规模皆未达保障名额要求，提名时不存在这一顾虑。只有在大选区，政党要考虑妇女保障名额制度，同时要考虑候选人的代表性以吸引选民拓宽票源，女性比较容易获得政党提名。可见，妇女保障名额制度起到了促进政党提名女性的作用。

表 5－7　第五届“立委”选举各政党提名女性候选人及当选情况（2001 年）

政党	提名候选人数			当选人数			各党当选率	
	总数	女性	比例	总数	女性	比例	平均	女性
国民党	97	23	23.7%	53	16	30.2%	54.6%	69.6%
民进党	83	11	13.3%	69	9	13%	83.1%	81.8%
亲民党	61	9	14.8%	35	7	20%	57.4%	77.8%
总计	241	43	17.8%	157	32	20.4%	65.1%	74.4%

资料来源：《中央日报》2001 年 12 月 2 日第七版部分统计数据以及整理统计奇摩网站 http：//www.kimo.com 上各政党候选人相关资料。

但另一方面，妇女保障名额的消极作用也在提名中体现。妇女保障名额制度的设立，一直被认为是对女性参政的有力保障。在传统社会“男主外、女主内”的性别分工观念下，保障名额成为过去四十年来台湾妇女参政的底线，本文对半个世纪女性政治代表权的描述（第一、二、三章的选举情况统计）也证明了台湾学者的研究结论：“在过去四十年选举中，女性候选人至少维持了与保障名额接近或者略高的当选率”②。从当时的政治气氛来看，封闭的政治体制下，垄断政经资源的国民党愿意提名一定的女性候选人，在很大程度上要归功于保障名额的存在。但 90 年代以来，女性的参选能力逐步提高，可政党的女性提名比例却仍徘徊在保障名额的门槛，原意为保障的下限额度反而成为提名的上限。如表 5－7 所示，三大政党中的国民党、亲民党女性候选人当选率均高于男性，这不免使人想到女性提名比例是否偏低。需要提出的是，早在 1996 年 12 月通过公职人员提名采用四分之一性别比例原则的民进党，在提名该党 83 名候选人中却只有 11 位女性候选

① （台湾）《联合报》，2001 年 12 月 2 日。

② 杨婉莹，《选举制度对妇女参政影响之评估》，见（台湾）《理论与政策》14 卷第 4 期，2000 年 12 月。

人，而该党低额度提名以及成功的配票策略使该党当选率极高，竟达82.13%，即使11位女性候选人有9位当选，其当选率仍略低于政党整体当选率，笔者认为不具有普遍代表性。同时，值得注意的是，所有当选的女性候选人，都没有依靠保障名额当选，可见，女性的参政实力，已远超过保障名额的限度，政党的女性提名，却仍徘徊不前。过低额度规定的妇女保障名额制度，已失去原来保障妇女参政的积极意义和实质作用，有待于做进一步修正。

此外，在选民投票过程中，保障名额制度也有可能成为女性候选人选票流失的原因。如上文分析，在SNTV选制和保障名额的共同作用下，只有大选区，女性容易获得政党提名，也容易当选，这些选区较之中小选区，更能鼓励女性参政意愿，也更有机会看到女性参政的踊跃现象。但同样在这些选区，由于保障名额的存在，同一选区的男性候选人往往以此为由，呼吁选民不必把选票“浪费”给单独计票的女候选人，称她们的当选已另有保障，使选民投票时容易排除女性候选人，无形中造成女性候选人的选票分流。在第五届“立委”选举中，所有的女性候选人都凭自己的实力当选，甚至不少当选者为选区内的第一、第二高票，对她们来说，保障名额的存在，只会让她们为此付出代价，也就是让她们很有可能在男性候选人的呼吁声中，失去部分的选票。在这里，妇女保障名额再次显示出其不合时宜之处。

最后，结合选民投票心态和女性参选意愿来看女性参政。在应选名额为1的单数选区，特别有利于大党的操作，国民党长期以来稳操胜券，不利于小党和边缘地位的弱势族群，妇女参政亦受影响。从选民的角度而言，因当选人唯一，他们更愿意把选票投给最有可能当选的候选人，妇女往往居于被排除或被牺牲之列。如表5－6，连续四届小选区没有妇女当选的结果无疑是对上述分析的佐证。同时，对于女性政治人物而言，这也是极具示范作用的教材，起到打击妇女参选积极性的负面作用。而在这种不言自明的暗示下，女性对这种选区的畏惧心理会历届相传，形成一种不良循环。在应选名额多于1的复数选区，尤其是应选名额在5以上的选区，特别有利于女性参政，除了制度的保障和政党的积极提名，这也可以从选民投票倾向得到说明。从选民的角度，当选人有多位时，可以考虑将选票投给自己喜欢的候选人，帮助其成为当选人之一，连带成为鼓励女性积极参政投身选举的动因。

表5－8　各种规模选区对女性参选区域“立委”影响

选区规模	政党提名态度	选民投票	女性参政意愿
单一选区（应选名额为1）	不积极	倾向不支持	弱
复数选区（应选名额多名）	积极	倾向支持	强

说明：笔者自制。

综合因选举制度而对女性参政产生影响的以上几项因素，可以制作出上表5－8。总体上，单一选区不利于女性参政，复数选区较有利于女性获得出头的机会。确切地说，其中的大选区（应选名额在5名以上，设有妇女保障名额）最有利于女性参选。这是本届“立法院”改选前相当一段时间内台湾的“立法委员”选举制度。随着2008年初举行的“立委”换届选举，新的单一选区两票制度开始实施。在这一新的制度下，原有的选区将进行重新划分，全部划为应选名额只有一名的单一选区。根据以上的分析，女性候选人的选情必定受到冲击，具体的表现值得进一步观察研究。

3. 单一选区两票制对女性参选的影响

如前文所述，台湾地区从2008年第七届“立法委员”选举开始采用新的单一选区两票制。单一选区两票制的选举制度，使原有的妇女保障名额制度自动失效，连带地，也使妇女在这一部分多元代表性的优势不再，政党提名意愿下滑。虽然过去几届女性候选人的当选，几乎都没有依靠过保障名额的惠顾，但女性候选人毕竟得面临党内更严酷的竞争。“修宪”条文强制要求不分区部分各政党女性当选人不得低于二分之一，让女性“失之桑榆，收之东隅”，至少，在这一届的女性“立法委员”中，其整体的新高比例完全得益于不分区部分的高比例。

观察选举结果，单纯从平面数字上来看，第七届女性“立委”人数达到34名，所占比例为30.09%，为历届最高。表面上看起来，似乎新的选举制度延续了政治转型后女性在“立法院”比例一路走高的趋势，甚至还上升得更快。当然，仔细研究一下，细心的观察者会发现，在第七届“立委”选举中，女性“立委”的新高比率与选举制度的变化有着某种微妙的关系。

表 5 -9　2008 年第七届“立法委员”选举女性参选情况

选举区别	候选人数			当选人数		
	总人数	女性	所占百分比	总人数	女性	所占百分比
总计	423	121	28.61%	113	34	30.09%
区域选举	283	57	20.14%	73	16	21.92%
台湾少数民族	12	3	25%	6	1	16.67%
不分区	128	61	47.66%	34	17	50%

资料来源：台湾政治大学选举研究中心 http://vote.nccu.edu.tw/cec/cechead.asp 的统计数据以及台湾《联合报》2008 年 1 月 13 日相关资料。

如表 3 -3 所示，在不同的选举区划里，女性在相应总人数里所占的百分比各不相同，而在候选人和当选人统计栏目共同的表现则是女性在“不分区及侨选代表”部分所占的百分比最高，128 名候选人里有 61 名是女性，占总数将近一半，34 名当选人里则有一半是女性。也就是说，第七届女性参加“立委”选举的当选成绩，完全得益于各政党在不分区部分的高提名率。而这部分的高提名率也带动了女性在当选人中的比率，如在不分区当选部分，国民党的 20 名中就有 10 名女性，民进党的 14 名也有 7 名是女性，女性占总数的 50%，两性比例达到 1∶1 之高，为历届“立委”选举所首见。由此可以推算的是，在区域选举部分，无论是候选人还是当选人，女性在总人数中所占的百分比则难免偏低。上表的统计结果则显示，这一比例在 20% 左右徘徊，接近旧选举制度下历届选举中的性别比率，也与旧选举制度下各政党倾向于在中等规模以上选区（设有妇女保障名额）提名女性而在单一选区降低女性提名率的提名策略有一致趋向。可以这么说，即使在新的选举制度下，单一选区部分，女性仍面临了旧选制下政党在小选区对女性提名意愿不高的困境。

表 5 -10　2008 年“立法委员”选举单一选区部分两大政党女性提名参选情况

政党	提名情况			当选情况			当选率		女性提名率
	女	男	总	女	男	总	女	平均	
国民党	13	61	74	11	50	61	84.6%	82.4%	17.6%
民进党	11	58	69	5	8	13	45.5%	18.8%	15.9%

资料来源：同上。

继续观察单一选区部分两大政党的女性提名与参选情况。如表 5－10 所示，国民党提名的 13 名女性候选人有 11 人当选，女性候选人当选的比率约达八成五，高于该党的平均当选率，自然更高于该党男性候选人的当选率。民进党则是提名 11 名女性候选人，结果当选 5 人，当选比率达四成，远高于该党不足二成的平均当选率。两党女性候选人的当选情况表明女性候选人的参选能力并非泛泛。而与之相对的则是两大政党在这部分女性候选人提名比例的严重偏低。故而本文特意把两大政党的女性提名率单独列出，和其超高的当选率形成鲜明对比，以凸显两大政党在这方面的不作为。妇女当选比率远高于同党的男性，再次印证了女性参选甚至从政的首要障碍不在于选民的信任与支持，而在于政党守门人所设下的限制。易言之，只有政党的初选机制、提名策略有所改变，党内的传统父权文化有所瓦解，女性在单一选区这部分的选战潜能才能得到更好的发挥，从而得以和不分区部分一样实现真正的性别主流化。

总体上，随着政党政治的发展和女性主义思潮的深入人心，台湾女性参政正在持续发展中。作为台湾社会变迁发展的结果之一，台湾的女性参政既见证着台湾民众特别是女性集体生活境遇的变迁，又体现出台湾的社会特质：西方现代思想元素与东方传统文化因子的结合。源自西方社会的女性主义思潮带起了女性参政的风潮，与西方民主代议制几无二致的政治制度促进了政党政治的成型与发展，共同成为推动当代台湾女性参政的动因。在对影响女性参政的社会性、制度性因素的讨论中，传统文化的影子也无处不在：政治运作过程中悲情式、民粹式的政治动员距西方政党政治中冷静、理性的政策辩论相去甚远，有时甚至意识形态斗争高于一切；在政治参与的实际条件中，出身背景远比教育、职业和能力等个人因素更为重要；选举过程中宗亲、乡朋关系和地方势力的绵密运作更是东方文化传统中人际关系网络的再现，选举制度的制定也从保护而非鼓励的角度看待女性从政。当前台湾女性参政现况是台湾社会固有的东方传统文化与西方现代民主政治制度结合的奇特产物，是当代台湾政治发展的阶段性表现。

结　语

2006 年 12 月 9 日，喧闹一时的台北市、高雄市市长、市民意代表选举落下帷幕，民进党的女性候选人陈菊以些微优势当选高雄市长，成为台湾地方自治史上首位女性高雄市长；市议员选举部分，女性市议员的席次比率双创新高，台北、高雄分别为 36.5% 和 36.4%。作为本文观察半个多世纪以来台湾女性参政史的一个重要时间点，这一结果对于女性参政无疑具有重要的指标意义。台湾女性参政的发展，是半个多世纪台湾社会发展变迁的结果之一。在这期间，台湾经历了经济政治的巨大变动，首先，经济起飞带动了教育发展和社会结构的变化，而后，政治转型开启了台湾政治的新时代，给女性参政提供了广阔的政治空间。台湾女性参政的演变，始终与台湾社会发展的时代脉动息息相关，直接或间接地表现着、见证着台湾社会的形态转型，以及台湾民众特别是女性集体生活境遇的变迁。

对于当代台湾社会的发展变迁，笔者认为经济的发展变化是其根本动因。始于 60 年代后期的经济腾飞为日后的现代化奠定了物质基础，并造就了与现代化相关的一系列社会要素：都市化的产生、教育的快速发展、中产阶级的出现、多元化的社会发展趋势和人们对现有政治体制的不满，“经济增长以某种速度促进物质福利提高，但却以另一种更快的速度造成社会的怨愤……社会和经济变革必然分裂传统的社会和政治团体并破坏对传统权威的忠诚”①。早期妇女运动的先驱如李元贞和妇女新知多位创办人等，无疑是中产阶级的一份子，她们有机会接触并引进西方女性主义思潮，归根结底得益于台湾经济的整体成长。至于 80 年代后期的政治自由化浪潮，自然也是在经济、社会等诸多因素共同作用下国民党被迫呼应的结果。因此，经济、社会、文化等因素的描述成为本文关于妇女运动和女性参政分析的

① ［美］塞缪尔·亨廷顿，《变化社会中的政治秩序》，三联书店，1989 年，47、34 页。

基础。

在经济、社会发展基础上历经渐变继而激变的台湾政治体制，其所提供的政治环境成为影响妇女运动发展的重要因素，与政治运动的紧密关系成为台湾妇女运动的一大特色，而政治体系的开放度则成为制约女性参政最关键的外在条件。20世纪50、60年代，两岸处于军事对峙下，国民党军事反攻的话语一统天下，妇女工作被纳入这一论述中，台湾社会处于女性意识断层期，妇女保障名额制度保证了极其有限的参政空间，妇女参政成为政治点缀。70、80年代，经济起飞带来的各种社会变化开始出现，中产阶级开始形成并日益不满国民党对岛内政经资源的垄断。同时，两岸敌对关系有所变化，祖国大陆取代国民党在联合国的席位，由此造成国民党当局的“外交”危机，迫使其致力于岛内统治正当性的经营，逐步开放岛内政治体系以换取民众的支持。在此环境下，源于西方女性主义思潮的新女性主义运动兴起，打破了以往女性话题一元化的话语空间，一定程度上颠覆了传统党国体制下妇女运动的家国论述主题，奠定了台湾现代妇女运动发展的思想基础。随后的妇女新知以办杂志社的方式将妇女运动的薪火传承下来，以缓慢渐进的方式继续传播女性主义思想。渐次开放的政治体系使妇女参政的空间有所扩大，借助政治反对运动的能量，女性在各级公职人员选举中的代表率有所提升。90年代后，上述一切继续深化，并进入了量变到质变的阶段，集中表现为政治转型所带来的社会转型：“政治革新”、解除戒严、“宪政改革”等释放了极大的政治空间，搭乘政治反对运动合法化的顺风车，妇女运动蓬勃发展，女性参政表现积极，政党政治逐渐发展，女性参政与政党政治结下不解之缘。

以男性为参照体系，台湾女性的政治参与无论从抽象的政治职位代表率还是具体的参政表现方面来看，都表现出明显的两性差异，这是当代台湾政治发展过程的阶段性特征，是台湾社会固有的东方传统文化与西方现代民主政治制度结合的奇特产物。80年代末政治转型之后，台湾政党政治逐渐发展，政治结构和政治文化上的多元特征使台湾政体在形式上与西方的民主代议制几无二致。但台湾毕竟缺乏悠久的宪政传统，充斥其中的悲情式、民粹式政治动员距西方政党政治中冷静、理性的政策辩论相去甚远，选举过程中宗亲、乡朋关系和地方势力的绵密运作更是东方文化传统中人际关系网络的再现，造成在政治参与的实际条件中，出身背景较之教育、职业和能力等个人因素更为重要。易言之，即使个人条件未必允许，只要具备足够的社会背景，如家族势力、地方派系、早期政治反对运动的资历等，仍有机会晋身各级公职人员。如早期台湾选举中特有的“代夫出征”、“代父出征”现象，就是女性借助家族势力或夫家资源跻身政坛的表现。这部分女性，或是地方家族势力的利益代言人，或是丈夫政治反对运动累积资源的继承者，如“美丽岛事件”家属等。尽管大部分这类女性后来能在历练中形成自己的政治主张，但这种无视个人政见、甚至以利益买票取代政策拉票的低劣选风无疑延缓了台湾所谓民主政治的发展成熟。

女性参政不等同于女性主义者参政，即，政治职位上女性代表的增多不必然代表女性利益的增长。女性进入政坛后，大部分不刻意彰显自己的性别因素，虽然她们较之男性更支持妇女权益法案，更关心弱势、民生议题，也更远离利益纠葛，但这部分特质仍只是大多数女性政治性格的一部分。在这个传统上属于男人专有的竞技场里，她们或被传统文化所整合，或在坚守女性价值的同时与之抗衡或有所妥协。更多时候，女性和男性一样，沦为政党斗争的工具，迷失于男性的游戏规则里。女性参政本是女性主义运动的主要诉求之一，但在台湾，参政后的女性显然逐渐偏离了女性主义对于女性参政的初衷，被政党斗争的议题所吸纳而失去了女性参政的主体性。如何找回参政女性的群体自我，以其对具体生命经验的关切、包容性的政策立场，降低台湾政党政治带来的社会对立，促使关系民众福祇的民生、福利议题成为公共政策的主流，既是当前台湾女性政治人物群体所面对的重大课题，也是台湾妇女运动者乃至全台湾民众对女性政治人物的殷切期待。

作为全球女性主义运动的一环，台湾的妇女运动和女性参政的发展丰富了全球女性主义运动的经验。尽管对“政治”的观念解构和重建将是一个漫长的历史过程，但随着女性主义思想的传播和性别平等意识的普及，女性参政的美好前景仍值得预期：女性弱势关怀的道德特质、以包容取代对抗的思维方向，对于当前台湾岛内政治斗争的降温、未来两岸政治僵局的化解乃至长远的将来两性和谐平等的人类社会的建立，都将具有难以估量的积极意义和推进作用。人类社会文明的发展本身就是一个自我更新和不断完善的进程，历史上曾经长期失语的女性，如今正逐步与男性比肩，进入一度远离的公共领域，在新的两性契约下，和男性一起担负起未来社会发展的重任。因此，我们有理由期待，女性主义为未来设计的美好蓝图："政治"不再是传统意义上的"国家政治"、"党派政治"，而是指各种社会体制和领域中不平等的权力关系以及维系这种关系的机制，人们学会用全新的眼光审视自己的生存环境……那时，距离真正意义上的两性和谐社会就不会太遥远了。

附　　录

台湾妇女运动大事记（1971－2008）

1971 年

10 月 23 日　吕秀莲《传统的男女社会角色》在《联合报》副刊连载 8 天。

1972 年

1 月初　吕秀莲《两性社会的风向》在《联合报》副刊刊登。

3 月 8 日　吕秀莲在台湾大学法学院的演讲中首次正式提出“新女性主义”。

4 月间　《幼狮》月刊召开“妇女的时代角色”座谈会，宣扬吕秀莲新女性思想。

7 月　《幼狮》月刊出版“新女性主义专辑”，继续宣扬吕秀莲新女性思想。

7 月 25 日　吕秀莲等人向台北市社会局提出申请成立“时代女性协会”。

8 月　新女性主义思想得到当时知名专栏作家薇薇夫人的认可和推荐。

10 月 9 日　吕秀莲等人在台湾大学法学院旁成立“拓荒者之家”。

1973 年

3 月 1 日　吕秀莲在台大法学院演讲，反响热烈，《妇女杂志》、《女性》、《台湾日报》蜂拥采访。

3 月 8 日　《妇女新闻》为新女性主义开辟“时代女性专页”，三个月后终止。

5 月 14 日　台北市政府社会局函复吕秀莲驳回“时代女性协会”成立

申请。

5月31日 “拓荒者之家”因财务危机歇业。

12月1日 在吕秀莲支持下“职业妇女信箱”开通，半年后因吕秀莲癌症住院而告终。

1974年

4月15日 国际职业妇女协会台北分会成立，吕秀莲为筹备人之一。

12月 因理念不同，吕秀莲退出职业妇女协会，赴美、日、韩等地参访，1975年底返台。

1976年

2月10日 吕秀莲在高雄基督教福泽社会服务中心创办“保护你”电话专线。

2月15日 吕秀莲《新女性主义》出版。

3月8日 拓荒者出版社成立；“拓荒者之家”策划举办“男士烹饪大赛”及“厨房外的茶话会”，反响热烈。

6月 吕秀莲等在高雄连续四次举办“爱、婚姻、性”讲座。

10月 拓荒者出版社因资金及政府机关介入等因素解散，随后吕秀莲赴美进修。

1979年 吕秀莲返台，后因“高雄事件”入狱，新女性主义运动归于沉寂。

1982年

2月1日 妇女新知杂志社成立。

6月4日 妇女新知举办“优生保健法草案”座谈会。

1984年

6月20日 妇女新知发动七个妇女团体联合签署“堕胎合法化”的“妇女意见书”送进“立法院”，促成“优生保健法”获得通过并于1985年

1月日公布实施。

1985年

5月　妇女新知组织人力对“民法亲属编”中财产权进行修正。

9月　台湾大学人口研究中心妇女研究室成立。

1987年

1月10日　妇女新知联合32个妇女、少数民族、人权、教会团体，举行“反对贩卖人口——关怀雏妓”的示威游行。

8月2日　台湾妇女救援会成立。

8月6日　妇女新知发表“反对不合理的夫妻合并报税制度”声明。

8月18日　妇女新知等十多个妇女团体声援台北市国父纪念馆女服务员，抗议该馆女性年满30岁或怀孕就必须辞职的规定。

8月31日　台北市孙中山先生纪念馆、高雄市文化中心女性员工代表一起到“行政院”人事行政局请愿，要求成立“男女雇用均等法案小组”。

12月　妇女新知等33个妇女团体集体发表反对选美的共同声明。

1988年

1月9日　妇女新知、妇女救援基金会集结55个妇女及人权团体，发起救援雏妓华西街千人游行，并推派6位代表，分别到“司法院”、“法务部”递交抗议书。

3月7日　妇女新知等34个妇女团体发表“维护女工权益共同声明”。

3月8日　妇女新知、主妇联盟、彩虹专案等妇女团体共同发起“消灭色情污染、重建健康环境”扫黄行动。

6月5日　台北市晚晴妇女协会成立。

8月19日　妇女新知、妇女救援、主妇联盟、彩虹专案等妇女团体集体到“法务部刑法修正委员会”要求惩处贩卖人口、逼良为娼并废止告诉乃论。

1989年

2月17日　台北市政府捷运局技正韩清溪，因一再利用职权对多名女职员性骚扰，经台北市长迳送“司法院”公惩会惩戒，公惩会决议予以停职一年。

3月3日　妇女新知基金会召开“男女工作平等法草案总结报告”公听会。

3月8日　成立两年的“主妇联盟”为扩大社会服务，正式成立“台北市主妇联盟环境保护基金会”，将继续致力于推动环境保护及教育正常化。由“立法委员”谢美惠提案，并经多次修改的“妇女福利法草案”正式在“立法院”提出。妇女新知基金会联合妇女团体公布“本届增额立委关心妇女权益之问政评估”报告。

3月30日　数十名残障孩童的母亲组成“妈妈游说团”到“立法院”拜访“立法委员”，展开争取提高社会福利预算。

4月7日　郑美兰当选头城区渔会理事长，成为“全国第一位渔会女性决策者”。

4月27日－28日　新竹地检处主任检察官林朝荣以语言暴力羞辱，并攻击女同事陈金宝，妇女团体及女律师等连署发表谴责声明。

5月11日　数十名资深女性“国代”成立非正式结盟团体，国民党“国大”部拟增设一名女性副书记长，以作为协调。

5月22日　吕秀莲成立净化选举联盟，举办“舞弊听证会”。

6月5日　“经济部”所属机构人员考试在30项科目中，13项限制女性录取名额，9项限制女性报考，令女性公务员大为不平，妇女团体提出抗议。

7月15日　妇女新知等妇女团体召开记者会，正式向外界公布“十大妇女联合政见”，并决定在竞选期间组成政见宣导团印行手册，积极向候选人游说妇女政见。

8月8日　妇女团体赴台北市市议会请愿，督促严格执行“台北市管理娼妓办法”。

10月初　妇女新知基金会与净化选举联盟合办“女性参政对政治的影响”座谈会。

10月21日　第一家庭杂志社与妇女团体合办“台湾女性看两党的妇女政策”研讨会。

11 月 4 日　清华大学人文社会学院成立“两性与社会研究室”，是岛内首度正式为大学生开设两性问题的研究课程。

12 月 1 日　“行政院”院令通过所得税法修正草案，规定夫妻薪资所得分开计算申报。

12 月 7 日　台湾省政府由蔡丽雪正式接任社会处副处长，是省府成立以来第一位女性副首长。

1990 年

2 月　妇女救援基金会发起“不让台北有色无情”第一波行动，设立检举色情申诉专线。

3 月　妇女救援基金会发起“不让台北有色无情”第二波行动，散发“拒绝色情污染，只要情不要色”黄丝带、卡片及海报。

3 月 18 日　妇女新知基金会、主妇联盟为抗议“中国妈妈”选拔以标榜“中国妈妈”之名，行商业贩卖之实，至基隆市文化中心决选会场抗议。

5 月　妇女救援、彩虹、励馨、妇女新知基金会等团体发表联合声明，要求政府就扫荡色情研拟措施，并拜会各“部会”及市长。妇女团体发表“妇女团体对军人组阁的声明”，参与反军人干政会师大会。

7 月　妇女救援基金会发起“色情海报大猎杀”活动，呼吁民众检举色情海报，并向环保局告发，向地检署告诉。

7 月 8 日　妇女新知基金会在台北及高雄两地举办“两性平等教育演习营”。

8 月 3 日　主妇联盟台中工作室成立，呼吁台中市民共同参与垃圾资源回收及有毒物质收集。

8 月 6 日　台北市社会局宣布将规划多功能的“台北妇女保护中心”，提供不幸妇女医疗、心理辅导及法律咨询等复健服务。

9 月 8 日　台北市女性工会领袖成立台北市劳工妇女协会，将致力于促进妇女劳工福祉。

9 月 11 日　“内政部”及“中央选委会”决定将妇女团体名额从“中央民意代表”全国不分区名额中取消，明订妇女保障名额。

10月　妇女救援、妇女新知、进步妇盟抗议少年队刑囚雏妓，建议改由女警担任笔录，并应有第三公正人士在场。

10月20日　妇女新知、晚晴协会、台北市律师公会妇女问题研究委员会第一次集会，讨论民法亲属编修法内容。

12月8日-15日　妇女团体两度抗议远东制衣厂解雇工会领袖彭菊英。

12月22日　妇女救援基金会在台大校园举办“还我们一个平安夜”活动，呼吁女性有免于性暴力的自由，并在各大专院校发起反性暴力周。

1991年

1月12日　妇女新知基金会召开“从彭菊英解雇案谈女性劳工的工作保障”座谈会。

2月6日　“行政院”院会通过“儿童福利法修正草案”。妇女团体与劳工法律支援会举办“台湾女性劳工的困境”座谈会。

3月8日　吕秀莲筹组之“台北市新女性联合会”成立。

4月1日　妇女新知等八个妇女团体至“内政部”递抗议书，对政府合并妇女节与儿童节为“妇幼节”表示不满。

4月6日-22日　妇女团体发起“妇女团体对宪政革之联合声明”。

4月9日　妇女救援基金会向“立法院”请愿，要求罚娼亦应罚嫖。

5月4日　全女联发起反核四声明。

5月15日　妇女团体发表“妇女团体反政治迫害联合声明”。

8月18日　主妇联盟与妇女新知合办“鼓励妇女参政，支持陈秀惠参选‘国代’”记者会，并拜会民进党中央党部及新潮流办公室，成立“妇女界支持陈秀惠参选第二届‘国代’后援会”。

9月5日-8日　全女联举办“大专姊妹干训营”。

9月30日　净化社会文教基金会与妇女团体合办“谁是杀害子女的真凶——现代妇女的压力”座谈会。

10月28日　妇女团体支援华航空姐反对性骚扰。

12月21日　“国大”代表首次全面民选，在总额325位“国大”代表中，女性占42位，陈秀惠顺利成为不分区“国代”。

1992 年

2 月 29 日　新女性联合会、妇女新知、台大妇女研究室主办“宪法与妇女人权”学术研究会，针对妇女社会权、经济权、政治权三个主题进行深入探讨。

3 月　妇女团体制定妇女宪章，出版《妇女宪章——一千万女性的心声》小册子。全女联举办“你的身体，谁的控制”跨校联展。

4 月　妇女新知基金会与台湾立报社合办“学术、性别与权力”座谈会。

4 月 5 日　清华大学小红帽发起反性骚扰运动。

5 月 6 日　台大社会系女生反对林义男老师性骚扰。

5 月 22 日　社会福利联盟成立，邀妇女新知基金会为发起人。

5 月 30 日　妇女团体参加中山堂前“为国大送终告别式活动”。

6 月 10 日　妇女团体至“立法院”声援残障联盟，抗议“选罢法”对残障人士不公平。

6 月 16 日　妇女新知、晚晴协会、主妇联盟、新女性联合会发表“妇女保障名额声明”。

7 月 5 日　全女联及妇女新知基金会举办“要尊严，不要性骚扰”座谈会。

8 月 10 日　妇女参政小组开会，正式改名为“妇女选民政见连线”。

8 月 29 日 –31 日　全女联举办“反性骚扰姊妹营”。

9 月 18 日　妇女团体召开“1992 年十大妇女联合政见”记者会，发表“现任立委问政评估”。

11 月 6 日　妇女新知基金会举办“妇女新领袖，迈向‘立院’大出击”座谈会。

11 月 7 日　高雄市妇女新知协会成立。

11 月 10 日　妇女新知出版及广寄“十大妇女联合政见手册”予联署团体及“立委”候选人。

11 月 12 日　妇女团体参加劳工“立法委员会”主办之三法一案大游行。

12 月 7 日　台中市妇女新知协会筹备会在台中市举办“‘立委’候选人

发表妇女政见座谈会”。

12月26日　妇女团体参加由澄社发起之“社会团体针对第一届增额‘立委’问政评鉴”初步结果简报会议。

1993年

2月17日　现代妇女基金会及十个妇女团体举办“何不请她们入阁?”座谈会，提出“男女联合内阁”的主张，希望“行政院副院长”能由女性出任，并要求2/5阁员应由女性担任。

3月　妇女团体关怀李姓女秘书被调查局专员强暴事件。

3月7日　妇女新知基金会展开“系列妇女健康讲座”。

3月25日　吕秀莲及叶菊兰“立委”合办“性暴力犯罪与女性尊严”公听会。

4月29日　政大公企中心举办“开拓妇女问政空间——从妇女保障名额谈起”座谈会。

5月　励馨基金会、妇女救援会及彩虹专案等十三个团体完成“雏妓防治法草案”。

5月15日　妇女新知及晚晴协会举办“民法亲属编修法”第一次公听会，并与女“立委”谢启大合办“迈向21世纪两性平等的家事审判制度”。

6月9日　妇女团体赴“立法院”旁听“男女工作平等法”讨论及进行请愿活动。

6月27日　台中市妇女新知协会正式成立。

9月1日-4日　全女联举办“全国大专女生姊妹营”。

9月28日　女学会成立。

10月16日　社区妇女才能发展协会成立。

11月12日　妇女新知基金组织劳动者小红帽大队，参加工人秋斗大游行。

11月25日　妇女团体召开“女人不是投票工具”妇女选民政见连线选前记者会。

12月1日　妇女新知基金会举办“检视台湾艾滋病环境”公听会。

12月2日　妇女新知基金会及晚晴协会展开“终结旧民法种子培训”课程。

1994 年

2 月 5 日　台北市妇女权益促进会成立。

2 月 16 日 -28 日　妇女团体声援杀夫案之邓如雯，前往板桥地院旁听开庭，拜访“法务部长”马英九，召开防治婚姻暴力公听会。

3 月 6 日　妇女新知及晚晴协会在台北市新公园举办“牵手出头天，修法总动员”活动，三万人联署支持“民法亲属编”修法。

3 月 6 日 -9 日　“一九九四世界妇女高峰会议”在台北举行，主题为“妇女与政治领导”。

3 月 8 日　女学会举办“三八讲座”。

3 月 24 日　女学会与妇女新知基金会抗议师大及“教育部”漠视校园性骚扰。

4 月 1 日　女学会及叶菊兰“立委”合办“校园性暴力”公听会，全女联发表“女大学生权利宣言”。

4 月 16 日　台北市妇女新知协会成立。

4 月 17 日　女书店成立，成为“国内第一家由女人投资、经营、专卖女性书籍的书店”。

4 月 30 日　女学会与叶菊兰“立委”合办“落实校园性侵犯防治”公听会。

5 月 1 日　妇女团体参加高雄五一劳动节工人春斗大游行。

5 月 6 日　女学会举办“从警政、社工与医政落实性暴力防治”公听会。

5 月 3 日 -21 日　妇女新知基金会、女学会及全女联展开反性骚扰校园巡回讲座。

5 月 22 日　妇女团体及全女联组成女人连线，举办“反性骚扰大游行”。

5 月 29 日　妇女团体参加反核游行。

6 月 1 日　女学会召开“女人唾弃三字经”记者会。

6 月 6 日　台北市妇女新知协会及其他妇女团体召开“女人不是政治斗争工具”记者会。

7 月 8 日　台北市妇女新知协会及其他妇女团体参加“妇女投票行为研

究发表会”。

7月15日　妇女团体发表妇女对大法官资格的意见。

7月16日　谢启大“立委”、罗莹雪律师及妇女团体送“民法第1089条释宪文”至大法官会议，后大法官“释宪”宣布“民法第1089条”违背两性平权原则，须予以修订。

7月18日　台北市妇女新知协会及妇女团体连署“对第六届大法官提名人选声明”。

8月15日　妇女团体展开“十问大法官”连署活动。

8月18日　妇女团体发起“女人上草山，面试大法官”活动，赴阳明山“国民大会”送交问卷予大法官被提名人，并游说“国代”行使同意权时注重大法官之两性平权观念。

10月15日－16日　台北市妇女新知协会举办“第一届参政生活营”，邀请三党女性市议员候选人发表政见，并进行假投票。

10月27日　新女性联合会及其他妇女团体举办“女市民 vs 男市长”活动，送妇女政策问卷给三党市长候选人。

11月　妇女团体参加陈秀惠、杨祖珺、陈惠琪等女性市议员候选人竞选活动。

11月12日　妇女团体参加工人斗阵大游行。

11月22日　台北市妇女新知协会等妇女团体召开“女选民三反三要，一二三行动”记者会。

12月1日　妇女团体及社运团体召开催票行动联合记者会。

12月3日　北高两市市长及市议员选举，陈水扁及吴敦义分别当选市长，台北市市议会共有12位女性当选，占23%，成为岛内女性比例最高之议会。

1995年

1月　妇女团体赴台中第二信用合作社抗议单身条款。

2月25日　妇女新知、晚晴协会及台北市律师公会就“民法1016、1020条”声请“释宪”。

3月7日　粉领联盟、女工团结生产线发动“反单身、禁孕条款游行”。

3月8日　妇女新知基金会与晚晴协会合办“送新晴版民法修正草案进‘立法院’”大行动。

3月18日　妇女新知与晚晴协会组织“婆婆妈妈游说团”到“立法院”旁听“民法亲属编”修法。

4月28日　女学会召开“废除国家特考的性别歧视”公听会。

5月初　台北市政府成立台北市妇女权益促进委员会。

5月12日　女学会召开“落实两性平等教育”公听会。

5月14日　施寄青宣布参选“总统”，成为“第一位女性总统候选人”，并表示第一件要做的事是“解放家奴运动”。

5月21日　妇女团体参加施寄青“妈祖出巡”游行。

6月17日　女学会出版《台湾妇女处境白皮书》，针对妇女之法律、人身安全、工作、参政、教育等处境发表论文。

8月12日　妇女新知“男女工作平等法”第五次修正完稿，增列防治工作场所性骚扰条款。

8月23日　台北市警察局送“台北市管理娼妓办法”至市议会审议，成为废娼案讨论之始。

9月4日－15日　联合国第四届世界妇女大会在北京举行，岛内妇女团体代表出席NGO会议。

9月15日　妇女新知基金会、主妇联盟、新女性联合会、女工团结生产线、台北市妇女新知协会召开“女选民行动”筹备会，决定广邀妇女团体参与。

10月14日　台北市妇女新知协会举办“第二届妇女参政生活营”，晚间之“政坛杰出妇女之夜”有三十多位政坛女性出席，美国女性政治学者JoFreeman发表演说。

10月15日　参政生活营第二天上午，由妇女团体就六大议题检讨三党妇女政策，下午台北县市三党女性“立委”候选人发表政见，并举行假投票。

10月21日　“总统”候选人陈履安决定邀请女性王清峰作为副手。

10月27日　妇女团体召开“女选民行动记者会”之筹备会议，讨论行动策略及分工。

11月10日　妇女团体召开“女选民行动”记者会，公布“女选民行动”实施方案。

11月12日　妇女团体参加工人秋斗大游行。

11月29日　妇女新知及晚晴协会举办“推动民法谁最力?”记者会，评鉴“立委”候选人。

12月5日　“立法委员”选举，共有23位女性当选，占13%。

12月6日　妇女团体举办“妇女团体谈立委选举结果”座谈会。

1996年

2月2日　妇女团体陪同施寄青至“中央选举委员会”进行参选登记，并抗议“总统”、“副总统”选罢法不公。

3月8日　女学会举办“火烧‘考试院’行动”，抗议国家公务人员考试对女性不公。

3月17日　妇女团体参加反核游行及工人春斗游行。

3月18日　妇女及社运团体联合发表“支持妇女参政声明”，公开推荐“副总统”候选人王清峰，“国代”候选人林美瑢、何颖怡、纪欣。

5月5日　民进党中央党部举办“女性参政与政党政治”讨论会。

5月22日　“中华妇女消费者协会”成立，章乐绮出任第一届理事长。

7月2日　妇女及社福团体不满“立法院”在通过民生法案前休会，发表抗议声明。

7月19日　第六届大法官会议对夫妻财产作出“释宪”，宣告违反“宪法”男女平等原则。

8月5日　台北市市议会退回“台北市管理娼妓办法”，要求市府重新研拟再送议会审议。

11月30日　民进党妇女发展部主任彭婉如在高雄失踪，三日后被发现遇害身亡。

12月1日　民进党临时全国党员代表大会通过“妇女四分之一参政保障条款”。

12月4日　南北妇女团体连线记者会——讨伐暴力犯罪，要求妇女人身安全。

12 月 8 日　婉如行动在高雄举办“让妇女安全地走在路上”游行。

12 月 11 日　妇女团体参加“婉如行动”——拜会“警政署长”，要求立即破案及改善治安。

12 月 17 日　妇女团体婉如行动——拜访三党“立院”党团，要求尽速通过妇女人身安全等法案。

12 月 21 日　“女权火，照夜路”夜间大游行在台北市举行，有数千人参与。

12 月 31 日　“立法院”通过“性侵害防治法草案”，规定“内政部”应设立性侵害防治委员会，各县市地方政府亦应设立性侵害防治中心。

1997 年

1 月 14 日　台北市政府妇女权益促进委员会举办“如何建立安全的城市与社区”公听会。

1 月 18 日　妇女团体拜会高雄市长吴敦义讨论治安问题；彭婉如七七慰灵行动在高雄举行。

2 月 3 日　台北市政府提“台北市管理娼妓办法”废止案，送第七届市议会审议。

2 月 27 日　“考试院”决定，以后各类考试取消女性录取名额的限制或说明职缺所需条件。

3 月 4 日　高雄市女性行动临会召开“女性行动——高雄市妇女处境报告书记者会”。

3 月 7 日　妇女团体拜会“国大议长”，争取提高女性参政保障名额“入宪”。

3 月 8 日 -9 日　“第二届全国妇女国是会议”在高雄举行，就妇女福利、教育、健康等议题讨论。

4 月 28 日　知名艺人白冰冰女儿白晓燕遭绑架，后遇害身亡。

4 月 29 日　台北市妇女新知协会与妇女团体举办“修宪与妇女保障名额”记者会。

5 月 2 日　十余所大专院校学生组成“菅芒花学生联盟”。

5 月 4 日　117 个民间团体参加“504 悼念晓燕为台湾而走”大游行，

共有近十万人参加。

5月6日　“行政院”成立“妇女权益促进委员会”，由“内政部长”叶金凤担任召集人。

5月8日　妇女团体前往阳明山“国民大会”请愿，要求1/4妇女保障名额“入宪”。

5月9日　“内政部”“性侵害防治委员会”成立，以建构完整的性侵害防治体系为工作目标。

7月1日　绿党及妇女团体召开“女里长参选计划讨论会”。

7月4日　妇女团体第三度赴“国民大会”争取四1/4妇女保障名额。

7月16日　“修宪”通过“国大”代表不分区妇女1/4保障条款，“立委”部分未定。

7月19日　妇女团体于“立法院”举办“争取妇女保障名额四分之一入宪”记者会。

7月30日　女学会、女权会、妇女新知、彭婉如基金会举办“三党妇女保障名额公听会”。

8月1日–3日　彭婉如基金会主办“1997妇女领导人才暨工作伙伴避夏活动”，妇女团体参加。

8月2日　台北市议会决定同意废止公娼，北市政府9月4日发布命令，公娼开始抗争。

8月6日　妇女团体就陈文茜“香炉事件”举办座谈会“谈妇女参政大反挫”。

8月25日　彭婉如基金会及绿党共同主办“女里长辅选会议”，鼓励妇女积极参与里长选举。

9月6日　妇女新知基金会成员参加台北市公娼向市议会陈情大会。

9月20日　“内政部”性侵害防治中心成立。

9月30日　彭婉如基金会及绿党主办“女人与社区经营”座谈会。

10月18日–19日　台北市妇女新知协会举办“第三届妇女参政生活营”。

10月29日　台北市议会制定公娼管理办法并三读通过，给予缓冲废娼两年时间。

11 月 10 日　高雄市妇女团体合办“天黑半边——消失在辩论台上的妇女政策”。

11 月 11 日　台北县妈妈读书会举办“台北县女选民问政大会”并就县长候选人进行假投票。

12 月　县市长选举，吕秀莲、张温鹰及张博雅分别当选桃园县、台中市及嘉义市市长，使“岛内首次出现三位女性地方行政省长”。

12 月 2 日　妇女团体拜会“内政部长”叶金凤，督促其重视治安及妇女权益工作。

12 月 6 日　彭婉如基金会举办“社区治安 DIY 传授座谈会”。

12 月 6 日 –7 日　纪念彭婉如遇害一周年，妇女团体举办座谈会及纪念晚会。

1998 年

2 月 3 日　妇女新知基金会抗议“行政院长”萧万长撤换女性“内政部长”叶金凤。

3 月 6 日　妇女新知召开记者会，公布“1998 各县市政府妇女权益状况调查报告”。

3 月 7 日　妇女团体举办“全国妇女国是会议”。

3 月 7 日　台北市公娼自救会、女工团结生产线、粉领联盟三团体，发起“反污名”大游行。

3 月 7 日 –14 日　“第三届全国妇女国是会议”在台北市举行，主题定为“妇女权益行动年”。

3 月 12 日　妇女团体参加社会立法运动联盟成立大会。

4 月 11 日　大法官做成第 542 号解释令，妇女新知基金会召开“嫁夫不再随夫居”记者会。

5 月 14 日　妇女新知举办“体检‘行政院’妇权会记者会”，要求妇权会修改其设置要点。

5 月 20 日　妇女团体拜会“行政院”妇权会主委林澄枝，商谈妇权会体制改革。

5 月 29 日　“民法亲属编”夫妻财产制溯及既往条款届满，妇女新知基金会与晚晴协会举办“咸鱼再翻身，女人再加油”记者会。

6月23日　妇女新知与台北市社福联盟共同举办“体检陈水扁市长市政白皮书研讨会”。

6月26日　妇女新知等4个妇女团体召开记者会，要求“女性监委不得少于四分之一”。

6月30日　妇女团体开记者会推荐尤美女等5位女性“监委”候选人，并送表至“总统府”。

7月19日　妇女团体参与第一届全国社会福利会议。

8月16日　台中市社区妇女成长协会成立。

10月6日　妇女新知基金会、晚晴妇女协会与绿党共同召开“拒喝花酒的政治文化”记者会。

10月26日　妇女新知与台北市社会福利联盟共同拜会三党市长候选人，谈北市社福政策。

10月30日　妇女团体举办“社福团体体检三党市长候选人政见记者会”、“建立社会支持网络协助未婚妈妈返校”公听会。

11月3日　妇女新知与开拓文教基金会、蕃薯藤开记者会，公布“1998女选民大集合”网址。

11月7日－8日　台北市妇女新知协会举办第四届妇女参政生活营，剖析各市长候选人妇女政策。

11月12日　妇女新知基金会参与工人秋斗大游行。

11月23日　妇女新知基金会与社会立法运动联盟共同举办“超级选民投票手册发表会”。

12月1日　妇女新知与社会福利联盟共同召开“三党市长候选人社福政见总评比记者会”。

12月11日　“监察委员”提名名单出炉，27位中仅有3位女性，妇女团体提出抗议。

12月19日　妇女新知与晚晴、粉领联盟、公娼自救会举办“妇女团体对马市长建言记者会”。

12月22日　妇女团体上阳明山游说三党“国大”党团严格审查监委被提名人。

12 月 23 日　台北市妇女会馆开幕。

12 月 25 日　马英九就任台北市长，宣布一个月后公布台北市公娼管理办法。

1999 年

1 月 13 日　妇女团体再上阳明山“国民大会”，使女性“监委”被提名人张富美顺利过关；“地方制度法”出台，规定地方各级民意代表选举 1/4 妇女保障名额。

1 月 29 日　高雄市女性行动委员拜会高雄市劳工局长谈“职场性骚扰防治要点”推动事宜。

1 月　吴碧珠当选台北市议会议长，成为台湾地方自治史上第一位女性议长。

2 月 10 日　妇女新知基金会发表“台北市政府中阶女性主管托育状况调查报告”。

2 月 11 日　妇女团体出席“民进党女性‘立委’为妇女法案催生记者会”。

3 月 4 日　“行政院”通过“两性劳工工作平等法”，把军公教人员排除在外。

3 月 5 日　妇女团体召开“催生男女工作平等法”记者会，攻击“行政院”版本多项缺失。

3 月 8 日　妇女团体发起“催生男女工作平等法，三八女人前进‘立法院’”街头陈情活动。

3 月 12 日 - 14 日　跨世纪全岛妇女团体博览会。

3 月 18 日　台北市女权会举办人工协助生殖办法座谈会。

3 月 19 日　“教育部”公布校园性侵犯防治办法，要求各校设立申诉管道制定处理办法。

3 月 25 日　妇女救援基金会主办“刑法妨害风化罪章临门一脚活动”。

3 月 26 日　台北市议会通过公娼接客费率，通过安全检查的公娼户于 28 日重新开业。

3 月 28 日　妇女团体参与反核大游行。

4月12日　妇女新知基金会与“立委”叶菊兰召开“体检公私部门怀孕歧视公听会”。

4月22日　妇女新知举办公听会，抗议三所军校自费生明文拒收未婚妈妈。

5月1日　妇女新知基金会发起万人连署男女工作平等法街头活动。

5月13日　妇女新知与“立委”周慧瑛举办公听会，谴责金融机构录取雇员的性别歧视。

5月27日　台北科技大学一女生在妇女新知及“立委”叶菊兰陪同下，指控男教授性骚扰。

5月31日　妇女新知基金会等5个妇女团体共同召开“三分之一性别比例原则入宪公听会”。

6月13日　彭婉如文教基金会成立社区保姆支持系统，在台北县设立8个维护站。

6月17日　大专女生行动联盟举办“体检校园性骚扰申诉管道记者会”。

6月24日　家庭暴力防治法开始实施；民进党妇女发展部举办家庭暴力防治研讨会。

7月1日　台大妇研室发起“白丝带运动”，呼吁全民反对男性以暴力侵犯女生。

7月8日　高雄市女性行动协会举办记者会，公布该市42位市议员在妇女权益议题上表现。

7月9日　妇女救援基金会举办“慰安妇新书发表会”。

7月24日　妇女新知基金会参与“公民废‘国大’大游行”。

8月24日　妇女新知对“教育部”决定不公布台北科技大学性骚扰案调查结果表示不解与愤怒。

8月28日　妇女团体举办“妇女看战争”座谈会，以民调结果呼吁两岸领导人多听女性声音。

9月4日　妇女团体召开记者会，抗议“国大”修宪再度封杀1/4妇女保障名额条文。

9月14日　彭婉如基金会对北高小学家长进行问卷调查，发动全民反制媒体暴力及色情活动。

9 月 16 日　台北市环保局委托主妇联盟对台北市近 7700 座公厕总体检并提出具体改善策略。

9 月 17 日　妇女新知赴“监察院”控“教育部”性骚扰案处理不当，要求调查官员是否渎职。

10 月 13 日　台北市妇女权益促进会进行两性平等教育实施状况调查，发现问题仍多。

11 月 11 日　妇女新知向“监察院”检举，请其纠正政府部门招考时对女性名额的刻意限制。

11 月 26 日　妇女团体出席冯沪祥“立委”之“体检‘行政院’妇权公听会”。

12 月 10 日　妇女团体召开“总统”大选策略会议。

12 月 15 日　妇女团体参与艾滋感染者权益促进会主办的“迎接千禧年、全民抗艾滋”游园会。

12 月 20 日　妇女新知基金会举办“1999 台湾女权报告”发布会，检视妇女人权状况。

2000 年

1 月 18 日　“内政部”家庭暴力防治委员会宣称将加强执行公权力介入家务事。

1 月 24 日　台北市政府通过“台北市政府公教人员育婴留职停薪互助补助要点”。

2 月 1 日　台北市就业歧视评议委员会确定北市邮政总局招考邮务人士有性别歧视。

3 月　女学会理监事前往东吴大学与政治系教授座谈，了解选举政治相关分析。

3 月 8 日　妇女新知推出三八女人战车，提出女选民八大诉求支票，要求候选人签署。

4 月　“全国妇女人身安全会议”举行。

4 月　妇女新知举办“修法四月天”活动，将新晴版夫妻财产制修正草案送入“立法院”。

4 月 24 日　台北市政府市政会议通过“台北市政府性骚扰事件处理要点”。

5 月 1 日　妇女新知公布体检各县市就业评估委员会调查报告，同时设立性骚扰申诉专线。

5 月 20 日　陈水扁、吕秀莲出任“总统”、“副总统”，吕秀莲成为台湾首位女性“副总统”。

9 月　妇女新知筹拍《玫瑰的战争》，一部反性骚扰纪录片。

9 月 28 日　女学会在“人权婚礼”前夕召开记者会，对台湾的婚姻制度进行反省与批判。

11 月 12 日　女学会等多个妇女团体上街头参加反核大游行。

12 月 18 日　女学会张锦华撰文《还童的女性？弱智的男性?》批瘦身美容广告引发热烈讨论。

2001 年

1 月 12 日　反性骚扰纪录片《玫瑰的战争》举行首映式。

2 月　女学会在游鑑明引介下，与“中央研究院”近代史所座谈“女性情欲与父权关系”。

2 月 21 日　两岸妇女界代表在台中县大甲镇座谈，就工作、家庭与人际关系等问题进行交流。

3 月 8 日　女学会移师高雄师院上演《麻辣女教师》，挑战师院的传统师道。

4 月 17 日　妇女团体联合声明抨击“‘行政院’妇女权益促进委员会”运作不良。

4 月 23 日　妇女新知开始举办《玫瑰的战争》反性骚扰纪录片校园巡回放映。

5 月 21 日　举行“妇女团体检视新政府的妇女政策”记者会，对新政府妇女政策提出看法。

5 月 25 日　淡江大学与女学会合办“性别、心理及文化——本土女性主义的开展”学术研讨会。

6月6日　妇女新知举办“争取子女从母姓权利”公听会。

8月20日　台“内政部长”张博雅率团到北京参加2001年APEC妇女领袖会议。

10月23日　妇女新知发表“第三届婆婆妈妈法院观察报告”，检视法官的性别平等意识。

11月14日　“立委”选举在即，妇女团体联合举行记者会，呼吁选民以行动抵制选举乱象。

12月19日　针对璩美凤遭偷拍事件，妇女团体联合发表声明，强烈谴责八卦媒体父权心态。

12月21日　“两性工作平等法草案”在“立法院”获得三读通过。

2002年

1月18日　女学会等团体举行讨论会，探讨民进党执政后妇女运动的主体性问题。

1月25日　妇女团体与新科“立委”新春茶叙，吁请尽速审议“民法亲属编”夫妻财产制。

2月27日　妇女新知推出“女人戏法·作伙玩”戏剧表演暨法律讲座巡回活动。

3月5日　女学会会员投书《中国时报》揭露“行政院妇权会”黑箱操作，反响巨大。

3月8日　妇女新知与女学会举办记者会，检讨两性平权实施情况，提出3个“批判与期望”。

4月9日　妇女新知、晚晴等将“新晴版夫妻财产制修正草案”送进“立法院”。

5月11日　母亲节前夕，妇女新知召开记者会，提醒社会应该给母亲一个安适的哺乳环境。

6月4日　“民法亲属编”夫妻财产制的修改获得“立法院”三读通过，妇女团体表示欣慰。

7月1日　妇女新知“原住民妇女生活工作坊”开始招生，开设台湾少数民族妇女成长课程。

8月15日　七夕情人节前，妇女团体特别针对爱情暴力事件发文，呼吁健康美好的情爱关系。

9月9日　女学会举行成立大会，庆祝“进入体制”，接受“内政部”、“国税局”管辖。

9月11日　“两性工作平等法”实施届满半年，妇女新知举办记者会检视施行情况。

9月28日　女学会在高雄召开年会暨“检视大专教科书性别意识”研讨会。

10月3日　因一大陆新娘纵火，妇女团体关注外省籍新娘的生存困境，检讨制度和社会因素。

11月17日　女学会举办“妇女与性别行政组织”座谈会，推动政府成立“中央”专职机构。

11月30日　妇女新知举办“女人参政，改造台北”记者会，推荐7名女性市议员候选人。

12月12日　妇女新知副董事长黄长玲结合市议员选举结果撰文批判妇女保障名额缺乏前瞻性。

2003年

1月　妇女团体与政府官员座谈建言成立“性别平等部”，后协商为“性别平等委员会”。

2月15日　妇女团体与多个社会团体联合行动并发表反战宣言，反对英美侵占伊拉克。

2月26日　女学会与东吴大学举办“女性与台湾民主运动”座谈会，“二·二八”家属引言。

3月8日　女学会、妇女新知举办记者会，提出“性别主流化，成立中央一级专责专职机关”。

3月23日　妇女团体举办“反战静走为和平”记者会，和社会团体一起参加反战游行。

3月底　妇女权益促进发展基金会以“性别主流化”为题举办“2003国际妇女论坛”。

4月－5月　妇女团体在全台北、中、南、东举办4场“设立中央性别事务专责机关”公听会。

5月11日　女学会等举行“正视护理人员牺牲的代价”记者会，为SARS护理人员维权。

7月9日　妇女团体参与“改造国会行动联盟”活动，提出1/3性别比例政党提名制度。

7月24日　妇女团体联合举行记者会“优秀的女生进不了军校”，抗议性别歧视的军校招生。

8月10日　由各类社会运动团体共同发起的公平正义（泛紫）联盟成立，妇女新知加入。

9月27日　女学会等团体在清华大学举办“意识·认同·实践——2003年女性主义学术研讨会”。

12月24日　妇女新知、人权、外籍新娘协会等参加发起参加“移民/移住人权修法联盟”行动。

2004年

1月初　何春蕤因学术网络动物恋网页连接被公诉，妇女新知声明捍卫性别言论民主空间。

3月7日　妇女团体共同举办“妇团检视蓝绿阵营的妇女政策——催生性别平等委员会”记者会。

3月16日　“总统”选举将至，妇女新知所在的泛紫联盟呼吁选民理性投票“停、看、听”。

4月8日　妇女团体联合举办记者会，抗议警校招生考试与海巡公务员特考性别名额限制。

4月29日　泛紫联盟发布“税制不公全民呛声”手册，呼吁合法和平抗税。

5月6日　妇女团体联合记者会“两性共治深化民主”呼吁陈水扁兑现“女性参政突破三成”承诺。

5月21日　妇女新知参加“改造‘国会’行动联盟”活动，强烈要求提高不分区席次。

5 月 25 日　妇女新知举办“多元姊妹闪亮新知”募款茶会。

6 月 4 日　“性别平等教育法”获得“立法院”三读通过，妇女团体以新闻稿表示肯定与感谢。

9 月 1 日　学生、妇女团体联合声明，抗议三立同志新闻侵害性别人权，呼吁重视专业伦理。

11 月 17 日　“立委”选举在即，妇女团体办记者会推荐一些长期支持妇女性别权益的候选人。

12 月 1 日　妇女新知发表新闻稿，强烈谴责桃园县议会男议员暴力问政推打女校长。

12 月 17 日　妇权会办“女人发展，国家发展——我国性别平等专责机构”北区公听会。

2005 年

3 月 8 日　晚晴、新知、励馨等团体在高雄举行“三八女人天·彩绘女人心”妇女节活动。

3 月 29 日　台湾女人连线邀集妇女团体及“立院”办公室举办“生育保健法草案”座谈会。

4 月　女权会、新知、外籍新娘协会等关注“新移民女性”在台处境及问题。

5 月　妇女团体联合举行“台湾人口贩运现况初探”专题讨论。

6 月 29 日　台女连、女权会等共同提出妇团版“生育保健法”，吁请妇女团体大力支持。

9 月 20 日　妇女新知“女人西法·作伙玩”——社区巡回列车活动在台东社会教育馆举行。

10 月 1 日　妇女新知“94 年度家庭暴力防治宣导巡回座谈”北区活动在桃园中坜市举行。

10 月 2 日　女学会与台大人口性别中心办年会，举行“性别主流化，权力与机制”等研讨会。

10 月 12 日　妇女新知“94 年度家庭暴力防治宣导巡回座谈”中区活动在南投县举行。

10 月 14 日　妇女新知“94 年度家庭暴力防治宣导巡回座谈”南区活动在屏东县举行。

10 月 15 日　台大性别与空间研究室十周年庆，“都市性别与空间政策”系列圆桌会议开办。

10 月　妇女团体提出“性别与就业经济”图像整理及国际比较报告书。

11 月　针对年底地方选举，“干净选举促进会”与妇团举行“全面终结贿选”系列活动。

12 月 15 日　“性别平等教育多原”——台湾少数民族地区校园推动性别平等教育法座谈活动在花莲召开。

2006 年

2 月 5 日　“性骚扰防治法”正式施行，妇女团体密切关注。

3 月 8 日　妇女新知发起“一万元征一句话”，废除“美丽统一纲领”，向“标准化美”宣战。

3 月 31 日　针对菲律宾政治动乱，东吴大学人权协会递交请援信，声援人权斗士，妇团连署。

4 月 22 日　妇女新知“多元的美 · 彩色的身”系列讲座第一场：尺寸政治中的科技、美容。

4 月 30 日　妇女新知系列讲座第二场：美女经济的解读与解构——从林志玲名模现象谈起。

5 月 6 日　妇女新知系列讲座第三场：打造文化公民权——媒体再现批判与创造。

5 月 12 日　妇团就育婴津贴和怀孕歧视办母亲节记者会，检视“两性工作平等法”实施情况。

6 月　“家庭暴力防治法”实施八年，妇女团体严格检视施行情况。

7 月 15 日　亲绿学者发表“民主政治和台湾认同的道德危机”声明，促扁下台，妇运人士参与。

7 月　妇女新知董事长黄长玲在《中时 · 时论广场》撰文批扁《政治人物有道德高度吗?》。

9 月 22 日　第三届海峡两岸妇女发展交流研讨会在北京结束。

11月　妇女权益促进会出版《女人知法一百问》帮助女性解决婚姻中的法律问题。

12月9日　北、高两市市长、市民意代表选举结束，民进党人陈菊成为首位女性民选市长。

2007年

3月6日　妇女团体参加岛内“拒领公投票社会联盟”活动，推举妇女代表多人，在“立法院”前集会，发起“真爱台湾，反公投入联”活动。

3月　台湾“立法院”完成“人工生殖法”三读通过，3月23日开始实施，妇女团体为此举行庆祝活动。

3月-4月　适逢妇女新知基金会成立25周年，为了庆祝此一盛事，并延伸“多元美”的概念与精神，妇女新知策划了“废除美丽统一纲领”系列活动，4月特别策划了“瘦身整形大自爆”征文活动。

5月4日　台湾“立法院”三读通过“民法亲属编”1059条有关子女姓氏的规定，23日开始施行生效，修正子女姓氏条文，改由父母书面约定，不再以从父姓为原则，而以双方约定的平等协商为主，成为妇女团体推动多年的“子女姓氏修法”活动的重要成果。

10月2日-4日　女学会呼应国际妇女运动反对人口与劳工贩卖的活动，在台湾大学举行了一系列反人口贩运影展。

11月30日　“移民法”修正草案三读通过，妇女新知等妇女团体热烈祝贺。

12月19日　“两性工作平等法”修正案三读通过，原名改为“性别工作平等法”

2008年

3月9日　妇女团体联合举办记者会“台湾女性还当不了大学校长?”，检视2004年“性别平等教育法”实施以来“教育部”推动性别平等教育的绩效。

5月11日　妇女新知基金会与高雄市妇女妇女新知协会联合举办“欢喜从母姓？困难知多少”联合记者会，回顾梳理“民法亲属编”1059条修改以来子女从母姓的进展情况。

参考文献

一、专著

1. 胡佛，《政治学的科学探究（三）：政治参与与选举行为》，台北，三民书局，1998 年。

2. 吕亚力，《政治学》，台北，五南图书出版社，1978 年。

3. 秋永，《政治学方法论研究专集》，台北，台湾商务印书馆，1988 年。

4. 邱仁宗，《女性主义哲学与公共政策》，中国社会科学出版社，2004 年。

5. 王政，《越界——跨文化女权实践》，天津人民出版社，2004 年。

6. ［美］罗斯玛丽·帕特南·童著，艾晓明等译，《女性主义思潮导论》，华中师范大学出版社，2002 年。

7. ［加］巴巴拉·阿内尔著，郭夏娟译，《政治学与女性主义》，东方出版社，2005 年 9 月。

8. 陈顺馨等选编，《妇女、民族与女性主义》，中央编译出版社，2004 年。

9. 奕裴，《被建构的女性——当代社会性别理论》，上海人民出版社，2005 年。

10. 中华全国妇女联合会妇女运动史研究室编，《五四时期妇女问题文选》，三联书店，1981 年。

11. 陈孔立主编，《台湾研究十年》，厦门大学出版社，1990 年。

12. 顾燕翎主编，《女性主义理论与流派》，台北，女书文化，2000 年。

13. 顾燕翎等主编，《女性主义经典——18 世纪欧洲启蒙，20 世纪本土反思》，台北，女书文化出版，2002 年。

14. 鲍晓兰主编，《西方女性主义研究评介》，三联书店，1995 年。

15. 李银河主编，《妇女：最漫长的革命——当代西方女权主义理论精选》，三联出版社，1997 年。

16. 石之瑜，《女性主义的政治批判：谁的知识？谁的国家?》，台北，正中书局，1994 年。

17. 王政等主编，《社会性别研究选译》，三联出版社，1999 年。

18. 魏国英主编，《女性学概论》，北京大学出版社，2000 年。

19. 杜芳琴，《妇女学和妇女史的本土探索——社会性别视角和跨学科视野》，天津人民出版社，2002 年。

20. 杜芳琴等主编，《妇女与社会性别研究在中国 1987 – 2003》，天津人民出版社，2003 年。

21. 余宁平主编，《不守规矩的知识——妇女学的全球与区域视界》，天津人民出版社，2003 年。

22. 孟宪范主编，《转型社会中的中国妇女》，中国社会科学出版社，2004 年。

23. 梁旭光主编，《民主政治进程与妇女参政》，济南出版社，2004 年。

24. 吕秀莲，《新女性主义》，台北，敦理出版社，1986 年。

25. 王雅各，《台湾妇女解放运动史》，台北，巨流图书公司，1999 年。

26. 子宛玉编，《风起云涌的女性主义批评》，台北，谷风出版社，1988 年。

27. 王丽容，《妇女与社会政策》，台北，巨流图书出版，1995 年。

28. 王雅各主编，《性属关系（上）——性别与社会、建构》，台北，心理出版社，1999 年。

29. 王雅各主编，《性属关系（下）——性别与文化、再现》，台北，心理出版社，1999 年。

30. 梁双莲等著，《妇女与政治参与》，台北，妇女新知基金会，1989 年。

31. 马心韵，《三民主义妇女政策与我国妇女政治地位之研究》，台北，正中书局，1992 年。

32. 刘毓秀主编，《台湾妇女处境白皮书：1995》，台北，时报文化出版事业有限公司，1995年。

33. 纪欣，《女人与政治：90年代妇女参政运动》，台北，女书文化有限公司出版，2000年。

34. 杨国枢等主编，《台湾的社会问题》，台北，巨流图书公司，1991年。

35. 叶至诚，《社会科学概论》，台北，扬智文化事业有限公司，2000年。

36. 彭怀恩，《台湾发展的政治经济分析》，台湾风云出版社，1990年。

37. 若林正丈，《转型期的台湾》，台湾故乡出版社，1989年。

38. 中国论坛编辑委员会主编，《女性知识分子与台湾发展》，台北，中国论坛杂志出版社，1989年。

39. 钱剑秋，《自由中国的妇女》，台北，妇女社，1956年。

40. 钱剑秋，《三十年来中国妇女运动》，台北，中国国民党中央妇女工作会，1976年。

41. 台湾省妇女会编，《台湾妇女会概况》，台北，台湾省妇女会，1970年。

42. 中国国民党中央妇女工作会编，《指导长蒋夫人对妇女训词辑要》，台北，中国国民党中央妇女工作会，1956。

43. "中华妇女反共联合会" 编，《妇联四十年》，台北，"中华妇女反共联合会"，1990年。

44. 中国国民党中央妇女工作会编，《我们的工作》，台北，中国国民党中央妇女工作会，1976年。

45. 王亚权编，《蒋夫人言论集》，"中华妇女反共联合会"，1977年。

46. 皮以书，《中国妇女运动》，台北，三民书局，1973年。

47. 赵永茂，《台湾地方政治的变迁与特质》，台北，翰芦图书出版有限公司，2002年。

48. 李松林，《晚年蒋经国》，九州出版社，2006年。

49. 陈孔立主编，《台湾历史纲要》，九州出版社，1996年。

50. 黄建寅主编，《中国国民党史》，西安交通大学出版社，1990年。

51. 萧新煌，《台湾的未来不是梦?》，台北，不二出版公司，1992年。

52. ［法］西蒙娜·德·波伏娃著，陶铁柱译，《第二性》，中国古籍出版社，1998 年。

53. ［法］西蒙娜·德·波伏娃，《第二性（第二卷）：处境》，台北，晨钟出版社，1973 年。

54. ［法］西蒙娜·德·波伏娃，《女人，女人：第二性——女人之一》，台北，晨钟出版社，1979 年。

55. 李文，《纵横五十年——吕秀莲前传》，台北，时报文化出版事业有限公司，1996 年。

56. 荒林等主编，《中国女性文化 No. 2》，北京，中国文联出版社，2001 年。

57. 李元贞，《妇女开步走》，台北，妇女新知基金会，1990 年。

58. 徐正光等主编《台湾新兴社会运动》，台北，巨流图书公司，1989 年。

59. 陈柔缙，《台湾西方文明初体验》，台北，麦田出版社，2005 年。

60. 刘霓，《西方女性学——起源、内涵与发展》，社会科学文献出版社，2001 年。

61. 陈烨，施叔青主编《女人治国》，台北，圆神出版社，1995 年。

62. 黄嘉树，《国民党在台湾 1945 – 1988》，南海出版公司，1991 年。

63. 彭怀恩，《台湾政治变迁 40 年》，台北，自立晚报出版社，1987 年。

64. 康宁祥，《台湾的宪政危机》，台湾，八十年代出版社，1983 年。

65. ［美］丹尼·罗伊著，何振盛等译，《台湾政治史》，台北，台湾商务印书馆，2004 年。

66. 赵永茂，《台湾地方派系与地方建设之关系》，高雄，德馨室出版社，1978 年。

67. 许世铨等编，《台湾研究年度报告·2000》，北京，时事出版社，2001 年。

68. 刘国深，《当代台湾政治分析》，九州出版社，2002 年。

69. 金泓钒，《台湾的政治转型——从蒋经国体制到李登辉体制》，香港社会科学出版社，1998 年。

70. 黄俊杰，《战后台湾的转型及其展望》，台北，正中书局，1995 年。

71. 范希周主编，《台湾政局与两岸关系》，九州出版社，2004 年。

72. 郭伟锋，《触摸真实的台湾》，台海出版社，1998 年。

73. 陈孔立，《观察台湾》，华艺出版社，2003 年。

74. 韦政通，《立足台湾　关怀大陆》，台湾，东大图书出版社，1991 年。

75. 李英桃，《社会性别视角下的国际政治》，上海人民出版社，2003 年。

76. 苏永钦，《走向宪政主义》，台北，联经出版事业公司，1994 年。

77. 苏红主编，《多重视角下的社会性别观》，上海大学出版社，2004 年。

78. 马元曦主编，《社会性别与发展译文集》，三联书店，2000 年。

79. 马元曦主编，《社会性别・族裔・社区发展译选》，中国古籍出版社，2001 年。

80. [英] 索菲亚・孚卡著，王丽译，《后女权主义》，文化艺术出版社，2003 年。

81. [英] 玛丽・沃斯通克拉夫特著，王瑛译，《女权辩护——关于政治和道德问题的批评》，中国编译出版社，2006 年。

82. 李银河，《女性权力的崛起》，文化艺术出版社，2003 年。

83. 孙关宏主编，《政治学概论》，复旦大学出版社，2004 年。

84. 肖立国主编，《政治学》，电子科技大学出版社，1994 年。

85. 浦兴祖主编，《西方政治学说史》，复旦大学出版社，1999 年。

86. 赵玉霞等著，《外国政治制度史》，青岛出版社，1998 年。

87. 北京大学社会学系，《社会学教程》，北京大学出版社，1987 年。

88. 周华山，《阅读性别》，江苏人民出版社，1999 年。

89. 朱易安，《女性与社会性别》，上海教育出版社，2003 年。

90. [法] 皮埃尔・布迪厄，《男性统治》，海天出版社，2002 年。

91. [美] 梅里・E、威斯纳・汉克斯，《历史中的性别》，东方出版社，2003 年。

92. 林聚任，《社会性别的多角度透视》，羊城晚报出版社，2003 年。

93. 应克复等著，《西方民主史》，中国社会科学出版社，1997 年。

94. 全国台湾研究会编，《台湾选举纵横谈》，台海出版社，1998 年。

95. 张文生、王茹，《民进党选举策略研究》，九州出版社，2004 年。

96. [意] 萨尔沃·马斯泰罗内主编，黄华元译，《当代欧洲政治思想》，社会科学文献出版社，1998 年。

97. 殷啸虎，《近代中国宪政史》，上海人民出版社，1997 年。

98. 台湾八十年代出版社编，《台湾的宪政危机》，台湾，八十年代出版社，1983 年。

99. 彭怀恩，《"中华民国" 政治体系的分析》，台北，时报文化出版事业有限公司，1985 年。

100. 若林正丈，《转型期的台湾》，台湾，故乡出版社，1989 年。

101. 彭怀恩、胡祖庆编译，《进入政治学的世界》，台湾洞察出版社，1989 年。

102. 邱垂亮：《亚洲的政治文化》，台湾，前进出版社，1988 年。

103. 高希均，《新台湾人之路——建构一个干干净净的社会》，台湾，天下远见出版股份有限公司，1999 年。

104. 萧全政主编，《改革宪政》，台湾 "国家政策研究中心"，1990 年。

105. 杨世雄，《宪政改革的理论与实践》，台湾，五南图书出版社，1998 年。

106. 齐光裕，《"中华民国" 的宪政发展》，台湾，扬智文化事业股份有限公司，1998 年。

107. 李炳南，《宪政改革与国民大会》，台湾，月旦出版股份有限公司，1994 年。

108. 若林正丈，《台湾：分裂国家民主化》，台湾，月旦出版股份有限公司，2000 年。

109. 黄文雄，《台湾人的价值观》，台湾，前卫出版社，1993 年。

110. 陈芳明，《台湾人的历史与意识》，台湾，敦理出版社，1988 年。

111. 魏秀堂，《话说台湾人》，时事出版社，1997 年。

112. 彭怀恩，《中国政治文化的转型——台湾政治心理取向》，台湾，风云论坛出版社，1992 年。

113. 石之瑜，《当代台湾的中国意识——对集体认同的反思》，台湾，正中书局，1993 年。

114. 戴国辉，《台湾结与中国结——睾丸理论与自立、共生的构图》，台湾，远流出版事业股份有限公司，1994 年。

115. 萧新煌，《新台湾人的心——国家认同的新图像》，台湾，月旦出版股份有限公司，1999 年。

116. 黄国昌，《中国意识与台湾意识》，台湾，五南图书出版社，1995 年。

117. 张茂桂等著，《族群关系与国家认同》，台湾，业强出版社，1992 年。

118. 姜南扬，《台湾政治转型之谜》，北京文津出版社，1993 年。

119. 常燕生、辛旗，《转型期的台湾政治》，北京华艺出版社，1990 年。

120. 陈其南，《公民国家意识与台湾政治发展》，台湾，允晨文化股份有限公司，1992 年。

121. 荆荛、常燕生、辛旗合编，《九十年代台湾政治》，华艺出版社，1991 年。

122. 韦政通，《冲破禁忌——1987 年台湾思想批判》，台湾，敦理出版社，1988 年。

123.［德］爱莉丝·史瓦泽著，罗丽君译，《女性的屈辱与勋章》，台北，台湾商务出版社，1998 年。

124. 陈恒明，《“中华民国”政治符号之研究》，台北，台湾商务印书馆，1986 年。

125. 卢非易，《台湾电影：政治、经济、美学》，台北，远流出版社，1998 年。

126. 萧新煌主编，《台湾的社会福利运动》，台北，巨流图书有限公司，2001 年。

127. 张茂桂，《社会运动与政治转化》，台北，业强出版社，1994 年。

128. 何春蕤，《豪爽女人》，台北，皇冠文化出版有限公司，1994 年。

129. 何春蕤，《呼唤台湾新女性》，台北，元尊文化股份有限公司，

1997 年。

130. 王沪宁，《比较政治分析》，上海人民出版社，1987 年。

131. 孙代尧，《台湾威权体制及其转型研究》，中国社会科学出版社，2003 年。

132. “中央选举委员会编”，《“中华民国” 选举史》，台北，“中央选举委员会”，1987 年。

133. 萧全政主编，《改革宪政》，台湾 “国家政策研究中心”，1990 年。

134. 妇女新知基金会主编，《1999 台湾女权报告》，妇女新知，2000 年。

135. 陈必照等著，《当前宪政改革方案》，台北，业强出版社，1992 年。

136. 陈春生，《台湾宪政与民主发展》，台北，月旦出版社股份有限公司，1996 年。

137. 程玉风主编，《战后台湾民主运动史料汇编》，台北县国史馆印行，2001 年。

138. 曾济群，《“中华民国” 宪政法制与政党关系》，台北，五南图书出版，1995 年。

139. 苏永钦，《“国会” 改革：台湾民主宪政的新境界》，台北，新台湾人基金会，2001 年。

140. 罗传贤，《立法程序与技术》，台北，五南图书出版，1998 年。`

141. “中国妇女参政的足迹” 编写组，《中国妇女参政的足迹》，中共党史出版社，1998 年。

142. 金一虹主编，《世纪之交的中国妇女与发展》，南京大学出版社，1998 年。

143. 石之瑜等，《当代台湾宪政文化省思》，台北，五南图书出版，2002 年。

144. [美] 艾伦 · D 著，何廷璋译，《女性的代价》，台北，中华书局，1973 年。

145. 鲍家麟编著，《中国妇女史论集》，台北，牧童出版社，1979 年。

146. 刘人鹏，《近代中国女权论述——国族、翻译与性别政治》，台湾，学生书局，2000 年。

147. 李银河主编，《妇女：最漫长的革命——当代西方女权主义理论精选》，三联书店，1997 年。

148. 李银河，《女性权力的崛起》，文化艺术出版社，2003 年。

149. 卜卫，《媒介与性别》，江苏人民出版社，2001 年。

150. 李小江等，《女性？主义——文化冲突与身份认同》，江苏人民出版社，2000 年。

151. 王健文主编，《政治与权力》，中国大百科全书出版，2005 年。

152. 李贞德等主编，《妇女与社会》，中国大百科全书出版，2005 年。

153. 林志斌等，《性别与发展导论》，中国农业大学出版社，2001 年。

154. 刘霓，《西方女性学》，社会科学文献出版社，2001 年。

155. 萧新煌，《台湾向前看》，台北，生活文化事业有限公司，1988 年。

156. 吴丰山，《台湾社会心理改造论》，自立晚报社，1985 年。

157. 余宁平等主编，《不守规矩的知识——妇女学的全球与区域视界》，天津人民出版社，2003 年。

158. 刘德厚，《广义政治论——政治关系社会化分析原理》，武汉大学出版社，2004 年。

159. 戴国辉，《台湾总体相》，台北，远流出版公司，1989 年。

160. 陈孔立主编，《台湾研究十年》，厦门大学出版社，1990 年。

161. 林浊水，《统治神话的终结》，台湾，前卫出版社，1991 年。

162. 黄美英，《台湾文化断层》，台湾，稻乡出版社，1990 年。

163. 谢长廷，《谢长廷新文化教室》，台湾，月旦出版股份有限公司，1991 年。

164. 杨祖珺，《玫瑰盛开——杨祖珺十五年来时路》，台北，时报文化出版事业有限公司，1992 年。

165. 陈菊，《黑牢嫁妆》，台北，月旦出版股份有限公司，1993 年。

166. 余陈月瑛，《余陈月瑛回忆录》，台北，时报文化出版事业有限公司，1996 年。

167. ［美］塞缪尔·亨廷顿，《变化社会中的政治秩序》，三联书店，

1989 年。

168. 吕亚力，《政治学方法论》，台湾，三民书局，1979 年。

169. 彭锦鹏，《政治安定的设计家亨廷顿》，台湾，允晨文化股份有限公司，1982 年。

170. Weihung LIN and Hsiao - chin HSIEH, *Gender, Culture & Society: Women' s Studies in Taiwan*, Esha Womans University Press , 2005.

171. Anne Phillips, *The Politics of Presence*, Oxford, Clarendon Press, 1995.

172. Hanna Fenichel Pitkin, *The Concept of Representation*, Berkeley, University of California Press, 1967.

二、论文

1. 郃宝林，《台湾妇女问题综述》，《台湾研究集刊》，1986 年第 3 期。

2. 郃宝林，《台湾新女性主义的特征及其影响》，《台湾研究集刊》，1988 年第 2 期。

3. 仪缨，《台湾妇女研究论点简述》（上、下），《妇女研究论丛》，1996 年第 1、3 期。

4. 何笑梅，《台湾妇女运动初探》，《台湾研究》，1999 年第 1 期。

5. 王秀云，《评介王雅各 < 台湾妇女解放运动史 >》，台湾大学妇女与性别研究组主编的《女学学志》，2004 年第 18 期。

6. 范云，《评介王雅各 < 台湾妇女解放运动史 >》，台湾大学妇女与性别研究组主编的《女学学志》，2004 年第 18 期。

7. 俞彦娟，《美国第二波妇女运动历史研究之回顾：兼评王雅各 < 台湾妇女解放运动史 >》，台湾大学妇女与性别研究组主编的《女学学志》，2004 年第 18 期。

8. 顾燕翎，《从周期理论与阶段理论看我国妇女运动与女性意识的发展》，《中山社会科学译粹季刊》，1987 年第 2 卷第 3 期。

9. 顾燕翎，《检讨台湾女性主义论述——三十年来妇运的理论、路线与策略》，荒林等主编《中国女性文化》No. 2，中国文联出版社，2001 年。

10. 朱立立，《女性话语 · 国族寓言 · 华人文化英雄》，《台湾研究集刊》，2006 年第 3 期。

11. 陈惠莲，《我国现代妇女运动之研究》，台湾东海大学社会学研究所，硕士论文，未刊稿，1988 年。

12. 杨婉莹，《选举制度对妇女参政影响之评估》，《理论与政策》，2004 年第 44 卷第 4 期。

13. 黄长玲《从妇女保障名额到性别比例原则——两性共治的理论与实践》，《问题与研究》，2001 年第 40 卷第 3 期。

14. 黄秀政，《战后台湾妇女参政问题的检讨（1949 - 2004）：以妇女保障名额制度为例》，《台湾文献》，2005 年第 56 卷第 1 期。

15. 胡藹若，《从资源动员理论的观点论台湾妇女体制外的政治参与》，《复兴岗学报》，2005 年第 83 期。

16. 游鑑明，《当外省人遇到台湾女性：战后台湾报刊中的女性论述（1945 - 1949）》，“中央研究院近代史研究所集刊”，2005 年第 47 期。

17. 郭秋永，《强势民主：新时代的政治参与》，《问题与研究》，1999 年第 38 卷第 6 期。

18. 顾燕翎，《从移植到生根：妇女研究在台湾（1985—1995）》，台湾，《近代中国妇女史研究》，1996 年第 4 期。

19. 杨婉莹，《性别重组或解组？比较欧美投票性别差距的解释模式》，《问题与研究》，2006 年第 45 卷第 3 期。

20. 范希周，《1990 年以来国民党的“宪政改革”及对其大陆政策的影响》，《台湾研究集刊》，1992 年第 4 期。

21. 刘国深，《台湾“国会”改革运动研究》，《台湾研究集刊》，1990 年第 2、3 期合刊。

22. 刘国深，《台湾妇女问题初探》，《台湾研究集刊》，1987 年第 2 期。

23. 李清，《社会历史变迁下的台湾电影女性形象》，《台湾研究集刊》，2006 年第 3 期。

24. 赵建民，《台湾主体意识与中国大陆民族主义的对抗：面向二十一世纪的两岸关系》，台湾《中国大陆研究》，1998 年第 41 卷第 1 期。

25. 朱志宏，《遵守规则、重视伦理——健全国会根本之道》，《理论与政策》，1996 年秋季号。

26. 王定村，《论国会改革与立法委员专业伦理的建立》，《思与言》，2004 年第 42 卷第 1 期。

27. 陈昭如，《创造性别平等，抑或与父权共谋？——关于台湾法律近代西方法化的女性主义考察》，《思与言》，2002 年第 40 卷第 1 期。

28. 洪惠芬，《照顾者正义：性别正义不只是法律平等》，《台湾社会研究季刊》，2003 年第 51 期。

29. 傅大为，《台湾女性科学家的九零年代风貌——试析“科学/女性/社会脉络”诸相关领域》，《台湾社会研究季刊》，1996 年第 22 期。

30. 杨雅慧，《日据末期的台湾女性与皇民化运动》，《台湾风物》，1993 年第 43 卷第 2 期。

31. 赵刚，《认同政治的代罪羔羊——父权体制及论述下的眷村女性》，《台湾社会研究季刊》，1995 年第 19 期。

32. 成露茜，《妇女、外销导向成长和国家：台湾个案》，《台湾社会研究季刊》，1993 年第 14 期。

33. 刘毓秀，《男人的法律，男人的‘国’‘家’，及其蜕变的契机》，《台湾社会研究季刊》，1995 年第 20 期。

34. 罗灿煐，《鱼与熊掌：女性主义反性暴力论述之困境与省思》，《台湾社会研究季刊》，1999 年第 43 期。

35. 陈美华，《公开的劳务，私人的性与身体：在性工作中协商性与工作的女人》，《台湾社会学》，2006 年 6 月。

36. 盛治仁，《从 2004 年“立委”选举结果看选后政局的发展》，《台湾民主季刊》，2004 年第 1 卷第 4 期。

37. 王雯君，《婚姻对女性族群认同的影响—以台湾闽客通婚为例》，《思与言》，2005 年第 43 卷 2 期。

38. 曾济群，《立法院常设委员会运作之评析》，《中山人文社会科学》，2003 年第 11 卷第 1 期。

39. 陈瑞学，《谁的政治思想？为何研究？——台湾政治学界政治思想研究之初步回顾：1988－1998》，《思与言》，1999 年第 37 卷 3 期。

40. 黄毓民，《百年政党沦落如斯——国民党三中全会的乱象》，香港《星岛日报》，1992 年 3 月 17 日。

41. 王昌甫，《台湾反对运动的共识动员：一九七九至一九八九年两次挑战高峰的比较》，《台湾政治学刊》，1997 年 7 月创刊号。

42. 赵建民，《台湾主体意识与中国大陆民族主义的对抗：面向二十一世纪的两岸关系》，台湾《中国大陆研究》，1998 年第 41 卷第 1 期。

44. 李元贞，《女学会十年，妇运万水千山》，台湾，《历史月刊》，2003 年 9 月号。

45. 周碧娥《女人 \ 性别，台湾 \ 1995 （一）》，《妇女与两性研究通讯》1996 年 37 期。

46. 范云，《政治转型过程中的妇女运动：以运动者及其生命传记背景为核心的分析取向》，《台湾社会学》，2003 年第 5 期。

47. 林芳玫，《当代台湾妇运的认同政治：以公娼存废争议为例》，台湾，《中外文学》，1998 年第 27 卷第 1 期。

48. 刘仲冬，《路线之争与行动转折》，台湾，《历史月刊》，2003 年 9 月号。

49. 刘毓秀，《女性主义国家/社会蓝图的绘制》，台湾，《历史月刊》，2003 年 9 月号。

50. 张晋芬，《制度化之下的女性主义实践》，台湾，《历史月刊》，2003 年 9 月号。

51. 林芳玫，《彩色与无色：女性主义者多重身份的冲突与对话》，台湾，《历史月刊》，2003 年 9 月号。

52. 杨立宪，《台湾“法统”问题研究》，《台湾研究》，1993 年第 1 期。

53. 张文生，《台湾“国民大会”制度的历史演变》，《台湾研究集刊》，2000 年第 4 期。

54. 范晓军，《民进党急剧衰敝的政治发展脉络——岛内“二次政党轮替”的民意逐渐浮现》，《台湾研究集刊》，2006 年第 2 期。

55. 杜芳琴，《妇女史研究——女性意识的“缺席”与“在场”》，《妇女研究论丛》，1996 年第 4 期。

56. 裔昭印，《妇女史对历史学的贡献》，《史学理论研究》，2004 年第 3 期。

57. 闵冬潮，《从妇女史到性别史的发展》，《世界历史》，1994 年第

1 期。

58. 周兵，《美国妇女史研究的回顾与展望》，《史学理论研究》，1999 年第 3 期。

59. 刘军，《美国妇女史学的若干理论问题》，《世界历史》，1999 年第 1 期。

60. 胡晓红，《女性主义研究理念的现代转向》，《浙江学刊》，2004 年第 2 期。

61. 张立平，《当代美国女性主义思潮述评》，《美国研究》，1999 年第 2 期。

62. 陈彩云，《从“平等”、“社会性别”到“公民资格”——西方女性主义的理论转向》，《妇女研究论丛》，2002 年第 4 期。

63. 刘霓，《社会性别——西方女性主义理论的中心概念》，《国外社会科学》，2001 年第 6 期。

64. 杜芳琴，《妇女/社会性别史对史学的挑战与贡献》，《史学理论研究》，2004 年 3 期。

65. 高世瑜，《发展与困惑——新时期中国大陆的妇女研究》，《史学理论研究》，2004 年 3 期。

66. 刘文明，《社会性别史：学理建构及其开放性》，《史学理论研究》，2004 年 3 期。

67. 荣维毅，《马克思主义妇女理论与社会性别理论关系探讨》，《妇女研究论丛》，2003 年 4 期。

68. 刘文明，《“新妇女史”在中国大陆的兴起》，《史学理论研究》，2003 年 1 期。

69. 雷颐，《“女性主义”、“第三世界女性”与“后殖民主义”》，《史学理论研究》，2004 年 3 期。

70. 江建文，《从政治解放到性别解放》，《妇女研究论丛》，2003 年 4 期。

71. 戴雪红，《女性解放的哲学思考》，《福建论坛》，2005 年 3 期。

72. 王瑞芹，《妇女参政行为与政治行为文明》，《妇女研究论丛》，2005 年 4 期。

73. 刘霓，《赋予灰色理论以生命的活力：女性研究的理论发展与争论》，《国外社会科学》，1999 年 5 期。

74. 左维远，《西方女性主义理论流变》，《赣南师范学院学报》，1997 年 4 期。

75. 杨日青，《为立法院常委会把脉》，《理论与政策》，1996 年第 10 卷 3 期。

76. 张小虹，《女人斗阵快乐行》，《历史月刊》，2003 年 9 月号。

77. 陈惠馨，《快快乐乐做妇运》，《历史月刊》，2003 年 9 月号。

78. 阮若缺，《“变天”的那一年……》，《历史月刊》，2003 年 9 月号。

79. 王丽容，《台湾妇女就业影响因素分析》，《理论与政策》，1997 年第 11 卷第 2 期。

80. 赵永茂，《台湾省基层政治精英之个人背景分析》，《思与言》，1988 年第 25 卷第 6 期。

三、相关网络资源

1. 台湾女性学学会（女学会资讯网）：http：//www. feminist. sinica. edu. tw/。

2. 台湾“行政院”妇女权益促进会：http：//cwrp. moi. gov. tw。

3. 现代妇女基金会：http：//www. 38. org. tw。

4. 妇女新知基金会：http：//www. awakening. org. tw。

5. 蕃薯藤台湾妇女资讯网，http：//taiwan. yam. org. tw/womenweb/st/98/st _ table22. htm。

6. 台湾女学会的网站：http：//feminist. org. tw/。

7. 妇女联合网 http：//www. womenweb. org. tw/wrp. asp。

后　记

书稿付印在即，心内感慨万千。无论多少缺憾，它终究凝聚了我多年来的研究心得，要和大家见面了。

此书是本人所主持的2009年教育部人文社会科学青年项目“当代台湾政治发展与女性参政研究”（项目批准号：09YJC810004）的研究成果，是在早年博士论文的基础上修改充实而成，感谢我的博士生导师林国平教授为此付出的辛勤劳动。同时感谢我的硕士生导师，厦门大学台湾研究院的周翔鹤教授，他引导我走上台湾研究的学术之路。两位导师在我的学术乃至人生之路上的关爱与鞭策，是我前行的动力，学生将终生铭记。感谢母校的刘国深老师，不仅感谢他百忙中慨然允诺为我作序，更感谢他所代表的母校老师对一名毕业多年的学生一如既往的关心与鼓励。感谢福建师范大学闽台区域研究中心的谢必震主任和全体同仁，感谢中心的经费资助与同事们的关心与帮助。感谢台湾研究院文献信息中心的潘晋明主任和华姿、敏娟、字华在查资料过程中的热情帮助；台湾的李世伟教授、同事徐斌都曾在写作过程中带来岛内学术界的最新成果；台湾大学的黄长玲教授，在我赴台参访期间赠送许多资料，为本书提供宝贵的资料线索及思路启发；好朋友台湾研究院的彩霞以及福建社科院的张洁则在任何我需要的时候提供资料上的方便，闽台中心2011级的研究生晓雯、宛真、阳露、永江、罗彬、龙山在成书之际帮助校对了部分书稿，在此一并致谢。

本书由文稿到成书，得到九州出版社的大力支持，责任编辑为此做了大量繁琐的工作，在此深表谢忱。

两年前的此时，课题获得立项，一岁的女儿在蹒跚学步，这让我在母亲与研究者的身份间进退失据，一度心力交瘁。如今，三岁的女儿已进入幼儿园，而我关于社会性别的学术探索才刚刚起步。由衷地希望，这部拙作能引起学界同行的关注、批评与指教，毕竟，它见证了我在这条漫漫长路上的苦苦求索。

2011 年 10 月 25 日